단숨에 읽는 구약성경

단숨에 읽는 구약성경

지은이 · 박응순

초판 1쇄 · 2022년 2월 20일

초판 2쇄 · 2022년 3월 22일

펴낸이 · 채주희

표지디자인 · 디자인 채이

등록번호 · 제 10-1562호(1985. 10. 29)

펴낸곳 · 엘맨출판사

121-820 서울시 마포구 망원동 379-41

출판사업부 T.(02)323-4060, F.(080)088-7004

E-mail:elman1985@hanmail.net

ISBN 89-5515-234-5 03230

값 12,000원

단숨에 읽는 구약성경

박응순 지음

엘멘출판사

*추천의 글

이야기로 풀어낸 구약성경

정보의 홍수 시대입니다. 하루에도 수십 권의 신간이 쏟아져 나오고 매일 뉴스들이 넘쳐 납니다. 그러한 많은 정보들 중에는 생명이 가득한 사람을 살리는 정보와, 죽음으로 드리워진 죽이는 정보가 따로 존재합니다.

성경은 태초에 말씀(정보)이 있었다고 선포합니다. 그것을 도(道)라고 할 수 있습니다. 이 하나님의 도가 태초 이래로 지금까지 끊임없이 계시로서 우리에게 주어졌다고 말씀합니다. 그리고 하나님의 도의 결론은 예수님의 십자가의 도(道)로 완성됩니다.

성경은 누구든지 십자가의 도를 믿으면 구원을 얻고 영생을 얻으며 하나님의 자녀가 된다고 선포합니다. 이것이 생명을 얻는 정보요, 사람을 살리는 정보입니다. 사람을 살리는 도는 얼마든지 많이 쏟아져 나와도 해가 될 것이 없습니다.

목회자는 강단에서 설교로서 성도들에게 하나님의 구원의 정보를 선포해야 하겠지만, 박응순 목사님처럼 끊임없이 연구한 다음, 그것을 책으로 만들어 내는 일은 더욱 소중하고 필요한 일이라고 생각합니다. 그런 측면에서 이번에 출간된 『단숨에 읽는 구약성경』은 크리스천이든 아니든 어렵게만 느껴졌던 성경 이야기를 아주 쉽게 이야기체로 풀어 쓴 매우 재미있는 책이라고 생각합니다.

누구라도 성경을 끝까지 한 번 읽어보고 싶다가도 그 부피가 주는 압박감 때문에 성경을 중도에 그만 덮어 버린 분들이 많을 것입니다. 이 책은 그러한 측면에서 딱딱하기만 한 성경을 아주 쉽게, 그리고 재미있게 우려낸 유용한 책입니다. 믿음을 가진 크리스천들은 성경 전 권의 내용을 이해한다는 측면에서, 아직 믿지는 않지만 기독교에 관심을 가진 분들은 성경의 내용이 어떠한지를 한 권으로 쉽게 볼 수 있을 것입니다.

오늘날 많은 정보들 가운데서도 자신의 영혼을 돌아다보고 영원한 삶을 찾아보는 계기를 주는 귀중한 정보는 그리 많지 않은데, 이 책은 여러분들에게 영혼의 삶의 양식이 되는 귀중한 정보가 될 것 이라고 확신하기에 진심으로 일독을 권합니다.

명성교회 김삼환 목사

차례

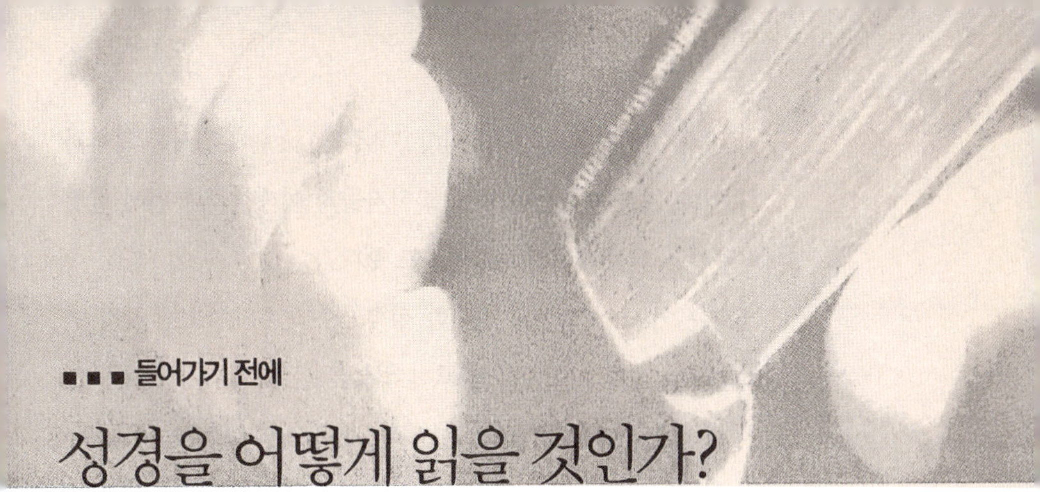

■■■ 들어가기 전에

성경을 어떻게 읽을 것인가?

우리가 성경을 읽으면서 궁금하게 생각한 것들이 한두 가지가 아닐 것이다. 어른이든 아이든 성경을 한 번이라도 펼쳐본 적이 있는 사람이라면 읽으려고 시작하다가 포기한 경험이 있지 않은가? 나도 마찬가지였다. 구약은 너무 어려워서 신약부터 읽으려고 시도하다가 마태복음 1장의 기나긴 족보에서 그만 잠이 든 적이 한두 번이 아니었다.

문제는 그것만이 아니다. 억지로라도 성경을 읽으려고 펼쳐 들면 우리가 가지고 있는 과학적 상식 때문에 피식 웃음이 나오고 만다. 그렇다면 이 시대 최고의 과학자가 성경을 볼 때 어떠했겠는가?

서울대학교 금속공학과를 나와 미국 뉴욕의 RPI 공과대학에서 박사 학위를 받았으며, 미항공우주국(NASA)에 입사한 과학자가 있다. 그는 2,000여 명의 과학자들과 어깨를 겨루면서 발명 연구상을 두 번씩이나 수상하기도 했다.

그는 어느 날 우연히 참석한 성경공부 모임에서 인도자가 이야기하는 성경 이야기를 듣고서 코웃음을 쳤다고 한다. 왜냐하면 성경에 보니 오병이어(물고기 두 마리와 다섯 개의 떡에 관한 기적 이야기)의 기적이 나오는데, 그것은 물리적인 법칙과 너무나도 동떨어진 것이기 때문이다.

아니 물고기 두 마리와 떡 다섯 덩이로 오천 명이 먹고도 열두 광주리가 남았다는 이야기에다 물로 포도주를 만든 사건 등을 들으면서 그런 판타지 같은 신화라고 일축해 버렸던 것이다. 과학의 정설인 '질량 보존의 법칙'에 의하면 오병이어의 기적은 엉터리일 수밖에 없다. 과연 과학자가 과학을 무시하고 어떻게 성경의 사건들을 믿을 수 있겠는가?

그러므로 성경의 이야기들을 보면서 의구심이 든다는 것은 결코 무리가 아니다. 그런데 이렇게 허무맹랑한 이야기를 믿는 사람들이 전 세계적으로 18억이 넘는다니 이해가 되질 않았다. 궁금증을 견딜 수 없어 서점으로 달려가서 과학과 연관이 있어 보이는 신앙 서적을 모조리 구입해서 탐독하기 시작했다.

한동대학교의 김영길 박사

그 가운데 『기적의 이해』라는 책을 접하고는 무릎을 탁 칠 수밖에 없었다. 거기에는 다음과 같은 글이 적혀 있었다고 한다.

"우주의 가장 기초적인 물질 세계는 원자와 분자이다. 그 다음이 무생물 세계, 식물 세계, 동물 세계로 올라간다. 그 위로 영,

혼, 육을 가진 인간 세계가 있고, 그 다음은 하나님의 세계, 즉 영적 세계이다. 이 영적 세계에는 하나님이 주인이지만, 마귀의 세계도 같이 존재한다. 그런데 인간은 신앙을 가지지 않으면 하나님의 세계(기적의 세계)를 이해할 수 없다. 그것은 동물의 세계에 있는 강아지가 대화를 하고 책을 보며, 자동차를 운전하는 인간 세계를 도저히 이해하지 못하는 것과 같은 이치이다. 따라서 인간이 자신의 영적 수준을 어디에 두느냐에 따라 기사와 이적을 이해하느냐 못하느냐가 결정된다. 하나님을 믿으면 모든 것을 믿게 된다. 만약 성경 속의 기적들이 과학적으로 인간적인 지식으로 증명되고 이해된다면 기독교 신앙은 믿을 만한 가치가 없을 것이다. 성경은 과학 교과서가 아니다. 영적인 계시로 쓰여진 것이기에 유한한 인간이 무한한 하나님을 평가할 수 없는 것이다. 따라서 하나님은 과학의 대상이 아니라 오직 영적인 이해와 성령의 체험으로만 이해할 수 있는 분이시다."

책을 모두 읽고나서 그는 이렇게 생각했다.

"맞아! 우주의 기원은 수십억 년 전에 고밀도의 덩어리(원초원자)가 폭발했고, 다시 수소가 핵융합을 일으켜 태양계의 별인 지구가 생성되었다는 것이 정설이다. 그렇다면 그 원초자(최초의 일이 있게 한 지식을 가진 존재)는 어떻게 생겼단 말인가? 과학의 기본 이치가 인과율(원인이 있으면 결과가 있다)인데, 과학은 그 기원에 대해 아무런 설명을 못하고 있지 않은가?"

그는 그 당시의 상황에 대해 이렇게 술회했다.

"이때 내게 파도처럼 다가온 말씀 구절이 창세기 1장 1절의 '태초에 하나님이 천지를 창조하시니라' 였다. 이 말씀 앞에서는 그 어떤 의문도 제기할 필요가 없었다. 나의 가슴이 조금씩 열리고 있었기 때문이다."

이 과학자가 바로 현재 한동대학교 총장으로 있는 김영길 박사이다. 그의 주장대로 세상엔 엄연히 차원이 존재한다. 식물의 차원에선 동물의 차원을 이해할 수 없는 것과 마찬가지로 동물의 차원에선 인간의 차원을 영원히 이해하지 못할 것이다. 또한 인간은 결코 하나님의 차원인 영적 세계를 이해할 수 없다.

하지만 동물들이 인간의 세계를 전혀 이해하지 못한다 해도 서로 관계성을 맺고 살아가듯이 인간이 하나님의 세계를 모른다고 해서 관계가 없는 것은 아니다. 이러한 문제 때문에 인간 차원에서 영적인 세계를 알 수 없으므로 영적인 차원에 있는 하나님이 인간에게 그 증거들을 보여 준다는 개념이 나오는 것이며, 이것을 계시라고 한다. 그러므로 성경을 이해하려면 계시라는 개념을 바르게 이해해야 한다.

성경은 계시의 책

OLD TESTAMENT

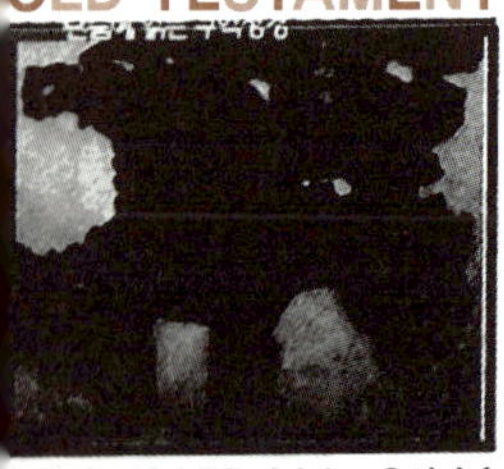

■사진은 양피지에 씌여진 고대 성경의 사본. 하나님께 받은 계시는 이렇게 문자로 기록되어 전해졌다. 이것이 신화나 전설과는 다른 점이다.

계시라는 말은 자주 들어보았을 것이다. 여러분들도 친구들과 장난칠 때 '이것은 신의 계시' 라고 하는 말을 자주 했을 것이다. 그 계시라는 말이 하나님의 나타나심 혹은 신화에서 말하는 신탁이라고 할 수 있다.

계시(啓示, revelation)란 말은 원래 '자기를 현시하다' (apokalypsis)

라는 의미의 그리스어에서 유래했다. 기독교 신학에서 말하는 계시는 다음의 두 가지를 필연적으로 갖추어야만 한다.

첫째는 역사적이고 객관적인 사건으로 일어난 것이어야 하고, 둘째는 증인들이 있어야 한다. 이 두 가지가 충족되지 않으면 결코 하나님의 계시로 볼 수 없다.

다시 말해 한 사람이 꿈을 꾸었다고 가정하자. 그런데 그 사람의 꿈에 전지전능한 신이 나타나 어떤 계시를 말하는 것이다. 그런데 이게 웬일인가? 그 사람이 꾸었던 꿈대로 실제 일들이 일어나게 되었다.

그렇다면 이것을 하나님이 내려 주신 계시라고 말할 수 있을까? 실제로 이런 현상들은 지금도 종종 일어나고 있기도 하다. 하지만 성경에서 말하는 계시가 되려면 검증이 필요하다. 먼저 그 꿈이 사실로 나타났는가, 둘째로 그 꿈이 그 다음에 꾸는 꿈과 연속성이 있는가, 셋째로 꿈이 사실로 드러난 사건이 인류의 전체적인 구원이나 행복과 직결되어 있는가 하는 점이 검증되어야만 한다. 그렇지 않고 그 꿈을 꿀 때마다 연속성이 없고 신의 나타남도 일정하지 않으며 연속해서 일어난다고 해도 일어나는 일이 주로 개인적인 문제라면 인류적 계시라고 할 수 없다. 이것이 성경이 말하는 계시의 개념이다.

그러면 성경만이 계시인가?

'성경만이 계시라는 증거가 있는가' 하고 물어본다면 물론이라고 대답할 수밖에 없는 분명한 이유가 있다. 첫째, 성경의 모든 계시에는 정확한 역사적인 사건들과 반드시 결부되어 있기 때문이다. 그래서 그 사건으로 말미암아 필연적인 역사의 다른 페이지가 열린다는 것이다.

예를 들면 지구상에 유대인이 원래부터 있었던 것은 아니었다. 아브라함과 그의 가족에 의해 형성된 것이다. 아브라함의 후손들이 흉년을 피해 이집트로 가게 되었는데, 비옥한 이집트 땅에서 유대인들은 수가 많아지고 큰 민족을 형성하게 된다. 이렇게 수가 많아져 민족이 형성되기 위해서는 이집트에서의 노예생활이 반드시 필요했다. 또한 노예였던 그들이 해방되기 위해서는 기적이 필연적으로 일어나야 할 만큼 복잡한 정치적인 문제들이 있었다. 물론 그 기록들은 성경뿐 아니라 이집트의 역사 속에서도 나타난다.

그 다음 두 번째는 목격자에 의한 증인들이 반드시 등장하고 있다는 것이다. 역사적인 증거들이 문서로 기록되어 성경이 형성되어 갈 때 반론을 제기하는 다른 체계적인 문서들이 전혀 발견되지 않았다.

먼저 역사적인 증거가 따른다는 측면에서 생각해 보자. 앞서 예로 들었던 이스라엘 민족사를 생각해 볼 수 있다. 이집트는 고대 왕국 가운데 가장 강력한 나라이기도 했다. 주변 나라들이 겨우 부족을 형성해 목축을 위해 이동하고 있을 때 이집트는 이미 제국을 형성할 만큼 강성해져 있었다.

당시 이스라엘은 단지 70여 명에 불과한 씨족 사회였다. 그런 그들이 이집트에 들어가게 되고, 430년이 지나면서 200만 명에 이르는 큰 민족을 이루게 된다. 지구상에 한 민족이 탄생하는 역사가 이집트의 기록에 나타나게 된 것이다.

그 다음에는 모세가 그들을 이끌고 이집트를 탈출하게 되는데, 이집트의 입장에서는 이스라엘 사람들을 내보낼 수가 없었다. 당시 고대 국가들의 경제는 노예와 수탈에 의한 약탈 경제이기 때문이다. 그런데 노예에 불과한 그들이 이집트를 떠나겠다고 우기는 것은 그야말로 웃기는 일이었다. 당연히 막았을 것이다.

하지만 유대인들은 이집트에서 탈출하는 데 성공했고, 드디어 팔레스타인 동쪽 가나안에 나라를 세우게 되었다. 이는 역사가 증명하는 사건이다. 그리고 이 모든 사건들은 다음과 같은 패턴으로 이루어져 있다.

예언
|
예언이 이루어질 징조
|
예언의 이루어짐
|
증거의 기록
|
예언
|
예언이 이루어질 징조
|
예언의 이루어짐
|
증거의 기록

이와 같은 순서로 연이어 나타나게 된다. 물론 성경을 기록한 사람들은 하나님의 예언을 받아 적고, 또 그것이 역사 속에서 어떻게 이루어져가는지를 기록해 놓았다. 성경은 구약과 신약으로 나누는데, 이때 약(約)은 약속이란 뜻을 가지고 있다. 구약은 옛 약속(Old Testament), 신약은 새 약속(New Testament)이란 뜻이다. 도대체 무슨 약속이라는 것일까?

인생의 생로병사와 희노애락의 문제는 죄(罪)와 깊은 관계가 있는 데, 하나님은 인간을 죄 문제에서 구원해 주시겠다고 약속하셨다. 구약에서는 희생 제사를 통하여 죄의 문제를 해결해 주셨고, 신약에 이르러서는 예수님의 십자가 죽음으로 인간의 죄를 용서해 주시겠다는 것이었다. 물론 나중에 밝혀지지만 구약의 희생 제사도 결국엔 갈보리 십자가에서 예수님이 치르게 될 거대한 희생 제사의 그림자였다.

하나님의 계시로 성립되기 위해서는 두 번째로 알아야 할 것이 있다. 그것은 역사적인 사건과 함께 필연적으로 따르는 법칙인데 증인이 필요하다는 것이다. 지금도 법정에서는 유력한 증인이 두 명만 되면 증거로 채택이 가능하다. 증인을 통한 계시는 특히 예수 그리스도의 오심에서 나타나게 된다.

예수는 하나님의 아들[즉 차원(次元)상 신(神)이라는 것이다]로서 육신을 입어 이 지상에 태어나셨다. 즉 예수는 구약에 나타난 역사적 계시의 산봉우리가 된 것이다. 왜냐하면 구약성경의 곳곳에는 메시아로서 예수가 오실 것이라고 예언 되어 있기 때문이다. 그런데 문제는 구약에 예언되어 있으며 오시기로 한 메시아가 바로 예수 그가 맞느냐는 검증의 문제가 발생하게 된다. 그래서 사람들의 증언을 통하여 갈릴리의 나사렛 사람 예수가 기다리던 메시아라는 증거를 쏟아 놓는데, 그것이 바로 신약성경이다.

이해를 돕기 위해서 이렇게 구분해 보겠다. 첫째, 하나님은 구약성경에서 이스라엘의 역사 속에 나타나고 개입(간섭)하셔서 민족을 만드셨다. 물론 그 민족은 지금도 존재하여야 한다. 역사는 가정이 없는 법이기 때문이다. 그 증거가 바로 오늘날의 유대 이스라엘 민족이다.

둘째, 구약의 역사 속에 나타나 계시하신 하나님은 이스라엘만 도와주시는 것이 아니라 종말에 모든 나라 사람들을 도와주시기 위하여 모세와 같은 지도자를 보내실 것이라고 했다. 그분이 메시아이시며, 사람들이 알아보도록 하기 위해서 사람처럼 오시는데 차원적으로는 하나님이시다.

셋째, 나사렛 사람 예수는 목격자들이 많았다. 그들의 증언에 의하면 기적을 베푸는 능력이나 죽은 사람을 살리는 능력을 보았다고 했다. 한두 명이 아니다. 때로는 수천 명이 함께 목격하기도 했다. 그리고 부활하신 것도 목격했다.

결론적으로 예수는 구약에서 약속한, 사람들이 기다리던 바로 그 메시아가 맞다고 확신하게 되었다. 그래서 기록을 남겼으며, 그것이 바로 신약성경이다.

예수의 메시아 해석 문제로 종교가 갈라졌다

이 세상엔 성경을 경전으로 삼는 종교가 많이 있다. 흔히 기독교인만 성경을 경전으로 알고 믿는 것으로 알지만 그렇지는 않다.

먼저 성경의 기록을 담당하였던 유대교인들이 성경을 경전으로 믿고 있다. 물론 구약성경만을 경전으로 본다. 신약을 경전으로 받아들이지 않는 것은 예수를 메시아로 보지 않기 때문이다.

OLD TESTAMENT

■ 이스라엘 사람들이 아직도 오지 않은 메시아를 기다리며 기도하던 성전벽의 흔적. 사람들이 많이 와서 메시아가 속히 오셔서 억울한 유대인들의 문제를 해결해 달라고 통곡하며 기도한다고 해서 통곡의 벽이 되었다.

그래서 그들은 지금도 메시아를 기다리며 기도하고 있다.

둘째로는 유대교에서 떨어져 나간 이슬람교이다. 그런데 이슬람교는 구약성경 중 앞의 다섯 책, 흔히 모세 오경이라고 하는 창세기, 출애굽기, 레위기, 민수기, 신명기만 경전으로 믿고, 나머지는 마호멧이 전해 준 코란을 경전으로 믿는다.

셋째로 로마 가톨릭도 성경을 경전으로 믿는다. 물론 신약 성경을 포함해서 말이다. 하지만 천주교의 경우는 성경의 각 권이 좀 많아서 일반적으로 기독교가 사용하는 66권 이외에 외경을 덧붙여 가톨릭교는 73권을 모은 것을 사용한다.

이것은 계시를 받은 또 다른 문서들을 경전에 포함시켰기 때문이다. 하지만 기독교에는 앞에서 말한 역사성과 증거성이 약하기 때문에 제외시킨 것들이다.

넷째로 기독교 중의 하나라고 선전하는 이단들도 모두 성경을 경전으로 사용한다. 그런데 재미있는 것은 이들 이단들은 성경을 경전이라고 믿으면서도 경전에 버금가는 다른 경전들을 가지고 있다는 것이다. 예를 들면 안식교에는 『몰몬경』을, 통일교에서는 『원리강론』을 가지고 있다. 물론 그들이 그것을 중히 여기는 까닭은 그들의 종교를 창안한 교주가 새로운 계시를 받은 것을 기록한 것이기 때문에 중요하다고 생각하는 것이다.

하지만 개신교는 예수가 구약성경에서 예언되고 기다리던 바로 그 메시아라는 사실을 신약성경의 역사적 증거와 증인들의 증거로서 확신하기 때문에 메시아로 섬기고 믿는 것이다. 성탄절을 전 세계가 알고 즐기는 것도 이러한 증거 중의 하나이다.

성경 기록의 신비

물론 다른 종교에서도 경전이 있고 경전을 둘러싼 많은 신비한 이야기들이 있다. 하지만 성경 형성 과정에서의 신비는 이와는 차원이 다르다.

다른 경전들은 저자가 한 명 아니면 두 명인데 반해 성경은 약 1,600년에 걸쳐 40명의 기자(記者)가 각각 다른 장소에서 기록한 것을 모아 놓은 책이다. 쉽게 말해, 사람들의 귀를 가려 놓고 사회자가 던져 주는 단어나 문장을 귀에 대고 전달하여 끝까지 가는 놀이가 있다. 대개의 경우 전달이 잘못되어 마지막에 있는 사람은 처음의 말과 다른 전혀 엉뚱한 말을 하게 된다. 그런데 성경은 그 정도가 아니라 문화와 환경이 전혀 다른 40여 명의 사람들이 하나님으로부터 계시를 받아 기록하였음에도 불구하고 놀랍게도 내용이 일치한다는 것이다.

즉, 성경 각 권의 주제와 사상이 일치한다는 것이다. 이것은 정말 신비로운 일이 아닐 수 없다. 기자들이 자기의 사상이나 경험을 기록한 것이 아니라 하나님의 말씀을 받아 기록하였기 때문에 성경의 전체적인 흐름이 일치하게 된 것이다.

대통령의 말을 비서가 받아 기록하여 편지를 보낸다면, 글씨는 비서의 것이지만 그 내용은 대통령의 말이 된다. 마찬가지로, 성경을 기록하기는 사람이 했으나 그 내용은 하나님의 말씀이기 때문에 우리는 거룩한 경, 곧 '성경'이라고 부르는 것이다.

또 이렇게 한번 생각해 보자. 만일 내가 어떤 책을 한 권 쓰기로 마음 먹고 수년 동안 각기 다른 장소에서 생각나는 대로 말을 하여 각기 다른 여러 사람으로 하여금 그것을 대필하게 하고, 마지막에 곳곳에 보관해 둔 원고를 모아 순서대로 정리하여 한 권의 책을 만든다 해도 그 내용은 연결될 수 있을 것이다. 왜냐면 한 사람의 생각에서 나온 것이기 때문이다.

하지만 여러 사람이 썼다고 할 때는 이야기가 다르다. 성경은 서로 다른 위치의 사람들이 다른 역사와 지리적 배경 가운데 살면서 기록한 책이기 때문이다. 그럼에도 불구하고 전체 내용 속에는 한 인격자의 뜻과 목적을 향한 중심 진리가 흐르고 있으며, 전체가 완전히 조화를 이루고 있다.

성경은 지금으로부터 약 3,500년 전부터 1,900년 전까지 기록된 것이다. 현대인의 지식과 과학으로도 비판할 수 없고 성경과 비슷한 것을 도저히 지어낼 수도 없다. 또 성경은 세상에서 가장 오래된 책이면서도 현대에 있어서까지 세상에서 가장 큰 영향력을 미치고 있다. 또 어느 시대이건 다른 어떤 책보다도 많이 팔리는 베스트셀러라는 점에서도 신비롭다.

성경은 현재 2,123개 언어로 번역되었으며, 문자로 표기할 수 있는 거의 모든 언어로 출간되었다. 성경 외에 그 어떤 책이나 종교 경전도 그렇게 많은 언어로 번역된 것은 물론 없다.

이러한 맥락에서 성경의 각 이야기들을 들어보면 이해가 되고 믿음이 생기게 된다. 이제부터 본론적인 성경의 이야기들을 해보려고 한다. 여러분의 인생을 바꾸는 일에 도움이 되기를 바란다.

저자 **박응순**

01

■ ■ ■ 창세기 1-4장

세상의 시작에

오래 전, 모든 것이 시작되는 시기가 있었다. 하나님이 세상을 만드신 때이다. 낮에는 빛을 만드는 태양과 밤에는 밝게 비추어 주는 달과 별 그리고 하늘과 바다를 만드시고 땅을 만드셨다. 그 분은 하늘을 나는 새와 물에서 헤엄치는 고기들과 땅에서 뛰노는 동물들을 종류대로 만드셨다. 하나님은 자신이 만드신 모든 것을 보시면서 만족해하셨다.

"참 좋구나."

또 모든 것이 다 만들어지자 이번에는 흙으로 사람을 만드셨다. 그리고 이름을 지어 주셨다. 아담과 하와, 그것이 그들의 이름이 되었다. 아담과 하와는 하나님이 만드신 세상의 주인이 되었고, 하나님은 모든 것을 차지해도 된다고 말씀하셨다. 그리고

OLD TESTAMEN

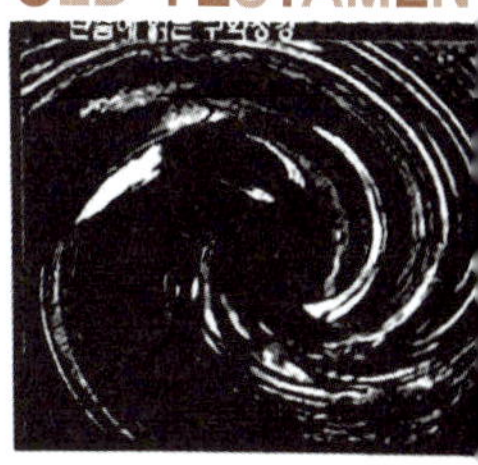

■흑암 가운데 있는 천지 창조 이전의 상

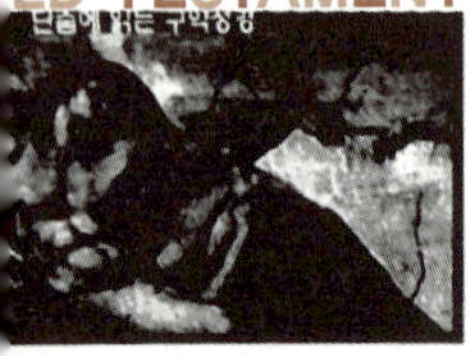
미켈란젤로의 〈천지창조〉 중에서

식물로는 동산의 모든 열매와 채소들을 먹으라고 주셨고, 또 새와 짐승들을 다스리라고 하셨다.

하나님은 에덴동산을 그들의 집으로 주셨다. 그곳엔 시원한 나무 그늘과 온갖 종류의 과일들이 가득한 그야말로 낙원이었다. 아담과 하와는 너무 행복했다. 하나님은 행복해하는 그들에게 동산의 모든 나무 열매는 마음대로 먹되, 동산 중앙에 있는 특별한 나무의 열매는 먹지 말라고 말씀하셨다.

왜냐하면 그 나무는 지식의 나무인데 먹으면 선과 악을 깨닫게 된다는 것이었다. 하나님은 아담과 하와를 친구처럼 생각하셨기 때문에 그들에게 그같이 말씀하신 것이다.

그런데 하나님의 이 아름다운 세상을 훔치려는 약탈자가 찾아왔다. 어느날 하와는 지혜롭게 하는 그 특별한 나무의 곁을 지나가다가 한 소리를 들었다. 나지막하게 쉿쉿거리는 소리와 함께 뱀이 나타난 것이다. 그리고는 하와에게 부드럽게 속삭였다. 보기에 탐스럽고 먹어보고 싶을 만큼 아름다운 그 과일을 두고 말이다.

"하나님이 정말 만지지도 말고 입맛을 다시지도 말라고 하셨니? 하나님이 왜 그것을 가지지 말라고 하셨는지 아니? 그것은 그 과일을 먹는 순간 지혜로워져서 눈이 밝아지고 하나님과 같아지기 때문에 그런 거야."

하와는 결국 뱀의 유혹에 넘어가, 그 과일을 바라보았다. 그랬더니 그것이 정말 달라 보이는 것이었다. 결국 하나님과 한 약속을 깨고 말았다. 그리고 깊은 곳에서는 하나님과 같이 되려고 하는 욕심이 솟아나고 있었다.

하와는 유혹을 참지 못하고 손을 뻗어 그 열매를 따서 먹었고, 아담에게도 먹어보라고 주면서 같이 먹고 말았다. 잠시 후 그들은 모든 것이 잘못되었음을 알게 되었다. 하지만 때는 이미 늦었다.

OLD TESTAMENT

■ 미켈란젤로의 그림 〈에덴에서 쫓겨는 아담과 하와〉

오래지 않아 하나님은 아담과 하와가 한 일을 아셨다. 그들은 하나님을 피해 숨었지만 하나님이 찾으신 것이다. 이 일로 인해 아담과 하와는 낙원에서 쫓겨났다. 그리고 하나님은 칼을 든 천사와 불기둥으로 동산을 차단하셨고 다시는 에덴동산에 들어오지 못하게 하셨다. 또 하나님의 징벌을 받아 남자는 수고하여 땀을 흘려야 밥을 먹고 여자에게는 아기를 낳을 때마다 큰 고통을 겪도록 하셨다.

그 때 이후로 모든 인간은 "세상은 너무 고통스러워. 낙원에서 산다면 얼마나 좋을까?" 하면서 한평생 고생만 하다가 죽어서 다시 흙으로 돌아가는 신세가 되고 말았다. 그뿐 아니라 아담과 하와가 낳은 가인과 아벨이 다투어 가인이 동생 아벨을 돌로 쳐 죽이는 사건까지 생기게 되었다. 이후 이것은 인간의 역사가 전쟁으로 가득차게 될 것임을 보여 주는 첫번째 사건이기도 했다.

창세기 첫 장의 이야기는 아름다운 시작에 슬픈 결말을 보여주는 한 편의 드라마와 같다. 여기에는 사람들이 알고 싶어하는 모든 것에 대한 해답이 나와 있다. '세상의 시작은 어떻게 되었는가?' '해와 달은 누가 만들었는가?' '사람은 누가 만들었으며, 인간은 왜 고통스럽게 일을 해야 먹고 살며, 여자는 왜 남자들 때문에 고통을 당하며, 또 왜 허무한 죽음을 맞이해야 하는가?'

'그리고 죄는 언제부터 시작이 되었으며, 인간은 왜 같은 인간을 죽이는 전쟁을 하게 되었는가?' 사람이라면 생각이 자라면서 하게 되는 모든 질문에 대해 간단명료하게 선언한다.

세상은 하나님의 창조로 말미암았고, 죄는 뱀으로 변장한 사탄의 유혹으로 시작되었다는 것을 그리고 인간의 고통은 죄로 말미암았다는 것을 깨우쳐 주고 있다.

창조와 진화

1. 진화론을 믿을 수 없는 가장 중요한 이유는 생물의 자연발생이 불가능하기 때문이다. 진화론에서는 무생물인 물질로부터 가장 간단한 박테리아와 같은 단세포 생물이 출현하고, 그것이 점차로 진화하여 복잡한 생물로 변했다고 주장한다. 그러나 생물이 어미 없이 저절로 생길 수 있다고 생각하는 자연발생설은 이미 현대의 과학자들이 불가능하다고 판단을 내린, 과학이 발달하기 이전 시대의 사람들이 가졌던 낡은 생각이다.
2. 그래서 엄연히 학교에서 가르치는 생물교과서에는 자연발생은 불가능하고 생물은 반드시 생물로부터 나온다고 되어 있는데, 뒤에 가서 진화론을 가르칠 때는 슬그머니 최초의 생물은 무생물로부터 저절로 생겨났다고 가르치고 있는 것이다. 같은 과학 시간에 어떻게 이와 같이 모순된 두 가지를 함께 가르칠 수 있는가? 왜 과학자들은 이 모순을 발견하지 못하거나 이의를 제기하지 않는가?
3. 만약 박테리아가 자연발생될 수 있다면 어떻게 병조림, 통조림된 음식을 안심하고 사먹을 수 있겠는가? 그것은 자연발생이 불가능하다는 것을 누구나 다 알고 있기 때문이다.
4. 첫째, 생명체는 물질로만 이루어져 있는 것이 아니라 과학으로는 설명할 수 없는 물질 이외의 신비함이 있다. 오늘날 컴퓨터의 하드웨어 부품들을 조립해 놓았다고 해서 저절로 작동될 수 있으리라고 생각하는 사람은 없다. 하드웨어를 움직이도록 하는 프로그램, 즉 소프트웨어가 반드시 필요하다. 소프트웨어는 물질만으로 저절로 만들어진 것이 아니라 고도의 지적 능력을 가진 인간의 지혜로 설계된 프로그램이 저장된 것이다. 오랜 시간이 지나는 동안에 컴퓨터의 부품들이 이리저리 움직이다가 우연히 조립되어 작동하게 되었다고 생각하는 것이 과학적인가? 빌 게이츠는 '윈도우즈' 하나로 수조 원을 벌어

들였다. 그런데 그의 제품을 조금만 손대면 지적재산권 침해라고 소송을 걸어 온다. 그렇다면 생명을 창조한 하나님의 지적재산권은 얼마나 될까? 오래된 유적들을 가보면 시간이 지남에 따라 담장이 무너져 흩어지고 칠은 퇴색하고 벗겨지며, 나무 기둥은 썩어버리는 것을 볼 수 있다. 누군가가 공을 들여 일을 하지 않는 한 자연은 항상 이와 같이 무질서해지는 방향으로 진행되는데, 이것을 열역학 제 2법칙이라고 한다. 세포 1개로 이루어져 있는 박테리아가 겉으로는 간단해 보이지만 현미경으로 그 구조를 들여다보면 각각 다른 기능과 역할을 가진 미세한 조직들로 복잡하게 구성되어 있음을 볼 수 있다. 오랜 세월이 지난다고 해서 어떻게 물질이 모여 그렇게 복잡하고 질서 있는 조직체를 이룰 수 있단 말인가? 생물이 자연발생될 수 있다는 것이 확인되지 않는 한, 그 이후에 일어나는 고등동물로의 진화는 생각할 필요조차 없는 공상에 불과하다.

– 박창선 교수의 글 중에서, http://www.wcmweb.org/downloads.htm

단 · 숨 · 에 · 읽 · 는 · 구 · 약 · 성 · 경

성경에서 배우는 한자

■ EASY GUIDE JOURNET ON NEWTESTAMENT

사람 인(人)

같이 어울려 사는 모습을 형상화한 것이다.

"그 아내와 연합하여 둘이 한 몸을 이룰지어다"(창 2:24)

여자 녀(女)

여(女)를 보면 사람 인(人)에 一(갈비뼈)를 취한 모습으로 보여진다. 중국의 창세설화를 보면 여와라는 여인이 등장한다.

밭 전(田)

에덴동산의 네 강이 흐르는 모습을 형상화한 것이다.

02

■■■ 창세기 3-4장

인류는 어떻게 시작되었나

에덴에서 쫓겨난 아담과 하와는 더 이상 편안하게 살 수가 없었다. 그래서 에덴의 동쪽에 정착하여 집을 만들었다. 에덴에서 멀리 떨어져 가지 못한 것은 혹시라도 에덴에 다시 들어갈 수 있을까 하는 소망 때문이었다.

하지만 아담과 하와는 끝내 에덴동산으로 되돌아가지는 못했다. 900살이 넘도록 살기는 했지만 결국은 죽어 다시 흙으로 돌아가고 만 것이다. 또 에덴에서는 따로 집을 만들지 않아도 되었지만 이제 낙원 밖에서는 비바람을 막아 줄 집이 필요했다.

그뿐이 아니다. 에덴동산에서는 먹을 것을 걱정할 필요가 없었다. 하지만 이제 아담은 들판에 나가서 밭을 일구고 곡식을 심어 농사를 지어야 하와와 같이 먹을 수 있었다. 그리고 하와는

OLD TESTAMENT

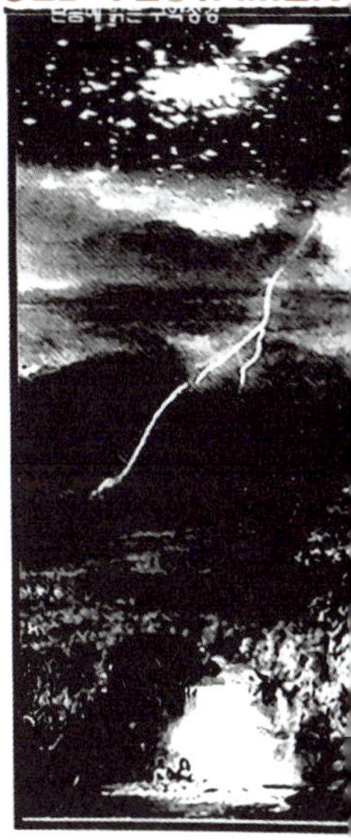

아이를 갖게 되었다. 첫째가 태어나자 이름을 가인이라고 지었는데, 이름의 뜻은 '얻었다' 라는 의미이다, 그런데 아담이 아들의 이름을 왜 가인이라고 지었을까? 그 이유는 하나님의 약속(約束)이 있었기 때문이다. 성경은 원래 약속의 책이다. 에덴동산에서 쫓겨나기 직전에 하나님이 약속하시길 "너의 후손 중에 뱀의 머리를 부숴 버릴 구원자가 나올 것이다"(창 3:15)라고 하셨다.

아들이 태어나자 아담과 하와는 이제 에덴동산으로 돌아갈 줄 알고 기뻐서 이름을 '이제 내가 얻었다' 라고 지었다. 그런데 둘째 아들을 낳을 때까지 에덴동산에서는 기별이 없었다. 너무도 허무했었다. 그래서 두 번째 아들의 이름은 아벨로 지은 것이다. 그 이름은 '허무하다' 라는 뜻이다.

문제가 생겼다. 가인은 자라면서 농사에 재미를 붙여 농부가 되었고, 아벨은 양들을 좋아해서 목자가 되었다. 그러던 어느 날 형제는 부모에게서 배운 대로 하나님께 제사를 드렸다. 무엇인가를 태워서 드리면 된다고 생각한 가인은 곡식을 태워 제사를 드렸고, 아벨은 양을 잡아 피를 흘린 다음 태워서 제사를 드렸다. 그런데 하나님이 그 아벨의 제사는 받으시고 가인의 제사는 받지 않으셨다.

결국 시기가 생긴 가인은 동생 아벨을 들판에서 돌로 쳐 죽이고 말았다. 그러면 왜 하나님은 곡식을 태워드리는 제사는 안 받으셨을까? 그것은 제사의 원칙이 있었기 때문이다. 제사는 인간에게 고통을 주는 죄를 용서해 주시는 하나님의 아이디어(Idea)이다. 그래서 사람의 피 대신 짐승의 피라도 흘려서 회개하라는 하나님의 뜻이 담긴 것이다.

그런데 아담과 하와는 제사를 어디에서 배웠을까? 이야기를 거슬러 올라가면 에덴동산에서 쫓겨 나오기 전이었다. 눈이 밝아져 자신의 벗은 몸이 부끄러워진 아담과 하와는 무화과의 나뭇잎으로 자신을 가렸다.

이것을 아신 하나님이 그들의 부끄러움을 가려 주시려고 햇볕에 쉽게 말라버리는 나뭇잎 대신 양의 가죽으로 옷을 만들어 주셨다. 물론 그것은 앞으로도 자신의 죄를 가리려면 이와 같이 짐승의 피를 흘려야 된다는 하나님의 교육이 담겨 있었던 것이다. 아담과 하와는 에덴동산에서 쫓겨 나온 후에도 자신들이 죄를 지을 때마다 양을 잡아 하나님께 속죄의 제사를 드렸다.

OLD TESTAMENT

Cain et Abel. Rubrik. 독일화가 Marceau Marcel의 작품, LithographieGrōβe 75 x 55(cm)

세월이 흘러, 자라서 성인이 된 두 형제도 이제 그들 스스로 부모를 따라 제사를 지내야 했다. 그런데 착한 아벨은 그것을 따라했고, 가인은 그렇게 하지 않았던 것이다. 결국 아벨이 형의 손에 죽자 아담과 하와는 말할 수 없는 슬픔에 잠겼다.

왜냐하면 아담이 낳게 되는 후손 가운데 그들을 다시금 에덴으로 이끌 메시아가 온다고 했는데, 가인은 그 자격을 상실하게 되었기 때문이다. 이제 에덴동산으로 돌아갈 모든 소망이 끊어진 것이다. 하지만 하나님은 한 번 약속하시면 지키는 분이시다. 그래서 아담이 130살이 되던 해에 또 한 명의 아들을 주셨다.

그래서 아들의 이름을 '셋'이라고 지었다. 그 이름은 '택함을 받은 자'란 뜻이다. 가인이 장남이지만 그는 죄에게 져서 하나님을 배반한 자가 되었기 때문에 셋째인 셋이 장남의 자리를 대신한 것이다.

아담과 하와에겐 다시금 소망이 생겼다. 생각해 보라, 자신들 때문에 자신들이 낳게 될 모든 아이들과 손자들이 에덴동산이 아닌 곳에서 살아야 하는 것을 말이다. 그래서 아담과 하와는 가인과 아벨과 셋 중에 그 메시아가 오길 바랬던 것이다. 하지만 아담과 하와는 모르는 것이 있었다. 죄의 문제는 결코 그리 간단하지 않다.

생각하는 페이지

창 조

창세기 1장은 "태초에 하나님이 천지를 창조하시느니라"로 시작하는데, 이 말씀은 하나님에 의한 선포이며, 기초 중의 기초이다. 이 구절을 믿을 수 있는 사람이라면 다른 말씀도 믿을 수 있다. 이 구절은 하나님께서 우주를 이루는 3가지 물리적 기본요소인 시간(time), 공간(space), 물질(matter)을 창조하셨음을 밝히고 있다. 이 3가지 요소들은 각각 따로 떼어서 생각할 수 없고 반드시 함께 존재해야 한다. 태초(太初, In the beginning)는 이미 흐르고 있는 시간중의 어떤 한 시점이 아니라, 시간이 창조되어 이 때부터 흐르기 시작함으로써 우주의 역사가 시작되었음을 나타낸다. 천(天, the heaven)은 물질이 존재할 수 있는 우주공간을, 지(地, the earth)는 그 우주 안에 물질이 창조되었음을 나타내는 것이다. 창조는 이미 존재하고 있는 것을 변형해서 다른 것을 만드는 것이 아니라 무(無)에서 유(有)를 만드는 것(creation out of nothing)으로 하나님만이 하실 수 있는 일이다(히 11:3). 창조 이전에는 하나님 이외에 아무것도 존재하지 않았다. 그래서 하나님께서는 모세에게 '나는 스스로 있는 자'(I am that I am)라고 말씀하셨던 것이다(출 3:14). 이처럼 창조에 대해 기록한 책으로는 성경이 유일하다. 다른 종교나 과학 이론들은 모두 이미 만들어져 있는 물질들이 어떻게 변해 가고 있는가에 관심을 가질 뿐이다. 천문학에도 우주의 기원을 설명하는 빅뱅 이론(Big Bang Theory)이라는 것이 있지만, 이것조차도 우주 공간과 물질의 생성 원인에 대해서 설명하는 것이 아니라 이미 만들어진 물질들이 한데 모여 있다가 폭발하여 흩어지고 오랜 세월이 흐르는 동안에 저절로 여러 천체들이 만들어지게 되었다는 진화론의 하나에 불과하다.

(1) '원인과 결과의 법칙'(The law of causality)이란 결과는 항상 원인보다 작다는 법칙이다. 바꾸어 말하면 원인은 항상 결과보다 크다. 조그만 방 안에서 비행기가 제작되었을 것이라고 생각하는 사람은 없다. 비행기가 조립되려면 최소한 비행기보다 큰 공간이 필요하기 때문이다. 또, 컴퓨터가 회오리바람에 의해서 부품들이 이리저리 움직이다가 만들어졌다고 믿을 수는 없다. 최소한 컴퓨터의 내용보다 더 많은 것을 알고 있는 존재에 의해서 만들어졌음이 틀림없다. 이와 같은 식으로 생각한다면 우주 만물이 존재하게 된 최초의 원인으로서 우주 안에 존재하는 모든 것보다 크고(無所不在), 모든 것을 다 알고(全知), 모든 것을 다할 수 있는(全能) 존재가 있음이 분명하다. 그 분이 바로 창조주 하나님이시다.

(2) '질량-에너지 보존의 법칙'(열역학 제 1법칙)은 물질과 에너지는 여러 가지 다른 형태로 변화할 뿐, 저절로 생성되거나 소멸되지 않기 때문에 그 전체 양은 항상 일정하다는 법칙이다. 저절로 만들어지지 않는다면 현재 존재하는 물질과 에너지는 어떻게 생겨난 것일까? 이 모순을 해결할 수 있는 해답은 이 법칙 자체에 있다. 저절로는 만들어질 수 없기 때문에 무(無)에서 창조되었음이 틀림없다. 그리고 물질과 에너지의 양이 일정한 것은 하나님께서 창조를 마치시고(창 2:3) 보존하시기 때문이다(벧후 3:7).

– 빅창성 교수의 글에서,

http://www.wcmweb.org/txts/genesis1/genesis1.htm

성경에서 배우는 한자

사내 남(男)

실락원(失樂園)에 관계된 한자(漢字). 사내 남(男) 자는 밭 전(田) 자와 힘 력(力) 자가 합쳐진 것으로서, 밭에 가서 힘을 써서 수고를 해야만 먹고 살 수 있는 존재가 남자이다.

곤할 곤(困)

곤(困) 자를 보면 제한된 동산인 에덴동산 안에 있는 나무, 즉 선악과를 생각할 때마다 아담이 고생하는 것은 '그 선악과 때문이구나' 라고 해서 곤할 곤(困) 자를 썼다.

03

■ ■ ■ 창세기 6-9장

노아의 홍수

또 많은 세월이 지났다. 사람들이 많이 태어나 온 땅에 가득하게 되었다. 아담이 낳은 세 번째 아들, 셋의 후손이 점점 퍼져가기도 했지만 경건하지 않은 가인의 가족도 점점 퍼져나가자 세상은 나쁜 생각을 가진 사람들이 많아지게 되었다.

하나님을 믿고 회개의 제사를 드릴 줄 아는 사람은 노아의 가족 뿐이었다. 그뿐 아니라 세상은 죄악으로 인해 몹쓸병이 가득하게 되었고, 이대로 두었다가는 세상의 인류가 모두 멸망하리라는 사실을 하나님께서 아셨다.

하나님은 아담과 셋의 혈통을 통하여 메시아를 오시게 하겠다고 약속하셨기 때문에 죄에게 져서 모든 인류가 병들어 멸망해버리면 안 된다고 생각하셨다. 때문에 세상에 홍수를 내려 물로 깨끗이 하실 계획을 세우게 되었다.

또한 하나님은 메시아가 와야 했기 때문에 경건한 가족을 보호해야만 했다. 그래서 노아를 찾으셨고, 그에게만 말씀하셨다. '큰 홍수가 날 것이니 방주를 만들라' 고 지시하셨다.

노아에게 기회를 주신 이유는 노아는 옳은 사람이라고 생각하셨기 때문이었다. 옳은 사람이 누군가? 곧 짐승의 피를 흘려 제사를 드리는 사람, 자신의 죄를 회개하는 방법을 알고 있는 사람이다.

방주를 만드는 노아를 보고 사람들은 비웃었다. 땅 위에 홍수가 난 것은 노아의 나이 육백 세가 되던 해였는데, 그의 아들들과 아내와 며느리들을 데리고 홍수를 피하여 배에 들어갔다. 또 깨끗한 짐승과 부정한 짐승 그리고 새와 땅 위를 기어다니는 길짐승도 암컷과 수컷 한 쌍씩 노아에게로 와서 배에 들어갔다. 노아는 모든 일을 하나님께 분부받은 대로 하였다.

이레가 지나자 폭우가 땅에 쏟아져 홍수가 났다. 땅 위에는 사십 일 동안 폭우가 쏟아져 배를 띄울 만큼 물이 불어났다. 배는 땅에서 높이 떠올랐다. 사십 일 뒤에 노아는 자기가 만든 배의 창을 열고 까마귀 한 마리를 내보냈다. 그 까마귀는 땅에서 물이 다 마를 때까지 이리저리 날아 다녔다.

노아가 다시 지면에서 물이 얼마나 빠졌는지 알아보려고 비둘기 한 마리를 내보냈다. 그 비둘기는 발을 붙이고 앉을 곳을 찾지 못하고 그냥 돌아 왔다. 물이 아직 온 땅에 뒤덮여 있었던 것이다.

노아는 이레를 더 기다리다가 그 비둘기를 다시 배에서 내보냈다. 비둘기는 저녁때가 되어 되돌아 왔는데 부리에 금방 딴 올리브 이파리를 물고 있었던 것이다. 그제야 노아는 물이 줄었다는 것을 알게 되었다. 노아는 다시 이레를 더 기다려 비둘기를 내보냈다. 비둘기가 이번에는 끝내 돌아오지 않았다. 하나님은 땅의 향긋한 냄새를 맡고 속으로 다짐하셨다.

"사람은 어려서부터 악한 마음을 품게 마련,
다시는 사람 때문에 땅을 저주하지 않으리라.
다시는 전처럼 모든 짐승을 없애 버리지 않으리라.
땅이 있는 한 뿌리는 때와 거두는 때, 추위와 더위, 여름과 겨울, 밤과 낮이 쉬지 않고 오리라."

그리고는 그 약속의 증표로 무지개를 보여주셨다. 땅에서 사람들이 처음으로 본 무지개였다.

노아의 홍수

노아의 홍수가 사실이었음을 뒷받침해 주는 또 다른 근거는 지질학적 증거이다. 조그만 강물에 홍수가 나서 마을이 물에 잠겨도 그 홍수의 흔적이 많이 남는데 하물며 지구 전체를 덮었던 노아 홍수의 흔적이 왜 없겠는가? 그 당시에 일어났던 격변(catastrophe)이 지구상에는 많이 보존되어 있다. 몇 가지 예를 들자면 첫째로 세계의 도처에 매장되어있는 석탄층을 들 수 있다. 엄청난 양의 식물이 땅속에 묻혀서 열과 압력을 받아 탄소 성분만 주로 남게 된 것이 석탄이다. 진화론자들은 식물들이 자라던 그 자리에 자꾸 쌓여서 두꺼운 층을 이룬 뒤 오랜 세월이 지나서 석탄이 되었다고 주장하고 있으나 현재와 같은 평범한 상황에서는 석탄이 만들어질 만한 환경을 발견하기 어렵다. 석탄을 포함한 지층과 그 아래 지층과의 경계가 매우 뚜렷하고 세밀한 부분까지 잘 보존된 식물의 잎, 줄기 화석이 발견되는 점으로 보아서 오랜 세월 동안에 만들어진 것이 아니라 지구 전체에 있었던 갑작스러운 대홍수에 의해서 무성하게 자라던 식물들이 휩쓸려 떠내려 가다가 먼 곳으로 이동하여 쌓이고 모래, 진흙 같은 퇴적물들에 덮인 후, 그 당시에 있었던 화산 활동 등의 지각변동에 의하여 큰 열과 압력을 받아 비교적 짧은 기간동안에 석탄이 되었다고 보는 것이 타당하다. 실제로 실험실에서 연구한 결과에 의하면 적당한 온도와 압력만 공급이 되면 긴 시간이 꼭 필요치 않고 불과 며칠 사이에도 석탄이 만들어질 수 있음이 증명되었다. 또, 미국의 애리조나

주에 있는 페인티드 사막(Painted Desert)에는 사진에서 보는 바와 같이 나무가 자라지 않는 사막에 매우 큰 통나무 화석이 많이 널려져있다. 규화목(Petrified Wood)이라고 불리는 이 화석은 화산재가 많이 섞여있는 물에 나무가 잠겨 있을 때 나무의 성분은 녹아버리고 물에 녹아 있는 광물이 대신 침전할 경우 만들어질 수 있는 화석이다. 규화목은 세계의 여러 지역에서 널리 발견되고 있으며 현재는 만들어지고 있지 않다는 사실이 강물이 아니라 바닷물에 의하여 지구 전체를 뒤덮는 홍수가 있었음을 뒷받침해 주고 있다. 뿐만 아니라 홍수로 떼죽음을 당한 여러 종류의 서로 다른 동물들의 시체가 한 데 뒤섞여 발견되는 화석묘지(Fossil Graveyards)는 생생한 증거들이다.

단·숨·에·읽·는·구·약·성·서

성경에서 배우는 한자

■ EASY GUIDE JOURNET ON NEWTESTAMENT

슬플 조(弔)

조자의 갑골문자를 보면 인간의 몸에 뱀이 감고 있다. 실제로 뱀이 감지는 않았지만, 뱀의 위력으로 이브가 감긴 것이나 마찬가지. 그것 때문에 모든 비극과 슬픔이 오게 된 것이다.

생각할 사(思)

사자는 고생하면서, 항상 에덴 동산을 생각하는 것이다. 아담의 마음(心)이 항상 에덴동산(田)에 가 있었던 것이다.

04

■■■ 창세기 10-11장

바벨탑 사건

홍수가 모두 끝나고 하나님께서는 방주에서 나온 노아와 7명의 가족들에게 복을 주셨다. 그들은 농부가 되어 포도를 심게 되었다. 그러자 노아의 세 아들로부터 많은 자손이 나와 생육하고 번성하게 되었다.

아직은 한 조상 밑에서 나왔기 때문에 이들은 아직 한 언어를 사용하고 있었다. 언어는 의사소통의 중요한 수단이다. 동일한 언어라는 강력한 무기를 가지고 있던 사람들은 힘을 합해 동방 시날 평지에 큰 탑을 쌓기 시작했다. 이 탑을 쌓는 목적은 '탑 꼭대기를 하늘에 닿게 하여 우리 이름을 내고 온 지면에 흩어짐을 면하자' 는 것이었다.

노아의 홍수를 경험한 그들이 이제 하늘에 닿는 탑을 쌓아서

자기들의 이름을 내고 홍수가 와도 흩어져 죽지 않고 흩어지지 않기를 소원했던 것이다. 홍수 심판을 내린 이유는 사람들이 죄를 짓고 실수해도 양을 잡아 회개하는 제사를 드리지 않았기 때문이다. 제사를 드림으로 자신의 죄를 씻을 생각은 하지 않고 인간의 힘으로 하나님의 심판을 면해 보려고 하는 것이었다. 하나님은 하는 수 없이 그들의 말을 뒤섞어 버리셨다. 결국 말이 통하지 않게 되자 그들은 더 이상 하나가 되어 탑을 쌓지 못하고 저절로 흩어지게 되었다.

노아의 자녀들도 말이 달라져 뿔뿔이 흩어지게 되었다. 이제 그들은 다시는 힘을 합쳐서 탑을 쌓을 수가 없었다. 하지만 사람들은 바벨이라는 말은 기억하여 그것이 사람들의 언어가 달라졌던 곳이라는 것은 기억하게 되었다. 훗날 메시아가 오시면 언어가 다시금 통일될 것이라는 예언과 함께 말이다.

바벨탑과 지구라트

OLD TESTAMENT

바벨탑에 대한 흔적은 지금도 전세계적으로 나타난다. 지금까지 메소포타미아의 각지에서 발견되는 고대의 건축물이다. 그리고 잉카의 문명에서도 이러한 고대 건축물이 나타난다. 지구라트란 높은 곳을 뜻하는 말이다. 하늘에 있는 신(神)들과 지상을 연결시키기 위한 것이었다. 성탑(聖塔) 또는 단탑(段塔)이라고도 한다. 수메르시대 초기에 신전(神殿)의 기단(基壇)에서 발달하였는데, 그 전형적인 형식은 점점 작아지는 사각형의 테라스를 겹쳐 기단으로 하고(때로는 7층에 이른다), 그 최상부에 직사각형 신전을 안치하였다. 벽돌을 쌓아 평면이 사각형 또는 직사각형의 단(段)을 3~5장 겹치고, 최상단에서 다시 계단으로 오르는 사당(祠堂)이 설치되어 있다.

원래는 각 도시에 있었으나, 거의가 무너져 원형을 간직하지 못하고 있다. 오늘날까지 가장 잘 보존되어 있는 것은 우르의 지구라트인데, 밑변이 62.5×43m이다. 우르 제1왕조의 것을 우르 제3왕조의 우르남과 슈르기가 수복(修復)한 것이다. 구약성서에 나오는 '바벨탑'은 바벨론의 지구라트를 가리키는 것이다

방주의 증거

하늘과 바람의 신은 인간들이 불만을 늘어놓는 시끄러운 소리 때문에 쉴 수가 없어 인간을 없애고자 홍수를 일으켰다. 홍수가 일곱 낮, 일곱 밤 동안 땅을 휩쓸어 버렸다. 신에게 선택받은 착한 인간 지우수드라는 배를 만들어 살아남았다. (수메르 신화)

먼 옛날 백두산에 비가 40일 동안 내렸다. 산꼭대기에 살던 어머니와 유복자가 살아남았다. 어머니의 간절한 기도를 들은 하늘의 여와씨는 증손녀를 내려 보내 홍수를 가라앉히고 유복자와 혼인케 했다. (백두산 홍수 신화)

세계에는 대홍수와 관련해 수백개가 넘는 고대 신화가 있다. 부족간 왕래가 많지 않았을 먼 옛날인데도 이들 신화 가운데는 홍수의 내용이나 시기가 비슷한 것들이 많다. 백두산 홍수 신화만 해도 홍수가 계속된 기간이 노아의 홍수 이야기와 같다. 그렇다면 홍수는 신화 속 이야기가 아니라 실제로 있었던 것은 아닐까. 이 물음은 오랫동안 과학자들의 호기심을 자극해 왔다.

1996년 미국 학자들의 연구가 홍수 탐사에 불을 붙였다. 컬럼비아대 지질학자인 빌 라이언 교수와 월터 피트먼 교수가 러시아 과학자들의 도움을 받아 흑해를 탐사한 끝에 흑해에서 대홍수가 있었다는 이론을 처음으로 제기한 것이다.

왜 흑해였을까? 흑해는 홍수 신화를 갖고 있는 메소포타미아, 스키타이, 미케네, 페니키아 등 수많은 고대 국가들이 번성했던 중심지이다. 홍수가 있었다면 흑해가 공통분모가 됐을 것이라는 가설이었다. 노아의 방주가 머물렀던 곳으로 알려진 아라랏산도 흑해 연안 국가인 터키에 있다. 두 교수는 20여 년에 걸친 각종 문헌 연구와 현지 탐사를 통해 1만

5000년 전 빙하기 얼음이 녹기 시작하면서 7500년 전에 이르러 지중해로부터 흑해 남서쪽 보스포루스 해협 너머로 나이아가라 폭포의 200배에 달하는 속도로 바닷물이 유입되는 대홍수가 일어났으며 그 결과 흑강(江)이 흑해(海)가 됐다고 주장했다. 이들은 흑해에 존재하는 독특한 비산소층을 홍수의 대표적 증거로 들었다. 흑해의 해저 200m 이하는 산소가 존재하지 않는 거대한 비산소층으로 이뤄져 있다. 바닷물이 유입되면서 밀도 차이로 바닷물과 민물간 층이 형성됐고 층간 대류 작용이 멈추면서 대기와의 접촉이 차단된 아래층에서 산소가 점차 사라졌다. 미 해양탐사연구소(IFE) 로버트 발라드 소장(61)이 1999년 흑해 탐사에 뛰어들면서 이후 흑해 탐사는 IFE를 중심으로 일원화됐다. 발라드 소장은 1985년 타이타닉호를 발견해 세계적인 명성을 얻은 해저 탐사가이다. 이후 미국지리학회 등 미국 내 주요 해양 전문가들을 비롯해 터키와 불가리아, 루마니아 등 흑해 주변국 과학자들도 IFE와 손을 잡고 탐사에 나섰다. 첫 탐사 도중 IFE는 바다 밑 170m 지점에서 민물 서식종 조개들을 발견했다. 탄소 동위원소 분석 결과 조개는 7500년 이상 된 것들이었다. 최고령은 1만 5500년까지 거슬러 올라갔다. 즉 7500여 년 전만 해도 이 조개가 살던 물은 민물이었지만 홍수와 같은 과정을 거쳐 갑작스럽게 바다가 됐다는 게 입증된 셈이었다.

2000년 터키 해안 탐사는 흑해 탐사 사상 가장 수확이 많았던 해로 기록된다. 탐사팀이 해저 320m 지점에서 발견한 고대 선박은 전 세계 고고학계를 놀라게 했다. 1500년 전 비잔틴시대 범선으로 추정된 이 배는 땅속에 묻힌 부분을 제외하고 전혀 상한 곳이 없이 완벽한 모습으로 나타나면서 홍수 이론에서 제기된 흑해의 비산소층 존재를 처음으로 확인해 줬다. 이 발견은 미국의 권위 있는 과학전문지 《사이언티픽 아메리칸》이 수여하는 2000년 위대한 고고학적 발견상을 받았다. 바다 밑 100m 지점에서는 사이트 82로 불리는 인간 거주지 추정 지역이 발견됐다. 이곳에서 가로 10m, 세로 12m의 직사각형 돌이 발견된 것이다. 너

무나 인공(人工)적인 모양의 이 돌은 흑해 연안 지역에서 발견되는 신석기 시대 거주지와 유사한 형태였다. 석기와 도자기 조각 등도 함께 발견됐다. 대홍수 같은 자연재해가 아니고서야 거주지가 통째로 물 속에 잠기기는 불가능한 일이며, 연구팀은 중요한 홍수의 증거를 또 하나 추가했다고 자평했다.

《미스틱》(미 코네티컷 주, 곽민영 「동아일보」, 2003년 9월 4일자)

단 · 숨 · 에 · 읽 · 는 · 구 · 약 · 성 · 경

성경에서 배우는 한자

■ EASY GUIDE JOURNET ON NEWTESTAMENT

금할 금(禁)

금자는 두 나무 사이에 하나님을 그려놓고, 금할 금자라고 썼다. 최초의 한문학자인 허신(許愼)도 설문해자(說文解字)에서 이 뜻을 밝히지 못했다. 그러나 창세기 이야기를 적용하면, 선악과 나무(木)와 영생과 나무(木) 사이에 하나님(示)이 나타나셔서 금지명령을 내리신 그 광경 그대로 그려놓은 것을 알 수 있다.

제한할 속(束)

속자를 보면 나무(木)에 입(口)이 달려 있다. 나무(木)에 입(口)이 붙어 있는 게 왜 제한할 속(束)인지, 허신(許愼)이 알 수가 없었다. 선악과 나무를 두고 하나님이 말씀하신 하나님의 입, 즉 선악과를 먹지 말라고 제한해 놓으신 것이다.

05

■ ■ ■ 창세기 11-12, 18-19장

아브라함과 하나님

바벨론에서 멀리 흩어져 나온 민족 중에 많은 사람들은 다른 곳을 향해 갔지만 또 일부는 그곳에 남아 도시를 형성하고 살았다. 그 도시의 이름은 우르(Ur)였다. 그곳 갈대아가 고향인 한 사람이 하나님의 부르심을 받게 되었다. 하나님은 그에게 말씀하셨다,

"너는 이곳, 갈대아 우르를 떠나 내가 지시하는 곳 가나안을 향해 가거라 그러면 너로 큰 나라를 이루는 민족의 조상이 되도록 하겠다. 그리고 먼저 너에게 아기를 주어 아빠가 되게 하겠다."라고 약속하시는 것이었다.

당시 아브라함과 아내 사라는 나이가 많은데도 아이가 없었다. 하지만 그들은 하나님의 약속을 믿었고, 그래서 떠나기로 하

였던 것이다. 조카와 종들을 데리고 그리고 양떼들을 몰아서 우르를 떠났다. 갈대아 우르는 바벨탑을 쌓던 사람들이 여전히 우상을 만들어 섬기고 못된 죄를 짓는 땅이었다.

형제와 친척과 친구들을 버리고 아직 한 번도 가 보지 않은 땅으로 그들은 떠나야 했던 것이었다. 여행은 아주 천천히 하였다. 가나안은 먼 곳이었다. 그러나 그들은 도착했다. 그래서 마므레성 근처에서 텐트를 쳤다. 그곳은 헤브론성에서도 가까웠다. 먼 길을 여행한 끝에 가나안에 도착한 아브라함이 주위를 돌아보고 있을 때 갑자기 하나님이 나타나 "내가 너의 자손에게 이 땅을 주겠다."(창세기 12:7)라고 말씀하셨다.

하나님으로부터 약속을 받은 기쁨도 잠시, 아브라함은 말할 수 없이 힘든 현실에 직면하게 되었다. 같이 간 조카 롯의 목자와 아브람의 목자가 부족한 양들의 먹이로 인하여 풀밭을 차지하려고 자주 싸우는 것이었다.

아브라함은 생각했다. 그래, 좋은 땅은 조카에게 주고 나는 좀 나쁜 땅을 갖자. 그래서 조카인 롯에게 말했다.

사진은 최근 발굴된 우르의 주거지

"자 저기 넓은 땅 중에 네가 마음에 드는 땅을 골라라 그러면 너와 반대되는 쪽으로 나는 가겠다."

그래서 롯과 헤어졌는데, 아브라함은 산등성이 계곡이 많은 요르단쪽으로 갔고, 조카 롯은 소돔땅으로 가서는 그곳의 도시에서 살게 되었다. 왜냐하면 그곳은 물도 많고 초원도 더 넓어서 양떼를 더 잘 먹이리라 생각했기 때문이었다.

하지만 그것은 매우 나쁜 선택이었다. 왜냐하면 소돔성은 교만한 사람들과 잘못된 사람들, 즉 죄를 짓고도 회개할 줄 모르는 사람들로 가득 찬 도시였기 때문이다. 그래서 이미 하나님은 그 도시에 대하여 눈을 감으시고는 이제 심판하실 날만을 기다리고 계셨기 때문이다. 어느 날 정오쯤 되었을 때였다.

아브라함이 그의 텐트 근처 나무 그늘에서 쉬고 있을 때, 어떤 손님들이 찾아오는 것을 보았다. 아브라함은 그분이 바로 하나님이신 줄 알았다. 몇 번이나 그에게 나타나 말씀하시던 바로 그 분이었기 때문이다. 그런데 천사들도 함께 왔다. 모두 세 분이었다.

> "주님 어서 오십시오. 힘드신 길에 조금 쉬시고 발을 씻으시고 음식을 좀 들고 가소서."

그리고는 아브람은 얼른 들어가서 아내와 함께 봉사드릴 준비를 했다. 이윽고 신선한 빵을 굽고, 고기를 구운 후에, 우유와 치즈로 대접을 하였다. 식사가 끝나자, 그분들은 자신들이 온 목적을 말했다. 아브라함과 사라에게는 기쁜 소식이었다.

"오래되지 않아 사라가 잉태하여 곧 아기를 가지게 될 것이니라."는 매우 놀랍고 기쁜 소식이었다. 그 다음 오신 목적을 말씀하셨다.

> "소돔성 사람들이 동성연애와 같은 음란한 죄에 빠져 더 이상 내버려 둘 수 없도다. 이제 이 성을 파괴하여 사람들을 멸망시키려고 한다. 하지만 그전에 너의 조카 롯을 구원해야겠도다."

그날 저녁, 하나님의 사자들은 롯을 탈출시키기 위해 그의 집을 방문하였다. 그래서 그들에게 "내일 성을 떠나 멀리 피난하

■ 색채의 마술사 샤갈이 그린 〈아브라 을 찾아온 세 천사〉

소돔 근처에 있는 소금기둥들

라."고 가르쳐 주었다. 또 "하늘에서 불이 떨어져 성이 파괴될 때에는 어떤 일이 있어도 뒤돌아보면 안 된다."는 말씀까지 하셨다.

정말 하나님의 사자들의 말씀대로 소돔성에 유황불이 내렸고 그들은 안전하게 대피할 수 있었다. 하지만 아브라함의 조카 롯의 아내는 집에 두고 온 귀중한 것들이 생각나 뒤돌아보다가 그만 소금 기둥이 되고 말았다. 슬픈 일이었다.

조카에게 모든 것을 양보하고 거친 땅을 선택한 아브라함은 기쁜 소식을 눈에 보이는 좋은 것을 따라 가다 죄악이 가득한 도시 속으로 들어간 롯은 모든 것을 잃고 두 딸만 데리고 나오고 말았다. 가나안 일대는 물 부족으로 기아와 식량 위기가 다가오고 있었으므로 식량을 구하기 위해 아브라함은 남이집트로 내려갔다.

우 르

1850년대까지 아브라함의 고향인 우르의 위치를 확인할 수 있는 유일한 단서는 창세기였다. 아브라함의 부친 데라는 가족을 이끌고 갈대아 우르를 떠나 남쪽의 가나안으로 가는 도중 하란에 들렀다. 따라서 지리적인 경로.상 우르는 당연히 하란 근처에 위치한 도시여야만 한다. 하지만 영국의 고고학자 테일러가 1850년대 이라크 남부 지역의 텔 엘-무카야르에서 우르라는 지명이 밝혀진 기록을 발견했고, 1920년대 울리가 그 곳을 발굴해서 대대적인 성과를 얻은 후 성서학자들의 관심은 북쪽의 우르에서부터 1500Km 떨어진 남쪽의 우르로 쏠리게 된다.

하란 근처에서 우르를 찾으려는 학자들은 45Km 북쪽에 위치한 우르파를 주목하기 시작했다. 1930년대 이후 시리아의 우가릿, 알랄락크, 에블라 등에서 출토된 토판문서의 해독을 통해서 우르라는 도시가 여러개 있으며 모두가 하란 근처에 위치한 것으로 드러났기 때문이다. 또한 특이하게도 우르파의 이슬람 교도들은 아브라함이 태어났다는 동굴과 아브라함의 기적과 관련된 연못을 성지로 보전해 왔다. 비록 우르파에 대한 체계적인 발굴은 없었지만 그 지리적 위치상 고대근동의 문헌에 자주 등장하는 우르슈로 볼 수 있으며, 이미 B.C. 2000년경부터 사람들이 거주한 것으로 추정된다. B.C. 300년경부터 우르파는 에데사로 불렸으며 비잔틴 시대에는 이 지역의 중심적인 기독교 도시로 발전했다.

하란 지역에서 우르를 찾으려는 시도에 있어서 결정적인 장애물이 바로 '갈대아 우르' 라는 구절이다. 갈대아 민족은 B.C. 900년경부터 독자적인 민족으로 역사에 등장하며 서기전 612년 이후 앗시리아를 점령하고 새로운 제국 바빌로니아를 건설했기 때문에 '갈대아 우르' 는 바빌로니아의 한 도시가 될 수밖에 없었다.

단 · 숨 · 에 · 읽 · 는 · 구 · 약 · 성 · 경

성경에서 배우는 한자

■ EASY GUIDE JOURNET ON NEWTESTAMENT

법 법(法)

법자의 갑골문자를 보면 입 구(口)자, 나무 목(木) 자, 하나님 시(示) 자로 구성되어 있는데, 하나님께서 나무를 두고 하신 말씀, 즉 "이것을 따먹지 말라. 먹는 날에는 반드시 죽으리라. 이것이 법이다." 라는 뜻이다. 한문학자들이 풀지 못했던 것을 창세기(創世記) 기록을 적용하면 그 신비에 싸여있던 한자(漢字)들의 뜻이 분명하고 오해 없이 이해(理解)되는 것이다.

아닐 불(弗)

불자의 갑골문자를 보면, 두 나무 사이에 뱀이 딱 감고 서있는 모습이다. 이것이 왜 '아니다' 와 관계가 있을까? '설문해자' 에서는 도무지 해석할 수 없었다. 하나님이 금하신 선악과(善惡果) 나무와 생명나무 사이에서 뱀이 이브에게 하는 소리이다. "아니다, 결코 죽지 아니하리라." 최초의 거짓말을 선언하는 모습이다. 그것이 아닐 불(弗)자가 된 것이다.

06

■ ■ ■ 창세기 21-22장

이삭을 드리라

하나님은 우르에서 아브람을 부르실 때 그에게 약속했었다.

"내가 너로 민족의 아버지가 되게 하겠고, 바닷가의 모래알 같이 많고, 하늘의 별보다도 많은 자손을 너로부터 나오게 할 것이다."

아브라함은 그 약속을 받은 날부터 밤이면 밤마다 하늘의 별을 보며 그 약속을 생각했다. 그리고 그의 아내 사라도 나이가 많았지만 굳게 그 약속을 믿고 기다렸다. 그의 40년이 흘렀다. 드디어 사라는 잉태를 하였고, 아들을 낳았는데 그 이름을 '이삭'이라고 지었다.

그들은 너무 기쁘고 행복했다. 하나님께 크게 찬송을 드렸다.

OLD TESTAMENT

그리곤 몇 년이 지났다. 이삭이 이제는 말을 하고 튼튼하게 자랐을 것 이다. 그런데 그 때 하나님은 아브라함을 시험하시고자 했다.

"아브라함아!" 하고 부르시더니,

> "너의 사랑하는 독자 이삭을 내가 지시하는 땅, 모리아로 가서 나를 위하여 희생을 드리라."

아브라함은 그 말씀을 듣자마자 급히 서둘러서 길을 떠났다. 다음 날 아침 일찍 만반의 준비를 하고 길을 떠났다. 사환과 이삭을 데리고 번제에 쓸 나무를 잔뜩 싣고서 모리아 산으로 3일 동안 갔다. 그는 끝까지 마음이 변치 않았다.

오히려 사환들이 혹시 방해할까봐 산 아래 떼어놓고 이삭과 함께 산 정상으로 올라갔다. 그리고는 제단을 쌓고 장막을 벌여놓고 그 위에 이삭을 묶었다. 그리고 마침내 칼을 들고 이삭을 잡으려고 칼을 꺼내어 들고서는 찌르려고 하였다. 그때 하나님의 사자가 황급하게 불렀다.

> "아브라함아! 아브라함아!"
> "그 아이에게 네 손을 대지 말라. 아무 일도 그에게 하지 말라 네가 네 아들 네 독자라도 내게 아끼지 아니하였으니, 나 하나님은 이제야 네가 나를 참으로 경외하는 줄을 알았노라."

이삭은 아브라함에게 있어 자기 목숨보다 귀한 존재였다. 그가 100세에 겨우 얻은 아들이기에 더욱 사랑스러웠을 것이다. 아브라함이 이삭을 향하여 칼을 들 수 있었던 것은 조상들이 가르쳐 주고 하나님의 사자가 나타나 끊임없이 반복해 주신 "한 아들을 주리라."는 약속 때문이었다. 그것은 곧 메시아의 약속이었다.

즉 아담의 후손 중에 온 인류의 죄를 다 용서해 줄 메시아가 오신다고 약속하셨는데, 그 약속 때문에 태어날 수도 없었던 이삭이 태어났다면 하나님은 지금 이 자리에서 이삭을 죽이더라도 다시 살리시겠지 하는 믿음이 있었기 때문이다.

그러므로 아브라함에게는 그다지 어려운 일이 아니었을 수도 있었다.

생각하는 페이지

■ EASY GUIDE JOURNET ON NEWTESTAMENT

희생제

1월 21일부터 시작되는 이 행사는 세계의 모든 무슬림들이 양이나 염소, 소 등을 죽여 제물로 바친다. 이것은 유대교와 이슬람이 믿는 성경에 나오는 아브라함의 이야기에서 유래되었다. 그는 아들을 희생시키라는 신의 명령을 받고 아들대신 양을 제물로 삼았던 것. 이 시기에 무슬림들은 수 천마리의 양이나 염소 등을 도살해 3분의 1은 자신의 집에서 쓰고 나머지는 여행객이나 이웃들에게 나눠준다고 한다.

■이라크 바그다드의 종교행사인 '이드-알-아드하(희생제)'를 맞아 길가에서 손님을 기다리는 양 판매업자.

단·숨·에·읽·는·구·약·성·경

성경에서 배우는 한자

■ EASY GUIDE JOURNET ON NEWTESTAMENT

근심 수(愁)

가을 추(秋)에 마음 심(心) 자를 받침으로 한 것이 근심 수이다. 장자권자(長子權者)이고, 하나님을 직접 만난다는 교만에 빠져 기세등등하여진 형들이 동생들을 점점 압제(壓制)했던 것 같다. 그래서 동생들이 가을(秋)만 되면 근심부터 하게 되었다. 근심 수(愁) 자를 보면 가을 추(秋) 자와 마음 심(心) 자가 합쳐져 있다.

눈물 체(涕)

가을만 생각하면 '못된 형들이 산에서 내려와 농사도 잘 되지 않았는데 모두 빼앗아 가겠구나!' 근심하는 것이 나타난 글자이다. 그래서 동생(弟)의 얼굴에 물(水)이 흘렀으니 이것이 눈물 체(涕)자다.

07

■■■ 창세기 24장

이삭의 아내 리브가

이삭의 아버지 아브라함은 늙어서 아내 사라를 여의었다. 그리고 이삭도 장성하여 장가를 가야 할 나이가 되었다. 어느 날 아브라함은 큰 머슴 엘리에셀을 불렀다. 그리곤 맹세를 시키며 부탁했다.

"아무래도 내 아들 이삭을 위해서는 이방민족의 여인을 맞아들여서는 안되니 우리 히브리 민족 중에서 하나님을 경외하는 참한 처녀를 데려와서 내 아들의 아내로 삼아야 겠네. 그러니 부탁하네."

OLD TESTAMENT

하란에 있는 우물

아브라함은 노복에게 처녀를 데리고 올 때 필요한 금 귀고리와 손목고리를 주었다. 그러자 엘리에셀은 명을 받고 낙타들을 몰고 길을 떠났다.

하란에 있는 우물에서 종은 기도했다.

"우리 주인 아브라함의 하나님 제가 기도합니다. 오늘 우물가에 물을 길러 나오는 처녀에게 물을 좀 달라고 청하겠습니다. 만약 그 처녀가 제게 물을 순순히 주어 마시우게 하고 또 제 낙타에게도 그리한다면 그 처녀가 하나님이 준비하신 처녀인 줄 알겠습니다."

기도하자마자 우물가에 어떤 처녀가 물동이를 머리에 이고 다가오는 것이었다. 처녀는 두레박으로 물을 길어 물동이에 채웠다. 엘리에셀은 처녀에게 부탁했다.

"저어, 아가씨. 물 한 모금만 주실 수 있습니까?"

처녀는 흔쾌히 승낙하고 엘리에셀에게 물을 마시우게 하고 또 낙타들에게도 물을 먹였다. 엘리에셀이 처녀에게 금 귀고리와 금 손목고리 한 쌍을 주며 또 물었다. "아가씨는 뉘시오? 그리고 처자의 집에 머무를 곳이 있겠소?" 그것은 일종의 청혼을 위한 증표이기도 했다.

처녀가 대답했다. "저는 브두엘의 딸인 리브가라고 합니다. 그리고 저의 집에는 묵을 곳과 또 약대들이 쉴 곳도 있습니다. 가시지요."

정말 놀라운 일이 벌어진 것이다. 그 종이 만난 처녀는 아브라함의 동생의 집이었다. 그 집에 들어가자마자 종은 이야기했다.

"먼저 저의 말을 하기 전에는 먹지 않겠습니다. 저는 지금 저의 주인 아브라함을 위하여 그 분의 아들, 이삭을 결혼시킬 참한 규수를 찾아왔습니다. 그래서 기도하였습니다. 그랬더니 정말 그대로 되었습니다. 이것은 하나님 여호와께서 정하신 일입니다."

이야기를 다 들은 처녀와 처녀의 아버지는 하나님의 인도하심에 놀랐다. 그래서 결혼을 허락한다고 했더니 종은 내일 당장 처녀를 데리고 돌아겠다는 것이었다. 열흘을 더 머물라는 리브가 부모의 청을 간곡히 거절하자 라반은 리브가를 불러 그에게 이르렀다.

"네가 이 사람과 함께 가려느냐?" 그가 대답하되, "가겠나이다."

리브가도 당장 떠나겠다고 말하니 섭섭해도 하는 수 없이 보내기로 한다. 종은 그 길로 아침에 일어나 집으로 리브가를 데리고 돌아왔다.

밧단 아람에서 이삭의 집으로 오는 길이었다.

그런데 리브가는 이삭이 자기 동네 들판에서 거니는 모습을 발견한 것이다. 그러자 리브가가, 엘레에셀에게 질문을 한다.

"저기 들판을 배회하다가 이리로 오는 사람이 누구입니까?" 종에게서 우리 주인 이삭이라는 대답을 들은 리브가는, 면박을 취한 채 낙타에서 내려 자기 남편 될 사람에게 경의를 표하였다. 낙타에서 내리는 것은 상대방에 대한 존경의 표시였기 때문이다, 리브가가 면박을 취하여 스스로 얼굴을 가린 것은, 정숙하고 교양 있는 여성이었다는 것을 보여주는 것이다.

그리고 얼마 후 이삭과 리브가의 결혼식이 치러졌다. 이삭은 리브가를 만나 큰 사랑을 하였고, 아브라함과 이삭은 리브가의 모습을 보며 사라가 죽은 후에 위로를 얻을 수 있었다.

생각하는 페이지

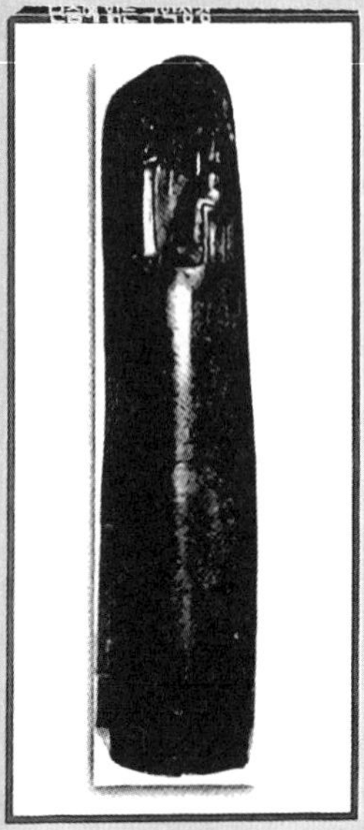

메소포타미아

메소포타미아(mesopotamia)의 두 강 사이의 땅, 그러니까 티그리스와 유프라테스강 사이의 땅이라는 뜻이다. 비옥한 반월지대(半月地帶)의 대부분을 차지하는 티그리스강 · 유프라테스강 유역을 중심으로 번영한 고대 문명이다. 메소포타미아 기후는 무덥고 습하고, 겨울비가 없기 때문에 관개시설 없이는 가장 원시적인 농경만이 가능하였다. 그리고 티그리스와 유프라테스강은 종종 봄에 홍수가 지는데, 비가 많이 오거나 북쪽의 녹은 눈이 흘러 내려와 홍수를 이룬다. 이러한 지역적 영향으로 관개 시설은 거대한 사업으로 강력한 권력을 가진 사람만이 계획, 유지해야 했는데, 이것은 조그마한 도시국가 왕이 강력한 권력을 가지고 이 지역을 지배했음을 알 수 있다.

아마도 수메르인들은 특히 지구라트(Ziggurats) 건축을 보건데 그들 역시 노아의 홍수 뒤 산에서 내려온 민족임을 알 수 있다. B.C. 1800년경 아모르(Amor)인이 메소포타미아 지역을 정복하고 나라를 세웠다. 바빌로니아 왕국(Babylonia) 이 시대에 함무라비왕이 바빌론 시에 수도를 정하고, 성문법을 제정하여 국가 발전에 기틀을 세웠으나, B.C. 1600년경 카시트(Kassite)에 의해 멸망된다.

귀신 귀(鬼)

마귀가 동산(田)을 침입(人)하는 모양. 밭 전(田) 자의 어원은 밭에 칸이 나누어져 있다는 것이 아니고, 중간에 샘이 솟아나서 네 가닥의 강이 흐르고 경계를 지어서 살던 아름다운 동산 에덴동산을 뜻한다. 전자 밑은 사람인처럼 보이나 사람도 아닌 존재가 에덴동산을 엿보는 형상이다.

마귀 마(魔)

동산(廳)의 수풀 속(林)에서 유혹하는 모양. 귀신이라는 글자 속에도 중국인들이 창세기 사건을 그려 놓았다. 마귀 마(魔) 자는 귀신이 두 나무사이에 덮개를 덮어쓰고 귀신이 아닌 것처럼 변장해서 두 나무사이에 엎드려 있는 모습이 마귀 마(魔) 자이다. 창세기 사건을 그대로 그려 넣었다.

08

■ ■ ■ 창세기 27-28장

야곱의 파란만장한 삶

OLD TESTAMENT

아버지의 축복을 대신 받는 야곱의 모습을 그린 렘브란트의 그림

시간이 흘렀다. 이삭과 리브가는 에서와 야곱 쌍둥이를 얻었다. 그들이 태어났을 때, 하나님은 리브가의 뱃속에서 두 나라의 조상이 될 사람이 싸운다고 말씀하셨다. 에서는 형이지만 장차 동생 야곱을 섬기겠다고 말이다. 에서는 자라면서 용맹한 사냥꾼이 되었다.

그는 집 밖에 나가고 언덕을 오르기를 좋아했다. 그는 사냥과 사나운 짐승들을 잡아서 집으로 가져와 음식을 요리했다. 그러한 사냥 요리들을 그의 아버지 이삭은 매우 좋아했다. 반면에 야곱은 달랐다. 그는 조용한 사람이었다. 거의 대부분의 시간을 집에서 보내었다. 그리고 그는 리브가의 사랑을 받았다.

세월이 흘러 아버지 이삭이 늙자 그의 눈이 어두워졌다. 몇 날 뒤 관습에 따라 아버지는 죽음을 앞둔 마지막 유언을 하는 것이었다.

하나님의 특별한 축복을 장자에게 하는 의식이다. 그 의식의 중요한 내용은 아담에게 약속한 메시아의 씨가 이어져 가는 것이었다. 그러나 첫째 에서는 고기를 얻어서 요리를 하기 위해 사냥을 위해 바깥으로 나갔다. 리브가는 야곱을 마치 에서처럼 꾸며서 이삭이 축복의 기도를 받기를 원하며 아버지께 보내기로 한 것이다.

이삭은 이미 눈이 어두웠다. 야곱을 에서로 가장하여 아버지께 가려고 털복숭이로 만들었다. 그리고는 사냥을 마친 에서가 돌아온 것처럼 리브가는 고기 요리를 만들어 들여 보냈다

야곱은 그의 형의 옷을 입고 그리고 음식을 들고 아버지의 텐트로 들어갔다. 그가 좋아하는 음식과 그가 느끼는 피부의 감촉이 에서를 닮았었나보다. 그러나 그가 생각하길 목소리는 틀렸던 것이다.

"네가 정말 에서냐?" 이삭이 물었다. 야곱은 "네 제가 에서입니다."라고 거짓말을 했다.

그렇게 해서 아버지 이삭은 하나님께 기도하길 시작했다. "하나님 저 아이에게 부유한 축복을 주십시오. 장자의 복을 주십시오. 그리고 우리 조상 아담과 아브라함에게 약속하신 메시아의 씨가 이어지게 해 주십시오."라고 말이다.

그제서야 진짜 에서가 온 것이다. 그러나 벌써 늦어 버렸다. 이삭은 자신이 할 수 있는 모든 축복을 다 야곱에게 부어 주었기 때문이다. 에서는 화가 나서 야곱을 죽이려고 했다. 형제간에 엄청난 일이 일어날 것 같아 리브가는 자신의 고향 밧단 아람으로

OLD TESTAMENT

■ 야곱이 도망갔던 외삼촌 라반의 집이 있는 하란

■ 〈야곱의 사닥다리〉, 샤갈의 그림.

피난을 보내기로 한다. 한밤 중의 도망인 것이다.

도망을 나온 야곱은 남쪽으로 내려갔다. 혼자서 떠났던 것이다. 해가 지자 그는 거칠고 황량한 바위 계곡 근처에 이르렀다. 그곳에서 몸을 눕히고 잠을 청했다. 돌베개를 베고 말이다.

잠이 들었는데 꿈을 꾸었다. 거대한 사닥다리가 하늘에 닿았는데 천사들이 부지런히 오르내리는 것이었다. 그곳의 가장 높은 곳에서는 하나님 자신이 계셨다. 그리고는 야곱에게 말씀하셨다.

> "내가 이 땅을 주리니 거짓말을 하고 떠난 이곳으로 다시 돌아오게 하겠다."

하나님은 또 말씀하셨다. "내가 너와 함께 하겠다. 네가 어디로 가든지 너보다 앞서가며 다시 올 때까지 그렇게 하겠다." 야곱이 일어나 머리를 조아리고 그 말씀들을 새겨들었다. 음성으로 하나님이 말씀하신 그 약속들을 모두 믿었다. 그리고는 맹세했다.

> "만약에 제가 하나님의 보호하심을 입어 집으로 안전하게만 돌아온다면 당신은 나의 하나님이 되시고 제가 베고 있던 이 베개는 하나님의 집이 될 것입니다."

야곱은 어머니의 친정에 드디어 도착했다. 그의 삼촌 라반을 만나 그 동안의 일을 모두 말했다. 그 때 양들에게 물을 먹이러 갔던 딸들이 돌아왔다. 그에게는 사촌인 그녀들의 이름은 라헬과 레아였다. 첫눈에 야곱은 라헬에게 반했다. 사랑을 느낀 것이었다. . 그래서 외삼촌에게 말한다.

> "외삼촌, 제가 7년 간 일하겠습니다. 그 대가로 라헬에게 장가 들 수 있도록 해 주십시오."

외삼촌은 흔쾌히 승낙했다. 야곱은 7년 동안 외삼촌의 사환으로 일했지만 하나도 힘들지 않았다. 왜냐하면 라헬을 사랑하는 마음이 있었기 때문이다.

그런데 7년이 지나 라헬과 결혼을 할 때가 되었는데 첫날밤에 들어온 신부가 라헬이 아니라 그의 언니 레아였던 것이다. 속은 야곱은 분해서 외삼촌에게 따졌다.

> "이 지역 풍습은 동생이 먼저 시집갈 수 없지. 그러니까 다시 7년을 일해 주면 그 때 라헬을 시집 보내겠네."

이 말에 하는 수 없이 야곱은 또 7년 동안 종과 같이 일한다. 7년이 흐른 뒤 드디어 라헬까지 아내로 얻은 야곱은 삼촌에게 양을 얻어 집으로 돌아가려고 했다. 이미 두 아내와 두 여종과 11명의 아들을 가진 야곱은 대식구를 먹여 살릴 가축이 필요했다. 그래서 꾀를 내어서는 삼촌의 양들 중 많은 수를 자기가 가지게 되었다. 속은 것을 안 삼촌은 화가 나서 야곱을 가만 둘 수 없었다.

그래서 이제 야곱은 그곳을 떠나 고향으로 돌아가려고 했다. 그런데 집으로 돌아가려고 하니 문제가 생겼다. 오래전에 형을 속이고 도망 온 기억이 있었기 때문이다. 길을 떠나 형 에서가 있는 가나안으로 가려고 하는데 형 에서가 400여 명의 사람들을 이끌고 온다는 소식을 들은 것이었다.

야곱은 기가 막혔다. "혹시 형이 나를 죽이려고 오는 것은 아닐까?" 그래서 얍복강을 앞두고 기도하였다.

"하나님 일전에 이 길을 떠날 때 저에게 약속하지 않으셨습니까? 무사히 돌아오게 하시겠다구요."

밤이 새도록 기도하였다. 목숨을 건 기도였다. 외삼촌은 외삼촌대로 말없이 떠난 야곱을 미워하여 잡으러 온다고 하고 있고, 앞에는 형이 그 옛날 섭섭함 때문에 잡으러 온다고 한다. 정말 진퇴양난이었다.

그런데 그날 밤 전에 나타났던 그 여호와의 사자가 나타난 것이었다. 야곱은 그를 붙잡고 늘어졌다. 저를 살려주십시오. 도와주십시오. 약속하지 않으시면 못가십니다. 그렇게 새벽이 올 때까지 씨름하다시피 하였더니 그제서야 여호와의 사자가 말씀 하시는 것 이었다.

"너의 이름이 무엇이냐?"
"저의 이름은 야곱입니다."
"이제부터는 야곱이라 하지 말고 이스라엘이라 부르리라."

그 뜻은 네가 하나님과 겨루어 이겼다는 뜻이다. 야곱이란 이름의 뜻은 '훔치는 자' 였다. 이스라엘은 오늘날 이스라엘의 나라 이름이 되었다. 그리고 그곳의 이름을 브니엘이라 하였다. 하나님의 얼굴을 보았단 뜻이다. 해가 뜨고 강을 건넌 야곱은 형을 만났다.

그 앞에 나가서 무릎을 꿇고 용서를 빌었다. 예상외로 에서는 야곱을 품에 안고서는 입을 맞추며 그를 반겨 주었다. 결국 형제간에 화해가 된 것이다.

이것은 하나님께서 에서보다는 야곱의 혈통을 통하여 메시아가 오게 하시겠다는 섭리 중에 일어난 사건이므로 그동안 에서는 어머니 리브가가 이해를 시켰고, 야곱은 야곱대로 어머니의 품에서 어릴 때 들은 대로 믿었기 때문에 일어난 사건이다.

단·숨·에·읽·는·구·약·성·서

생각하는 페이지

■ EASY GUIDE JOURNET ON NEWTESTAMENT

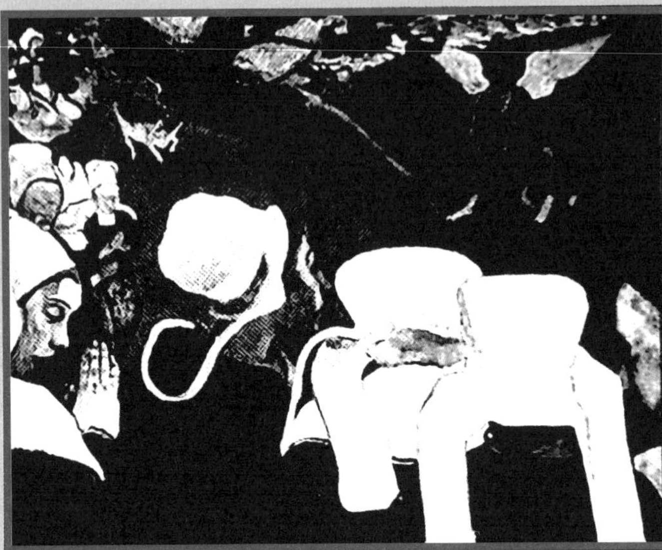

고갱(Paul Gauguin)이 1888년 캔버스에 유채로 그린 그림. 〈야곱과 천사와의 싸움〉은 상징주의 시기의 그림이다.

단·숨·에·읽·는·구·약·성·경

성경에서 배우는 한자

■ EASY GUIDE JOURNET ON NEWTESTAMENT

태초(太初, In the beginning)

클 태(太) 자는 큰 대(大) 자에서 나왔다. 그런데 초(初) 자는 하나님을 뜻하는 시(示) 자와 칼 도(刀) 자가 합쳐진 글이다. 즉 하나님이 칼을 휘두르듯 일순간에 시작된 한 정점을 뜻한다.

하늘 천(天, the heaven)

대(大) 자 위에 있는 한 일(一) 모양의 수평선이 그려져서 즉 큰 땅위의 또 다른 공간을 말한다. 즉 신의 영역을 뜻하는 것이다. "대저 여호와는 크신 하나님이시요 모든 신 위에 크신 왕이시로다"(시 95:3)

09

■ ■ ■ 창세기 37 - 50장

팔려간 요셉

야곱은 열두 명의 아들을 가졌다. 르우벤, 시므온, 레위, 유다, 이사갈 그리고 스불론 등 이들은 모두 레아의 소생이었고, 요셉과 베냐민은 라헬의 소생이었고, 단과 납달리는 라헬의 여종 빌하의 소생이었고. 갓과 아셀은 레아의 여종 실바의 소생이었다.

열두 형제 중에 야곱은 라헬의 소생인 요셉을 가장 좋아했다. 왜냐면 라헬을 많이 사랑한 경험 때문이었다. 그래서 항상 자주색 옷을 입혔다. 그것을 안 형제들은 유독 요셉을 시기했었다. 요셉은 어릴적부터 꿈을 잘 꾸고 해석을 잘 하였다. 한번은 요셉이 이런 꿈을 꾸었는데, 밭에서 곡식 단을 묶는 중이었다. 형제들이 묶은 단들이 자신이 묶은 단을 향해 절을 하는 꿈을 꾼 것이다.

그리고 또 다른 꿈을 꾸었는데 해와 달과 별이 자신의 별을 향해 절을 하는 꿈을 꾸었던 것이다. 이러한 꿈의 내용을 형제들에게 말을 하니 형제들이 더욱더 그를 미워하고 질투하였다. 그리하여 그의 형제들이 결국 큰 사고를 치게 된다. 아버지가 모르고 있을 때 요셉과 형제들이 밭에 나가서 일을 하고 있는데 그의 형제들이 요셉을 죽이려고 음모를 한 것이다.

그런데 차마 죽이려 하니 마음이 안타까워서 끝내 살해하지는 못하고 지나가는 미디안 상인에게 노예로 돈을 받고 팔아버렸다. 그리고는 동물을 잡아서 동물의 피로 옷을 적셔서 아버지께 보여주면서 아들이 동물에게 찢겨서 죽임을 당했다고 거짓말을 하게 된다.

아버지 야곱은 요셉이 사고로 죽음을 당한 줄 알고 일생을 근심과 한숨 속에 지내게 되었다. 요셉은 미디안 상인에게 노예로 팔린 후 여러 가지 경로를 통해 이집트에 노예로 팔리게 된다. 그 과정에서 여러가지 어렵고 힘든 고된 일을 당하게 된다.

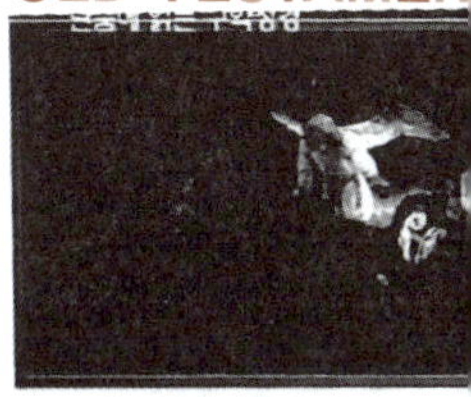

■〈요셉의 꿈에 나타난 천사〉, 렘브 그림.

그러나 요셉은 어느 곳에서든지 성실하고 정직하고 착한 심성을 지녔고 또 하나님을 신실하게 잘 믿는 경건한 믿음으로 어떤 어려움이 닥쳐도 믿음으로 신실하게 헤쳐 나가는 모습을 보인다. 그리하여 자신의 몸의 신분은 노예였지만 오히려 주위 사람들로부터 칭찬을 받고 절대적인 신임을 받는 그런 사람이 된다.

다시 팔려간 요셉은 보디발이라는 사람의 집에 들어가게 되었다. 보디발은 그때 당시 이집트의 왕이었던 파라오를 지키던 유능한 장군이었다.

요셉은 여느 때와 마찬가지로 어느 곳에서든지 간에 열심히 최선을 다하여 일을 하므로 보디발의 집에서도 유능한 인물로 대접을 받는다. 그리하여 처음엔 노예로 들어왔다가 결국 그 집의 가정총무로 일하게 된다. 그러던 중, 보디발의 아내가 있었는데 이 여인은 젊고 상당한 미모를 가진 부인이었다.

요셉 역시 그때 당시 아주 젊은 총각이었다. 이 보디발의 아내가 보디발이 모를 때, 남편이 눈치 채지 못할 때 은근히 요셉에게 다가와 유혹을 하곤 하였다. 어느 날 마침 남편이 없는 것을 보고 그의 아내가 요셉에게 다가와 자신과 같이 지낼 것을 요구한다.

이에 요셉은 자신의 이런 행동이 하나님 보시기에 옳지 않으므로 단호히 그의 요구를 거절하고 그 자리를 벗어나 옷을 버려두고 황급히 도망을 하였다. 그러자 보디발의 아내는 그의 옷을 증거로 삼아서 그 남편에게 거짓 증언을 하여 요셉을 옥에 가두게 된다.

OLD TESTAMENT

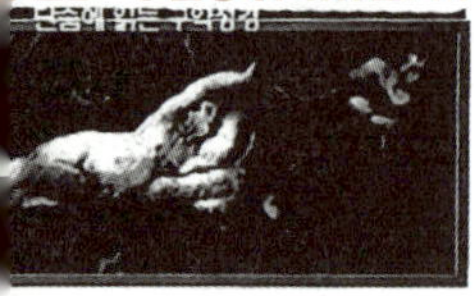

유혹하는 보디발의 아내와 도망치는 요셉

하지만 요셉은 이런 황당하고 억울한 누명을 당한 상태에서도 전혀 마음에 흔들림 없이 의연하게 대처해 나가게 된다. 그것은 그가 어릴 적부터 믿어온 하나님의 존재를 확실히 믿으며 신실한 신앙 가운데 모든 삶을 살았기 때문이다. 그야말로 신앙의 힘으로 그가 꿋꿋하게 버텨온 것이다. 그리하여 그는 심지어 감옥 속에서도 희망을 저버리지 않고 주어진 자신의 일에 최선을 다하고 성실하고 정직하게 하루하루를 살아간다. 그러던 중 이런 일이 벌어졌다.

두 사람이 감옥에 들어오게 되었는데 한사람은 파라오왕의 술을 맡은 책임자이고 또 한사람은 파라오 왕이 먹는 떡을 맡은 사람이 옥에 들어오게 된것이다. 이 두 사람이 같은 날 동시에 잠을 자다가 꿈을 꾸게 되는데 서로 해몽을 하지 못하여 고민을 하던 차에 요셉이 이를 해석해 주었다. 한사람은 살아서 옥에서 풀려나 다시 복직을 하게 되고 또 한사람은 죽임을 당하는 꿈이라고 해석을 한다.

얼마 후 그 꿈 해석한 내용대로 이루어지게 된다. 그리하여 살아남은 술 맡은 책임자가 옥에서 풀려나게 되었다. 요셉이 이 사람에게 당신이 나가거든 나를 도와 달라고 부탁하였으나 그는 그의 부탁을 까맣게 잊고 말았다.

그렇게 약 2년이 지난 후 파라오 왕이 어느 날 해괴망측한 꿈을 꾸게 되었는데, 이 꿈을 도저히 해석하는 인물이 없어 고민하던 중 에 술 맡은 사람이 2년 전에 있었던 일을 기억하여 요셉을 부르게 된다.

파라오 왕에게 불림을 받은 요셉은 아무도 풀지 못한 왕의 그 꿈을 해석하여 왕의 신임을 얻게 되었다. 기적이 일어 난 것이다. 드디어 감옥에서 풀려나게 되고 왕의 신하로서 일을 하게 된다. 그리고 착한 심성과 백성을 사랑하는 모습, 그리고 최선을 다해 왕을 보필하므로 왕에게까지도 신임을 얻게 된다. 그리하여 결국 이집트의 총리까지 오르게 된다. 그리고 이집트 여자와 결혼을 하여 아들까지 낳게 되었다.

요셉이 총리로 일을 하던 중 이집트와 그 주변 국가들이 큰 흉년이 들어서 먹을 양식이 부족했는데 요셉의 지혜로운 머리로 양식을 보존하여 다른 나라들은 먹을 양식이 거의 바닥이 났는데 오직 이집트만 곡식이 많이 보존되었다. 그 이유는 요셉이 파

OLD TESTAMEN

■ 그림은 옥에 들어온 바로의 관원과 요셉

라오 왕이 꾼 꿈을 따라 7년의 풍년 동안 곡식을 잘 사들여 보관을 해 두었기 때문이다. 그리하여 다른 주변국가 사람들이 이집트에 와서 먹을 곡식을 돈을 주고 사는 그런 일이 생기게 되었다. 이 때 아니나 다를까, 요셉의 본래 가족인 그의 형제들도 양식이 떨어져 이집트로 곡식을 사러 요셉에게 오게 되는데 그의 형제들은 이집트의 총리가 그의 친동생 요셉인 줄 전혀 몰랐었다. 그러나 요셉은 형제들을 단번에 알아 보았다. 왜냐하면 고향을 떠난 후 한번도 그들을 생각하지 않은 적이 없었기 때문이다.

요셉이 그의 형제들을 그냥 돌려보내지 않고 일부러 시험하기 위해 어려운 곤경에 빠지게 한단다. 그래서,

"이집트를 염탐하러 온 스파이가 아니냐?"

형제들과 다시 만난 요셉

거짓으로 형들을 몰아 붙여 고향으로 돌려보내어 그의 동생(요셉의 동생)인 베냐민을 부른다. 영문도 모르고 그들은 자신의 집으로 돌아가서 그의 아버지 야곱(이스라엘)에게 이런 사실을 고하고 막내 베냐민을 데리고 다시 이집트로 간다. 다시 동생 베냐민을 데리고 이집트로 간 요셉의 형제들은 거기서 시험이 끝난 게 아니고 계속적으로 요셉의 시험을 받게 된단다.

형제들을 일부러 시험하던 중 요셉이 그 정을 이기지 못하여 울면서 지금까지의 있었던 일을 밝히며 자신이 그들의 형제인 요셉인 사실을 모두 밝히게 되었다. 그런데 요셉은 자신을 버린 형들을 미워하지 아니하고 그들의 잘못을 용서하고 극적인 가족 상봉을 하게 된다. 그리고 그의 아버지 야곱과 가족을 초청하여 다시 만나게 된다. 오랫동안 죽은 줄로만 알았던 그의 아

들이 다시 살았다는 사실을 야곱이 알게 되고 더구나 잃었던 아들이 이집트라는 큰 나라의 총리가 되어 있다는 사실을 알게 된 아버지 야곱은 너무나 기뻤다.

말로 형용할 수 없을 만큼 기쁘고 기뻐했었다. 그리고 그들 조상들에게 하셨던 하나님의 약속들을 기억하며 하나님을 찬양하였다.

생명이 다한 야곱은 요셉을 포함하여 가족이 다 모인 후 자녀를 위해 한 사람 한 사람씩 손을 잡고 축복을 한 다음 곧 생을 마감하게 된다. 그리고 메시아의 약속은 유다를 통하여 또 이어진다.

이집트 문명

메소포타미아와 팔레스틴을 사이에 두고 발생한 또 다른 하나의 문명은 역사가 헤로도투스(Herodotus)의 기록대로 '나일강의 선물'이라 일컫는 이집트 문명이었다.

이집트는 가장 안정된 정치적 연속성을 보여주고 있는데, 이는 그 나라가 사막과 바다에 의해 고립된 사실에 기인한다. 고왕조(제 1-6왕조, 2,850-2,200 B.C.E)의 시작은 메네스의 통일 국가로부터 이룩된다. 고전적 개화기를 맞은 제 3왕조에 들어서면서 불가사의라 일컬어 지는 피라밋(Pyramids) 건설은 이들 문명의 대표적 표상이 되었다.

중왕조 제 1기(제 7-10왕조, 2,200-2,052 B.C.E)는 여러 지방 군주들의 반란과 폭동으로 인한 혼란기였으나, 제 2기(제 11-13왕조, 2,052-1,790 B.C.E)에는 다시 국가의 통일을 이루어 테베(Thebe)를 중심으로 그 문명의 자리가 바뀌었다. 제 3기(제 14-17왕조, 1,710-1,570 B.C.E)에 들어서는 아시아로부터 온 힉소스(Hyksos)의 침략으로 통치권이 넘어가면서 이집트 내부에는 많은 구조적 변화를 맞게 된다.

이집트 농업을 보여주는 피라미드 내부 벽화

이집트 왕조의 꽃이라 일컬어지는 신왕조(제 18-24왕조, 1,570-1,085 B.C.E.)는 아흐모스(Ahmose), 투트모스(Tuthmoses), 아메노피스(Amenophis), 투탄카문(Tutankhamun), 람세스(Ramses), 세티(Seti), 메르넵타(Mernepta) 왕으로 이어져 내려오면서 화려하게 발전하였다.

구약에 따르면, 요셉은 정보 경영과 국가 재해 대책 시스템으로 국가 주도형 재테크를 실현했다.

과연 이집트 세소스트리스 부자의 치세 때 벌어진 일은 무엇일까? 그 일에 요셉은 (실제로 그 시기에 존재했다면) 어떤 역할을 했을까? 이 사라진 고리를 이어주는 것은 현재로선 구약밖에 없다. 구약에 따르면 요셉은 추수기에 비축해 둔 식량을 팔아 … 곧 그 땅의 모든 돈을 모아들인다. 이어 그는 양식을 위한 대가로 가축을 받았으며, 나중에 토지와 사람들까지 받았다. 그 뒤 사람들에게 종자를 주어 파라오의 소유가 된 땅에서 농사를 짓게 하고 그 추수의 5분의 1을 세금으로 내게 했다. 나머지 5분의 4는 종자와 양식으로 삼게 했다. 정확한 농업생산량을 예측하는 정보경영, 풍작 때 흉작을 대비하는 국가 재해대책 시스템, 그리고 이 두 가지를 바탕으로 백성들을 먹여 살리고 그 반대급부로 토지 국유화를 관철시키는 국가 주도형 재테크 …. 이건 아무리 현대의 날고 기는 통치자들이나 경영자들도 입이 벌어질 지경이다. 거기다가 외국 이민을 과감하게 받아들여 경지를 확대하는 한편 축산업이라는 새로운 첨단산업도 도입한다. 이로써 고난받는 자 요셉은 '신의 은총을 받는 경영자' '먹여 살리는 자' 요셉으로 화려하게 부활한다.

"구약성서 고난의 주인공 요셉, 그가 신의 은총을 받는 경영자로 부활하기까지"(한겨레, 오귀환〈한겨레21〉 전 편집장 · 콘텐츠 큐레이터)

맏 형(兄)

최초의 장자권자(長子權者)인 가인이 불신앙(不信仰)으로, 신앙에 바로 섰던 동생 아벨을 시기해서 죽임으로써 비극이 시작된다. 인간(人) 중에 입(口) 달린 인간이 형(兄)입니다. 모든 사람이 입이 달려 있지만, 하나님이 보실 때 "너희 집안에서 장자권자(長子權者)만이 나한테 와서 이야기해라." 즉 장자의 입만이 하나님께 말하는 입이다.

빌 축(祝)

빌 축(祝) 자는 입 달린 사람 형(兄)이 고인돌(示) 앞에 가서 하나님께 집안 일을 말하고 빌 때, 복(福)을 비는 말을 했다. 복을 비는 것이 정상적인 형의 기능이었다.

아우 제(弟)

제자는 인간은 인간인데, 머리 땋고 활 매고 돌아다니는 사람이 아우(弟)였다.

10

■ ■ ■ 출애굽기 1-4장

하나님의 음성이 모세를 부르다

많은 시간이 흘렀다. 이스라엘의 조상이 된 야곱이 그의 자손 70명을 거느리고, 애굽에 이주한 후 400여 년 간에 그의 자손은 심히 번성하여 남녀노소가 합쳐서 총 200만의 대중을 이루었다. 이에 외래 민족의 강성함을 애굽왕 바로는 심중에 질투하여 인종 멸살책을 쓰게 되었다. 특히 히브리인 중에서 남자아이를 낳으면 다 죽이라고 산파들에게 명하였고, 또 다른 한편으로는 중한 고역을 시켜서 압제하였다.

이와 같은 때에 레위 족속 중에서 한 남자아이가 태어 났는데, 그 용모가 뛰어났다고 한다. 그래서 3개월 간 숨겨서 키워 오다가 마침내 바로의 학정을 두려워하여 갈대 상자에 아이를 담아서 하수에 버렸다. 때 마침 바로의 공주가 목욕하려 강가로 나왔

■모세와 출애굽에 대한 이야기는 애니메이션의 주제로도 자주 사용되었다. 사진은 영화의 한 장면.

다가 이를 발견하고 궁중으로 데려 가 양육하게 되었는데, 물에서 건졌다는 뜻으로 이름을 모세라고 지었다.

이가 곧 훗날에 이스라엘의 위대한 지도자 모세였다. 강가에 버릴 때 모세의 누나 미리암이 뒤따라 가다가 공주가 아이를 궁전으로 데려가는 것을 보고는 말했다.

"공주님? 이 애기에게 젖을 먹일 유모가 필요하지 않으세요?" 그래서 친어머니를 유모로 소개한다. 하나님의 놀라우신 섭리로 유모로 모세의 친모가 들어가게 되었다.

누가 능히 하나님의 하시는 계획을 알아낼 수 있겠는가? 모세를 양육한 바로는 하나님의 백성을 이끌 지도자를 키워 주는 격이 되고 만다. 바로가 사는 궁정에서 살게 된 모세는 어려서는 어머니의 품에 안기어 젖을 빨며 말을 배우게 된다. 아이가 말을 배울 때부터는 유모가 된 친어머니는 옛날 이야기를 들려 주었을 것이다.

태초에 하나님이 천지를 창조하신 이야기며, 이스라엘 백성들이 오늘날 이집트에 들어와 살기까지를 들려 주고 또 들려 주었다. 아이는 무슨 애기인지는 모르지만 재미있는 옛날 이야기를 들으며 소록소록 잠이 들곤 했을 것이다.

자라면서는 이집트의 모든 학술을 다 배웠다(행 7:21). 당시 이집트에는 자연과학, 천문학, 의학, 수학, 마술 등이 상당히 발달되었는데, 모세는 이 모든 학술을 습득하였다 하였으니 학문적으로도 상당한 인물이 될 수 있었다.

모세의 나이가 사십에 이르러서, 그 마음에 '나는 누구일까?' 하는 생각에 잠겼다가 이스라엘 자손을 이집트인이 치는 것을 보고, 이집트 사람을 쳐 죽였다(행 7:23). 이 사건이 바로왕에게 탄로가 되었다. 결국 모세는 도피하여 미디안 광야로 가게 된다.

한 나라의 공주의 아들로 위풍당당하며, 궁궐에서 안일하게 지내 오던, 모세는 결국 광야에서 헤매야하는 신세가 되었다. 왕궁에서의 호사와 도시의 번화가에서 지내던 모세는 갑자기 쓸쓸한 광야에 이르고 보니, 용기를 잃어가고 있었다. 결국 적막한 광야에서 40년의 풍상을 겪게 되는 모세가 이제 초라한 노인이 되어가고 있었다.

그런데 하루는 양떼를 몰아 호렙산 근방에 이르렀을 때에 여호와 하나님께서 모세에게 나타나 보이신 것이다. 하나님이 모세에게 말씀을 하셨다. 모세가 하나님을 만나 뵙는 첫 경험이었다. 하나님은 사라지지 아니하는 불꽃 가운데서 모세를 부르셨다. 그리고는 자신을 네 조상의 하나님이라고 알려주셨다. 약속의 백성 이스라엘 백성이 이집트에서 당하는 고통을 아신다 하셨다.

그래서 그들을 구출해내기 위하여 모세를 보내시겠다고 말씀하시는 것이다. 그러나 모세는 사양을 한다. 왜냐하면 자신은 이제 너무 많이 늙었고 말이 우둔하여 백성들을 이끌고 나오는데 합당하지 않다고 여겼기 때문이다. 하지만 하나님은 모세를 끝내 설득시켰다. 능력을 보여주시며 모세에게 가라 하셨다.

호렙산에서 사명을 받은 후의 모세는 40년 간을 이스라엘을 인도하는 대사(大事)로서 여생을 헌신하게 되었다.

OLD TESTAMENT

OLD TESTAMENT

OLD TESTAMENT

■ 색채의 마술사 샤갈의 그림으로 불타는 떨기나무 가운데 나타나 말씀하시는 하나님을 상징하여 그린 그림이다.

생각하는 페이지

〈모세의 시련〉(1481-83년, 프레스코 바티칸, 시스티나 예배당). 바티칸 대성당 안의 시스티나예배당에는 이 작품 외에도 보티첼리의 전성기 때의 프레스코 벽화 2점이 있다. 그것들은 같은 크기로 제단을 향한 3면을 장식하고 있다. 출애굽기의 모세이야기가 주제로서 오른쪽 밑에는 이집트인을 죽이는 모세, 중앙에는 미디안으로 피신을 갔다가 이드로의 딸들을 위해 물을 길어 주고 있는 모세, 왼쪽 위에는 호렙산의 불타는 가시나무 숲 속에 나타난 여호와 앞에 무릎을 꿇는 모세, 왼쪽 밑에는 이스라엘 사람들을 거느리고 이집트를 떠나는 모세의 청년 시절의 시련이 잘 그려져 있다.

단 · 숨 · 에 · 읽 · 는 · 구 · 약 · 성 · 경

성경에서 배우는 한자

■ EASY GUIDE JOURNET ON NEWTESTAMENT

처음 초(初)

처음 초(初) 자를 보면, 옷 의(衣)와 칼 도(刀)이다. 짐승을 하나님의 번개 칼로 재단하셔서 가죽옷을 최초로 지어 입히신 모습을 그대로 그려 놓으셨다. "여호와 하나님이 아담과 그 아내를 위하여 가죽옷을 지어 입히시니라."(창세기 3:21)

간사할 간(姦)

동생들이 눈물을 흘리며 걱정하기 시작하자, 많은 동생들의 부인들이 서너 명씩 모여서 "형님들만 남자고 당신은 남자가 아니냐? 언제까지 당하기만 할거냐?" 하면서 형에게 덤벼들자고 모의를 해서 간사할 간(姦)자를 보면 여자(女)가 수두룩하게 모여 있는(女 女 女) 형상인 것이다.

11

■ ■ ■ 출애굽기 5-14장

이집트왕 바로

OLD TESTAMENT

꺼지지 않는 불꽃 가운데 나타나신 하나님이 모세에게 이집트로 가서 이스라엘 백성들을 구출하라고 말씀하시게 된다. 처음에 모세는 자기가 할 수 있는 모든 수단을 동원하여 하나님의 말씀을 거역하고자 하였다. 하지만 하나님께서는 화를 내면서까지 모세로 하여금 자신의 소명을 감당하도록 하였다.

모세가 하나님의 명령을 거역한 것은 이집트의 왕이 쉽게 허락하지 않을 것임을 알았기 때문이다. 이집트는 많은 노예들 특히 이스라엘의 노예들이 경제에 많은 도움을 주었기 때문이다. 그러나 하나님의 약속을 믿은 모세는 형 아론과 함께 바로에게 갔다. 그리고는 말했다.

"하나님이 이스라엘 백성들을 보내라고 말씀하셨다. 이스라엘 사람들은 노예로 혹사당할 민족이 아니라 하나님을 예배할 사람들이기 때문이다."(창 5:1)

이 말은 들은 바로는 코웃음을 쳤다. "여호와 하나님이 누군데 감히 나의 노예들을 내 놓으라고 하는냐, 여호와만 신이냐, 우리에게도 많은 신이 있다. 여호와가 이집트를 공격한다면 우리의 신들도 가만있지는 않을 것이다." 라고 말하는 것이었다.

모세와 아론의 말은 들은 바로는 노예들에게 더욱 가혹하게 일을 시킨다. 도전이었다. 고통이 더 심해지자 이스라엘 백성들은 오히려 모세를 원망한다. 그러자 모세는 마음에 상처를 받게 되었다. 모세는 답답하였다. 그래서 하나님께 원망을 한다. 그러자 하나님이 이때부터 바로를 혼내기로 마음먹으셨다. 하나님은 먼저 하나님의 대리자인 모세와 애굽의 신들의 대리자인 술객들과의 능력의 차이를 보이신다.

다시 궁전에 들어간 모세는 바로왕 앞에서 아론이 지팡이를 던졌다. 그랬더니 뱀이 되었다. 이번엔 바로의 술객들이 지팡이를 던졌다 그랬더니 그것들도 뱀이 되었다. 그러나 모세의 뱀이 술객들의 뱀을 잡아 먹어버리고 말았다.

하지만 그것은 하나님의 능력의 시작에 불과했다. 바벨탑을 쌓을 때만 해도 사람들은 하나님을 대신할 직접적인 신을 만들고 대항하지는 않았다. 하지만 세월이 지나면서 하나님을 알고 따르는 사람들은 점점 사라지고 오히려 하나님을 대신하는 신을 만들고는 그것을 우상으로 섬겼다.

애굽은 최초로 우상신들에 대한 하나님의 참된 능력을 보여

주는 역사의 현장이 되었다. 바로와 애굽의 우상신들을 심판하는 10가지 재앙이 시작된 것이다. 10가지 재앙은 이집트 사람들이 믿고 있던 대표적인 우상신들에 대한 하나님의 심판이었던 것이다.

먼저 아침에 바로가 다니는 하숫가에 서서 지팡이로 쳤다. 그랬더니, 하수가 피로 변하여 고기가 다 죽어버렸고, 악취가 나서 도저히 물을 마실 수가 없었다. 첫 번째 재앙이었다. 하지만 상황을 전혀 눈치 채지 못한 애굽의 우상신의 술객들도 같은 일을 하였다.

두 번째는 개구리들이 있는 곳을 향하여 아론의 지팡이를 들자, 개구리들이 애굽인의 식탁과 침상에 뛰어올랐다. 두 번째 재앙이었다. 그러나 이번에도 바로의 술객들도 개구리들을 물에서 불러내어 육지로 뛰어 올라오게 하였다. 이 역시 바로가 회개하게 만들기에는 역부족이었다. 개구리는 애굽에서 풍부와 다산을 상징하는 신이었다.

세 번째로 땅의 먼지 티끌들을 아론의 지팡이로 치자 온 애굽에 이가 가득하게 되었다. 하지만 술객들은 이를 만드는 데는 실패하였다. 그들은 드디어 여호와 하나님이 자신들이 섬기는 신보다 더 뛰어난 신이라고 이야기해 주지만 바로는 귀담아 듣지를 않는다.

네 번째로 하나님께서는 파리 떼를 온 이집트에 보내셨다. 당하는 고통은 이루 말할 수 없었지만 바로는 조금 양보하여 애굽에서 예배드리면 되지 않는냐고 절충안을 내놓는다.

다섯 번째는 심한 악질을 이집트 전역에 번지게 하셨다. 그러자 그들이 기르던 가축들이 죽었다.

여섯 번째는 모세가 풀무속의 타고 남은 재 두 움큼을 가지고 바로 앞에 서서 하늘로 뿌린다. 그러자 독종이 생겼다. 이번에는 사람들이 곤욕을 치렀다. 재주를 부리던 술객들마저도 몸에 독종이 생겨 바로 앞에 설 수 없었다.

일곱 번째는 이집트가 생긴 이래로 보지 못한 우박이 내리리라 하였다. 들판에 있는 것은 무엇이든지 다 죽을 것이라고 하였다. 우박의 피해 중에서 막 싹이 나기 시작하던 밀은 남겨두셨다. 하지만 여덟 번째 메뚜기를 보내어서는 싹까지 모두 먹어치우게 하셨다.

아홉 번째는 캄캄한 흑암이 다시 삼일 동안 이집트를 덮쳤다. 이집트의 최고신은 태양신 '라' 이다. 그런데 태양신도 하나님 앞에서는 도저히 힘을 쓰지 못하게 하신 것이다. 그런 것들은 모두 다 하나님이 만드신 창조물이지 결코 인간을 사랑하는 신이 아니라는 것을 철저하게 보여주신 것이다.

상상조차 할 수 없는 큰 능력을 이집트에 보여줬지만 바로는 그래도 고민만 하지 선뜻 이스라엘 백성들을 내어 보내 줄 생각을 못하는 것이다.

이제 마지막 열 번째 재앙이 남았다. 그것은 장자의 죽음이었다. 이 마지막 재앙은 말씀에 전적으로 순종하지 않는 이스라엘 사람들에게도 임하게 된다. 그러므로 이 재앙을 피하기 위해서는 준비를 해야 했다.

먼저 식구들의 수를 계산하여 어린양을 잡아야만 했다. 흠 없고, 일년 된 수컷으로 잡아, 그 피로 양을 자기 집 문의 전후좌우

OLD TESTAMEN

■ 이집트 최고의 태양신 '라'

에 발랐다. 그리고 밤에는 피 흘린 고기를 불에 구워 떡과 함께 쓴나물과 같이 먹어야 했다. 머리와 정강이와 내장을 다 불에 구워먹어야 했고, 아침까지 남겨두지 말아야 했으며, 아침까지 남은 것은 다 태워야 했다. 또 먹을 때의 옷차림은 허리에 띠를 띠고, 발에 신을 신고 손에 지팡이를 잡고 급히 먹어야 했다. 후일 이것은 이스라엘이 영원토록 지켜야할 명절인 유월절이 되었다.

이 재앙은 하나님께서 이집트의 신을 모두 다 심판하시려고 마지막으로 가장 귀중한 사람의 목숨까지도 희생하시는 것을 보여주는 날이다. 왜냐하면 죄를 지은 인간은 이미 하나님의 심판을 받아 있고 잠시 동안 집행유예가 되어 있다는 사실 때문이다. 그것은 에덴동산에서 이미 아담과 하와가 선과 악을 알게 하는 지혜의 열매를 먹게 되면서부터 결정되어진 사실이기 때문이다.

하지만 제사를 드리는 자는 용서하시기 때문에 이번에도 이스라엘 사람들에게 피를 흘려야 용서하신다는 사실을 가르치기 위해 양을 잡아 피를 흘리라고 하신 것이다. 드디어 밤중이 되었다. 여호와의 천사가 이집트를 두루 다니며 모든 처음 난 것의 영혼을 다 부르셨다.

그러자 모두 다 목숨이 끊어졌다. 짐승은 물론이고, 옥에 갇힌 사람이나, 이집트 왕 바로의 장자까지도 구별 없이 모두 다 죽음을 당하였던 것이다. 장자는 장남을 말하는데 장자의 영혼을 불러 가신 것은 장남이 집안의 대표를 뜻하기 때문이다. 장남을 죽이신 것은 다 죽일 수도 있었음을 암시하는 하나님의 경고였기 때문이다.

하나님의 말씀이 이루어졌다. 그러나 그때는 후회해도 소용이 없었다. 이미 다 죽었기 때문이다. 얼마나 급했는지 바로가 밤중에 모세와 아론을 불렀다. 그러더니 이집트 사람들도 서둘러 나가라고 재촉했다.

바 로 = 파 라 오

출애굽 당시의 고대 이집트 파라오는 누구인가? 아멘호테프 2세인가, 람세스 2세인가? 이집트 고유물위원회가 출애굽 당시의 파라오를 찾기 위해 람세스 2세의 미라에 대한 정밀조사를 벌이기로 해 세계적 관심을 끌었다. 지금까지 출애굽 당시의 이집트 파라오(바로)는 아멘호테프 2세라는 것이 대다수 성서고고학자들의 견해이다. 이집트 고유물위원회의 자히 하와스 위원장은 카이로 박물관에 안치돼 있는 고대 이집트의 '정복왕' 람세스 2세가 출애굽의 파라오와 동일한 인물인지를 과학적으로 입증하기 위해 그의 미라에 대한 컴퓨터 단층촬영을 실시할 계획을 하였던 것이다. 하와스 위원장은 "이번 조사의 목적은 람세스 2세의 정확한 사인을 규명하고 그가 출애굽 당시 홍해에 빠져 죽은 파라오였을지 모른다는 학설을 입증하는데 있다."고 덧붙였다. 출애굽 당시 이집트의 왕이 누구였는지는 학자들 사이에서 항상 논란거리였다. 아멘호테프 2세(B.C. 1447~1421)라는 설과 람세스 2세(B.C. 1279~1212)라는 설, 그리고 람세스 2세의 아들 메르네프타라는 설이 대립하고 있지만 이를 정확하게 입증할 자료는 아직 발견되지 않고 있다. 하지만 지금까지 아멘호테프 2세가 이스라엘 백성을 이끌고 홍해를 건너던 모세 일행을 쫓았다가 익사했다는 설이 가장 유력하다.

단·숨·에·읽·는·구·약·성·경

성경에서 배우는 한자

EASY GUIDE JOURNET ON NEWTESTAMENT

또 차(且)

'또' 혹은 '게다가'를 뜻하는 문자이다. 즉 삼위일체 하나님께서 하나님의 모양과 형상을 닮은 '또' 다른 존재를 창조하셨고, 그 사람이 바로 인류의 조상(할아버지)이 되었다는 뜻을 담고 있다.

저주할 주(呪)

말은 형(兄)만 해야 되고, 또 형이 알아서 복을 빌어야 하는데, 형(兄) 앞에 나타난 입(口)은 형(兄)에게 대들고자, 저주하고자 나타난 입이다. 이것이 저주할 주(呪)이다.

12

■ ■ ■ 출애굽기 13 - 17, 22장

이집트를 탈출하는 이스라엘

■〈홍해를 마른 땅처럼 건너는 이스라엘〉, 샤갈의 그림.

이스라엘 백성들은 애굽의 삼각주(델타) 지역에 있었던 고대 도시 라암셋에서 살고 있었다. 이 곳은 고센이라고도 불렀다. 이곳으로부터 이스라엘은 숙곳으로 여행 하였다. 이 길을 여행함에 있어 그들은 라암셋으로부터 출발하여 대략 하룻길 정도 동남쪽으로 이동하였다.

젊은 날의 모세는 이집트의 궁궐에서 최고의 교육을 받은, 장래가 촉망되는 왕자였다. 그의 미래는 성공의 대로가 활짝 열려 있었다.

모세는 이집트인을 죽였다고 진노하는 이집트왕의 눈을 피해 사막으로 도망칠 수밖에 없었다. 그 덕에 광야의 길을 그 누구보다도 더 잘 알 수 있었다. 이스라엘 백성들은 그 땅을 행진하여 나올 때 50명씩 질서 있게 열을 지어 나왔다.

요셉은 그 옛날 후손들에게 말했다. 가나안 땅을 주시겠다는 하나님의 약속을 굳게 믿으라고, 그리고 가나안으로 갈 때에는 자신의 뼈를 애굽 땅에 남겨 두지 말고 약속의 땅을 향해 갈 때 가져가라고 요청했었다. 그들이 나아갈 때에 구름기둥과 불기둥이 나타났다. 드디어 이집트의 마지막 땅인 홍해 앞에 다다른 것이다.

그런데 홍해는 그들에게 큰 바다라서 건널 수가 없었던 것이다. 그런데다가 뒤에서는 뒤늦게 후회한 바로의 군사들이 전차를 타고 추격해 오고 있었다. 하지만 하나님은 이스라엘로 그 바다를 지나게 할 때에 특별한 목적을 가지고 계셨다. 다시 말해서 자신의 능력과 권세가 이집트 군대의 힘보다 크다는 것을 보여 주려고 하셨던 것이다. 추격하는 군대가 가까이 왔을 때쯤 이스라엘 백성들은 새파랗게 질려 울부짖었지만 하나님의 종 모세는 걱정하지 않았다.

왜냐면 하나님께서 10가지 재앙을 보일 때보다 더 큰 힘과 권세로 바다가 갈라지게 하실 것을 알았던 것이었다. 하나님은 말씀하셨다.

> "먼저 백성들을 바다로 나아가게 하고 너의 지팡이로 바다 위를 향하여 내밀어라."

그런데 이게 왠일인가? 정말로 바다가 갈라졌다. 밤새 동풍이 불어서 바다 물을 물러가게 한 것이다. 뒤 따르던 애굽 군대는 갈라진 바다로 같이 뒤따라 들어왔다. 하지만 이스라엘 백성들이 마지막으로 올라오자, 그들을 덮침으로써 물에 빠져 죽고 말았다.

아침이 되니 홍해는 죽어 둥둥 떠다니는 이집트 군대의 병사들만이 가득했다. 이스라엘은 홍해의 저 건너편에서 진심으로 하나님을 찬양하였다.

애굽 거주기간

이스라엘이 애굽에 거주하였던 기간은 정확하게 430년으로 산출되어 있다. 이와 관련하여 창세기 15장 13절은 개략적인 숫자로서 400년이란 기간을 제시하였다. 한편 열왕기상 6장 1절에는 출애굽으로부터 성전을 건축할 때까지의 기간을 480년으로 계산하는데, 이 숫자는 성경의 연대기를 계산함에 있어 매우 중요한 빛을 던져 준다. 만일 성전을 건축할 때가 주전 960년이었다면 출애굽의 연대는 B.C. 960년+480년 곧, 주전 1440년이 될 것이다. 그리고 우리가 여기에다가 이스라엘이 애굽에서 머물렀던 430년을 더한다면, 야곱이 애굽에 내려갔을 때는 B.C. 1440년+430년, 곧 주전 1870년이 되는 것이다. 그러나 430년이란 숫자는 성경의 다른 연대기들에 있어 중요한 것으로 나타난다. 사사 시대로부터 언약궤를 예루살렘으로 옮긴 때까지의 연수를 더하면-중복되는 기간은 고려하지 않고-그 총 연수는 430년이 된다. 또 성전을 건축한 때로부터 유다 열왕들의 연수를 더하면 역시 그 총수는 430년이 된다. 언약궤 이전의 기간-430년, 성전 이전의 기간-430년, 성전 재건 이전의 기간-430년, 흥미롭게도 이 숫자는 다니엘서에서 새로운 성전이 건축되기 전의 날들의 숫자와 동일하다. 다니엘은 아마도 미래 성전을 건축하기 전의 때를 계산함에 있어 이와 동일한 구조를 사용하고 있었을 것이다.

성경에서 배우는 한자

어질 인(仁)

어질 인(仁)은 처음 사람 즉 아담(人)과 그의 옆구리로부터 취한 하와 즉 두 번째(二) 사람을 나타내 준다. 아담과 하와는 범죄하기 전 인류 역사상에서 오직 2인의 완전한(仁) 인류였다. 특히 여(女)는 사람 인(人)에서 갈비뼈를 하나 취하여 만들었음을 나타내 준다.

죽일 살(殺)

살자를 보면, 열 십(十)자, 불똥 주, 나무 목(木), 칠 수자 가 합해서 된 글이다. 손에 나무를 쥐고, 열번 불똥이 튀도록 때렸더니, 죽었다는 것이다. 가인이 들에 있을 때 아벨을 쳐 죽이니라. 중국사람들의 머리에는 통탄할 살인 사건으로 후손에게 전해졌다.(창세기 4:5-8)

13

■ ■ ■ 출애굽기 16 - 17, 민수기 11, 20장

사막의 하나님

홍해를 기적으로 건넌 후 몇 일이 흘렀다. 그런데 어느덧 이집트의 고통에서 구원받은 것을 잊어버린 몇 명의 사람들이 있었다. 그것은 그들이 이집트에서 먹던 맛난 음식이 생각 난 때문이다. 그래서 마음에 불평이 찾아 온 것이다.

"생선이 먹고 싶어."

"난 수박이 먹고 싶어."

또 어떤 사람들은,

"난 마늘에 잘 양념된 고기를 먹고 싶어."

모두들 맛있는 음식을 먹고 싶어서 불만들을 드러내기 시작한 것이다. 심지어 어떤 사람들은 뒤돌아서 이집트로 돌아가자고 모세와 아론에게 말하기도 했다.

"차라리 우리가 이집트에서 그냥 죽었으면 더 좋았을 것을 …."

또 다른 이들은 말했다.

"우리에게 맛있는 음식을 주지 않는다면 차라리 죽는게 나을 것 같소."

하나님이 이들의 불평을 들으시고 모세에게 말씀 하셨다.

"백성들에게 말하여라. 내가 그들을 위하여 내일 빵과 같은 음식을 하늘로부터 내리리니, 6일간 내릴 것이다. 그러나 6일째는 이틀분의 식량을 내릴 것이니 안식일을 위하여 예비하여라."

만나와 메추라기를 매일 공급하시기로 한 하나님은 그 다음날부터 정말로 하늘로부터 맛있는 음식을 내려주시는 것이다. 억압과 학대가 있는 이집트 땅을 떠나, 자유가 있는 약속의 땅을 향해 걸어가는 길이 다시 시작되었다.

그러나 그 길은 순탄하지 않았다. 바다가 가로막기도 하고, 사막의 고통이 그들을 절망시키기도 하였다. 사막에서 40년간 살아온 모세조차 그 많은 사람들을 사막 가운데로 이끌기에는 역부족이었다.

먹을 양식이 없었고, 마실 물도 없었다. 모세가 하나님 앞에 간절히 기도했을 때, 하늘에서 만나와 메추라기가 내려 배고픔을 해결하였다. 그러나 메마른 사막 길을 횡단한다는 것은 엄청

난 갈증과 고통을 동반하였다.

한번은 물 때문에 모세에게 불평하며, 왜 이집트에서 끌어내어 사막 한 가운데서 죽이려 하느냐고 원망했다. 모세는 하나님 앞에 엎드렸다. 모세가 하나님께 간절히 구하였을 때, 하나님은 모세에게 해결책을 알려주셨다. 회중을 모으고, 바위에게 명령하여 물을 얻도록 하라는 것이었다. 모세는 그들을 불러 모았다. 그리고 그들에게 말하기를

> "패역한 너희여 들어라. 우리가 너희를 위해 이 반석에서 물을 내랴."

그렇게 말하고는 반석을 지팡이로 두 번 쳤다. 그런데 놀랍게도 바위가 갈라져서 물이 솟아났던 것이다. 모세는 기적을 행하여 갈증을 풀어 주었다. 물뿐 아니라 광야 생활 40년이 끝나도록, 그들이 약속의 땅에 들어간 유월절 다음날을 지킬 때까지 만나가 그치지 않았다. 하나님께서 사람이 살아가는 날 동안 이처럼 모든 것을 공급해 주신다는 교훈이 광야의 행진에서 나타난다.

생각하는 페이지

광 야

1967년 6월 5일 아침 8시를 기해 이스라엘 군대는 시나이 반도로 진격해 들어갔다. 전투를 시작한지 단 4일 만에 수에즈 운하를 점령함으로써 이스라엘은 자기네 영토의 무려 4배에 달하는 거대한 시나이 반도를 차지한다. 이때부터 이집트와의 평화조약이 체결되어 되돌려 줄 때까지 이스라엘 고고학자들은 15년 간 시나이 반도를 샅샅이 탐사하고 연구했다. 그들의 가장 중요한 목적은 두 말 할 나위없이 이곳에서 진행됐던 출애굽 사건의 고고학적인 흔적을 찾기 위해서였다.

하지만 결과는 의외로 실망스러웠다. 서기전 3000년대와 2000년대의 주거 흔적을 발견했지만 대부분의 성서학자들이 생각하는 출애굽의 연대인 서기전 13세기의 흔적이 전혀 발견되지 않았기 때문이다. 이스라엘 민족이 이집트의 고센 땅에서 람세스 도시를 건설했기 때문에(출 1:11) 이 도시의 건설자인 람세스 2세 시대, 즉 서기전 13세기가 출애굽 사건의 시대적 배경이 된다. 광야 40년의 유랑생활 중 대부분을 지냈다는 가데스 바네아도 발굴 결과 B.C. 10세기 솔로몬 왕이 건설한 군사적 요새인 것으로 확인됐다. 시내산으로 알려진 제벨 무사에서도 비잔틴 시대 이전의 흔적은 찾을 수가 없었다. 따라서 어떤 고고학자들은 이스라엘 민족이 유목민이었기 때문에 천막을 치고 이동하는 그들의 습성상 정착민적인 주거흔적은 남기지 않았다고 주장하기도 한다. 이 때부터 시내산을 시나이 반도 남부에 위치한 제벨 무사 이외의 지역에서 찾으려는 시도가 몇몇 아마추어 고고학자들에 의해 진행되기 시작한다.(김 성 교수)

단·숨·에·읽·는·구·약·성·경

성경에서 배우는 한자

■ EASY GUIDE JOURNET ON NEWTESTAMENT

죽을 사(死)

사자는 해골하고 몸이 꼬부라져 말라 비틀어져 있는 모습이다. 아벨의 얼굴이 해골처럼 썩었고, 몸이 말라 꼬부라져 있는 모습을 숲에서 발견한 것으로 보인다.

장사할 장(葬)

장자는 해골과 삐뚤어진 모습의 몸을 밑에 받침을 받쳐서 위에 풀을 덮어서 장사 지낸 모습이 장사할 장(葬) 자이다.

14

■ ■ ■ 출애굽기 18-24, 32-34장

시내산에서 받은 십계명

모세는 백성들을 이끌고 광야 사막을 지나 시내산으로 향했다. 하나님이 말씀하시길, 그곳에서 하나님을 예배하라고 하셨기 때문이다. 낮에는 구름기둥과 밤에는 불기둥으로 이스라엘 백성들을 앞서 인도하셔서 그곳에 이르게 된 것이다. 하나님은 모세에게 말씀하시기를,

OLD TESTAMENT

"너는 백성들에게 이렇게 전하여라. 너희는 이집트의 종이었던 사람들을 해방시켜준 나 여호와 하나님의 명령을 들어라."

그러자 모든 백성들이 한 목소리로 '예'라고 대답하였다.

그리고 모세가 말했다.

"일을 멈추고 의복을 모두 세탁하고 텐트의 주변을 깨끗이 정리 한 다음 내가 하나님을 만나고 돌아올 때까지 기다리라."

말을 마친 모세는 산으로 올라갔다. 여호수아와 함께 산에 올라가서 약 40일간을 지냈다. 그 자리에서 하나님을 만난 모세는 십계명의 돌판을 받고 또 하나님께 예배드릴 텐트로 된 성전의 설계도를 받았다. 그런데 그 때에 산 밑에서 큰 범죄 사건이 일어났다. 이스라엘 백성들은 모세가 산에 올라가서 오랫동안 내려오지 않는 것을 보고 그가 죽었다고 생각했던 것이다.

그러므로 그들은 마음이 요동하여 아론을 찾아가서 그들을 인도할 신을 만들라고 요구했던 것이다. 아론은 그들의 압력에 굴복하여 금으로 송아지를 만들고 그것이 그들을 애굽에서 인도한 신이라고 속였다. 이 송아지는 애굽의 신을 모방해서 만든 것이었다. 이스라엘 사람들은 애굽에서 했던 것처럼 금송아지 앞에서 뛰놀면서 음란한 행동을 했다.

이로 인해 하나님은 진노하여 모세에게 계시를 주시던 일을 중단하고 그에게 산을 내려가라고 하셨다. 하나님은 이스라엘이 율법을 어기고 우상숭배를 했기 때문에 그들과 맺은 언약을 파기하고 그들을 멸망시키겠다고 선언하셨던 것이다.

모세는 즉시 내려가서 그들이 금송아지를 섬기는 것을 보고 하나님께 받은 율법의 돌판을 깨뜨렸다. 그리고 나서 즉시 금송아지를 제거하고 그것을 섬기던 자들을 처단했다. 그 후에 모세는 산에 올라가서 이스라엘을 위해 하나님께 대신 용서를 구하며 기도를 했다.

하나님은 모세의 간절한 기도를 들으시고 이스라엘을 해치시려던 뜻을 돌이키셨다. 그리곤 말씀하셨다.

"후일에 메시아를 보내리라! 그가 오시면 회개하는 백성을 대신하여 하나님 앞에 중보자가 될 것이니라." 그리고 모세가 깨뜨린 율법의 돌판을 다시 새겨주셨다. 그 두 돌판은 이스라엘이 가나안에 들어갈 때까지 소중히 가지고 다녔다.

이 일로 인해 이스라엘은 다시 하나님을 신실하게 섬길 것을 약속하게 되었다. 모세는 이후에 산에서 받은 성막의 설계도를 따라 성막을 완성하고, 그것을 하나님께 봉헌하였다.

금송아지 우상

성경시대의 대표적인 우상으로 손꼽히는 금송아지는 출애굽 당시 시내산 기슭에서 아론의 주도하에 처음으로 만들어졌다(출 32:1~6). 나아가 기원전 920년경 북이스라엘 왕국의 초대왕 여로보암도 새로 건국한 나라의 종교적 상징으로 두 개의 금송아지를 만들어 하나는 왕국의 북쪽 경계도시인 단에, 다른 하나는 남쪽 경계도시인 벧엘에 각각 설치하고 백성들로 하여금 더 이상 예루살렘의 야훼 성전에 가지 못하게 했다.

예언자 호세아에 의하면 사마리아와 벧아웬에도 금송아지가 있었으며, 특히 사마리아에는 은송아지도 있었다고 한다(호 8:4~5). 성경에서 금송아지가 '애굽 땅에서 인도하여 낸 신'(출 32:4) 또는 '애굽땅에서 인도하여 올린 신'(왕상 12:28) 등으로 묘사되는 만큼 금송아지 숭배는 이집트와 밀접한 관계가 있다. 따라서 4백 년 동안의 이집트 생활에 익숙해진 이스라엘 백성이 시내산에서 금송아지를 만든 것은 지극히 자연스러운 일이었다. 또 여로보암이 금송아지를 만들었다는 것도 그가 왕이 되기 전에 솔로몬의 박해를 피해 이집트에 망명했었다는 사실(왕상 11:40)을 고려한다면 쉽게 이해가 될 것이다.

힘이 세면서도 온순하고, 밭갈이에 필수적인 동시에 고기맛도 뛰어난 황소는 고대 근동지방에서 일찍부터 힘과 다산을 상징하는 신으로 숭배되었다. 대부분 지역에서는 황소상을 만들어 상징적으로 숭배했지만, 이집트에는 살아있는 황소를 별도의 신전에 모셔놓고 숭배하는 독특한 전통이 있었다. '아피스'(Apis)라고 불리는 이집트의 황소는 일단 제사장들에 의해 간택되면 멤피스의 신전에서 죽을 때까지 융숭한 대접을 받으며 신으로 숭배되었다.

단·숨·에·읽·는·구·약·성·경

성경에서 배우는 한자

■ EASY GUIDE JOURNET ON NEWTESTAMENT

지을 조(造)

하나님께서는 천지 만물을 모두 말씀으로 창조하셨다. 그러나 오직 인간만은 특별한 방법으로 창조하셨는데 창세기 2장 7절의 말씀 그대로이다. 즉 흙(土)으로 사람을 만드시고 하나님의 입(口)으로 생기(生命)를 불어넣으시니 사람이 되었다. 인간은 하나님의 생기(생명)가 아니면 흙에 지나지 않는다. 그런데 이 造자는 告자와 '걷다, 움직이다'를 나타내는으로 나뉘어 진다. 즉 말하고(告) 움직이는 사람이란 뜻이다. 造는 말하고 움직이는 존재를 창조한 하나님의 능력이며 인간 창조의 기념이다. "여호와 하나님이 흙으로 사람을 지으시고 생기를 그 코에 불어넣으시니 사람이 생령이 된지라"(창 2:7) 그래서 최초의 사람인 아담이 탄생되었다. 선인(先人), 선조(先祖)라고 할 때 우리는 흔히 선(先) 자를 쓴다. 선(先) 자는 흙(土)에 생기(生命)를 불어넣음으로 존재하게 된 사람(人) 을 뜻한다. 최초의 사람 아담은 그래서 인류의 선인(先人)이 되었다.

조상 조(祖)

모세에게 나타나신 하나님은 조상들의 하나님이시다. 이 글자 역시 시(示)를 포함하고 있다. 인간만이 하나님의 형상과 모양을 따라 창조함을 입었음을 나타내는 문자가 조(祖) 자이다. 조(祖) 자는 역시 示와 且로 구성이 되어 있다. 示는 신(神) 자에서 본 것과 같이 하늘(一)에서 땅(一)으로 오신 세 분 하나님(小)을 나타낸다.

15

■ ■ ■ 출애굽기 25, 30장

하나님을 만나는 텐트

하나님은 시내산에게 모세에게 그 백성들이 지켜야 할 법과 규례를 주셨다. 그리고 하나님을 섬길 특별한 텐트를 만들 것을 명령하셨다. 그것을 성막이라고 하였다. 성막은 하늘에 계신 하나님께서 사람들이 사는 땅에서 만나주시는 장소였다. 하나님이 우리와 함께 하신다는 뜻의 '임마누엘'은 성막에서부터 시작되었다. 이것은 앞으로 오실 메시아의 또 다른 이름이기도 하다.

성막은 크게 세 부분으로 나뉘는데 먼저 성막이 들어설 마당과 성막안으로 구분되었다. 성막안은 성소와 지성소로 또 구분되었다. 지성소안에는 법궤가 들어 있었는데, 법궤 안에는 모세가 시내산에서 받은 두 돌판과 아론이 짚고 다니던 싹이 난 지팡이와 만나를 담은 항아리가 들어 있었다.

이제 모세는 그에게 지시하신 양식대로 성막과 그 안의 모든 기구를 만들기 시작했다. 이것들을 만들기 위해서 지혜와 총명을 입은 자들이 뽑혔다. 여호와께서 모세에게 명하신 대로 성막과 그에 속한 모든 것들은 만들어져야 했다. 그래서 처음부터 끝까지 하나님이 계획하신 대로 따라 만들어야 했기 때문이다.

모세는 브사렐과 오홀리압과 및 마음이 지혜로운 사람, 곧 그 마음에 여호와께로 지혜를 얻고 와서 그 일을 하려고 마음에 원하는 모든 자를 통하여 일을 시작한 것이다. 그러자 이스라엘 자손들이 성소의 모든 것을 만들기 위하여 자발적으로 예물을 가져왔다. 먼저 번제단이 만들어졌다.

이것은 보다 작은 '향단' 과는 달리, 강하면서도 운반의 편의성을 위해 가볍게 만들어졌는데, 그것은 아카시아 나무, 즉 싯딤나무 또는 조각목으로 오규빗의 정사각형 모양으로 3규빗의 높이였다(출 27:1,8). 이 단에 필수적으로 필요한 중요한 것이 바로 '그물', 곧 놋으로 만든 '채'(grate)였다. 이것은 그물의 형태로서 각 귀퉁이에 놋고리가 달려 있고, 이 고리에 채를 꿰어 운반하도록 하였으며, 단 안쪽에 절반 정도의 높이에 위치하도록 되어 있었다.

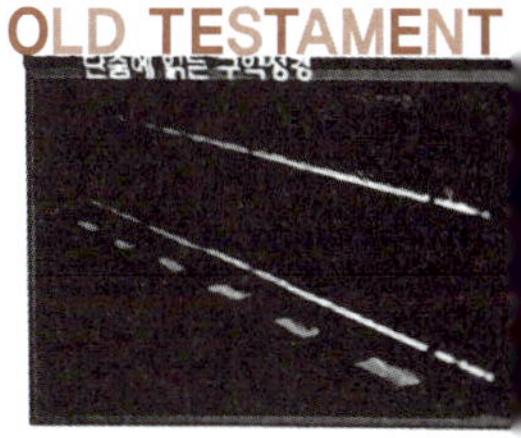

그 다음은 물두멍이 만들어졌다. 물두멍은 제사장이 성소로 들어가기 전에 즉시 손을 씻는 기구였다. 이것은 두 부분으로 이루어졌는데 물을 담는 물두멍과 그것을 바치고 있는 받침이 그것이다. 제사장들은 출입하는 성소는 다른 성막의 기구들처럼 하나님의 신호에 따라 쉽게 설치하고, 쉽게 철수할 수 있도록 만들어졌다. 그것들은 '널판들' 이나 '두꺼운 판자들' -아카시아로 만든-로 이루어졌는데 각각 10규빗의 길이와 1.5규빗의 폭의 크기였다.

그것들 전체 표면은 금으로 싸여졌고 각각의 측면벽은 20장씩의 널판들로 세워졌다. 또한 하나의 널판마다 두 개의 은으로 만든 받침대에 의해 수직으로 세워지도록 고안되었으며, 뒤쪽 벽은 8장의 널판으로 세웠는데 중간의 6장과 양쪽 모서리를 위해 특별히 고안된 2장의 널판으로 이루어졌다.

실로 짜여진 장이 그룹모양이 수놓아진 채로 드리워졌다. 이 장은 성소와 지성소를 구분하는 장으로서 상당히 질긴 것이었다. 성소의 북쪽, 즉 오른 쪽 널판들 쪽에 위치하고 있던 진설병상은(출 40:22) 아카시아 나무로 만들어졌으며, 2규빗의 길이, 1규빗의 폭, 그리고 1.5규빗의 높이의 탁자였다. 물론 이 탁자는 네 개의 다리를 가지고 있었으며 정금으로 싸여, 금테를 두르고 있었다.

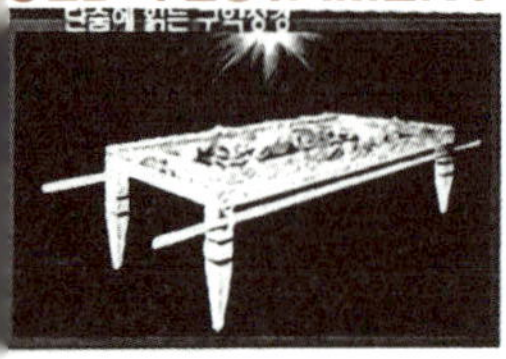

또한 탁자 위의 네 방향으로 손바닥 넓이만한 턱을 만들고 그 턱 주위에 금으로 테를 만들어 붙였다. 또한 탁자의 다리 위에 네 개의 금고리를 달아 운반에 편리성을 더했는데, 이 상은 항상 '야웨 하나님 앞에' 놓이게 된 '순결한 상'(레 24:6)으로서 중요하고도 튼튼한 탁자였다.

그 위에는 일반적으로 아무것도 덮이지 않은 채, 고운 가루 에바 십 분의 이로 구워진 열두 덩이의 빵이 여섯 덩이씩 두 줄로 놓였다. 또한 그 빵들은 매 안식일마다 제사장 외에는 먹을 수 없으며, 그 제사장에 의해 치워졌고, 레위족들이 밤새 준비한 신선한 빵으로 대치하였다. 매 주일마다 새롭게 피어 올려지는 '순전한' 유향이 함께 놓여 있었다.

성소의 남쪽, 즉 왼쪽에는 진설병상과 마주하여 등대가 놓여 있었다. 그것은 얇은 정금을 '두들겨서' 둥그렇게 만든, 한 달란트의 무게의 성막기구이다. 그것은 속이 비어 있었는데 등대는 세 부분으로 이루어져있었다, 가운데의 곧게 솟은 하나의 대(stem)와 세 가지씩 둥글게 양 옆으로 뻗은 여섯 개의 대들을 합한 일곱 개의 줄기와 그 끝에 연결된 꽃받침과 꽃모양의 등잔들, 그리고 가운데 줄기에 연결된 받침이 그 세 부분이다. 분명히 가운데 줄기의 받침은 마치 트럼펫 모양처럼 되어 안정을 유지했다.

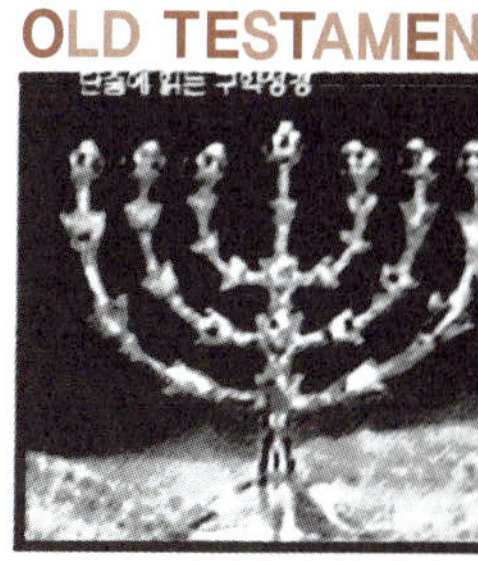

하나님이 만들라고 하신 성막이 다 지어지자 제사장들이 나와서 봉사하기 시작했다. 제사장들은 아론의 자손들이었고, 성전에서 봉사하는 사람들은 레위지파의 사람들이었다. 잠시후 구름이 회막에 덮히고 여호와 하나님의 영광이 성막에 가득해졌는데 모세조차도 그 회막에 들어갈 수 없었다. 하나님이 그곳에서 이스라엘 백성들을 만나주시겠다는 신호를 하신 것이다.

이후로 이스라엘 백성들은 가나안에 들어가기까지 성막에서 하나님을 친구처럼 만났고, 하나님께서는 구름기둥과 불기둥으로 인도하여 주셨다.

법궤의 행방

1992년에 출판된 그레이엄 헨콕의 저서 『상징과 봉인』에 따르면 에티오피아의 악숨에 법궤가 안치돼 있다는 데에서 인디아나 존스의 법궤 찾기 영화가 만들어졌다. 그런데 헨콕은 1981년에 제작된 스티븐 스필버그의 〈잃어버린 법궤의 추적자들〉, 일명 〈레이더스〉로 알려진 미국의 한 할리우드 영화에서로부터 영감을 얻었다고 한다. 유대인 성서학자들의 자문을 받아 작성한 이 영화의 시나리오에 의하면 예루살렘의 법궤가 이집트 고센 땅 어느 곳에 파묻혀 있다는 것이다. 성서에는 솔로몬이 죽은 후 르호보암 제5년에 이집트의 파라오 시삭이 쳐들어와 성전의 보물을 탈취해 간 사건이 언급돼 있다(대상 12:9). 이때 파라오는 황금으로 씌워진 법궤도 전리품으로 가져다가 이집트의 수도인 타니스의 한 신전에 보관했다는 것이다.

금송아지와 함께 법궤는 이집트의 영향을 받은 제의기구였다. 1922년에 발견된 투탕카멘의 무덤에서 나온 부장품중에는 법궤를 연상시키는 유물이 있다. 길이가 0.9m, 폭 0.5m, 높이 0.6m의 나무상자는 황금판으로 입혀져 있으며 위에는 자칼 모양의 수호신 아누비스가 앉아 있다. 더욱이 이 황금상자는 쉽게 들고 다닐 수 있도록 2.7m 길이의 두 개의 채가 달려 있다. 한가지 다른 점이 있다면 이스라엘 민족의 법궤 위에는 두 마리의 황금 케룹이 서 있다는 것뿐이다.

김 성 교수(협성대 · 성서고고학)

단 · 숨 · 에 · 읽 · 는 · 구 · 약 · 성 · 경

성경에서 배우는 한자

■ EASY GUIDE JOURNET ON NEWTESTAMENT

보일 시(示)

옛날의 제사(祭祀)는 샹띠이(上帝) 하나님에게 드리는 제사였다. 이스라엘 백성들에게는 성막을 통하여 하나님이 나타나셨지만 그 외의 민족들은 노아의 홍수 이후 노아가 가르쳐준 대로 제단에서 희생제사를 드렸다.

하나님 신(神)

신자는 보일시에서 연유했다. 하나님 시(示) 또는 보일 시(示)자의 원래 글자는 고인돌의 돌판이다. 돌판과 다리로 구성된 것이다. 그리고 작은 한 일자는 그 위에 제사 지낼 때 놓는 음식이다. 고인돌 제단 그대로를 그린 것이다. 고인돌에서 제사 지낼 때 누구에게 지내느냐 하면 하나님께이다. 제사 지낼 때 하나님이 나타나서 말을 하고 자신을 보이고, 그렇기 때문에 하나님 시(示), 보일 시(示) 자로 만든 것이다.

16

■■■ 민수기 13, 14, 17, 21장

광야의 난동

이스라엘 백성이 시내산에서 율법을 받고 난 뒤 약속의 땅으로 준 가나안으로 가기 위해 또 길을 나섰다. 그때는 아론이 막 죽었을 때 애통하며 30일을 보낸 후, 다시 여정을 시작했다. 모세는 에돔왕에게 사자를 보내어 이스라엘 백성이 에돔땅을 통과하여 가나안에 이를 수 있도록 요구하였는데 에돔왕은 흉악한 태도로 거절하였다(민20:14-21).

그래서 백성은 할 수 없이 홍해길로 내려가 에돔땅을 돌아가야만 했다. 이때 길이 험난하여 백성들은 또다시 하나님을 원망하고 모세를 공격하였다. 바로 얼마 전에 하나님께서 그들의 기도를 들으셔서 그 대적을 물리친 일을 까마득히 잊어버린 것이다(민21:1-3). 인간은 이처럼 연약하다. 하나님을 불신하며 반항하는 백성들의 원망은 가나안 땅을 눈 앞에 둔 시점까지 계속되었다.

이전에 그들이 바란 광야에 이르렀을 때 여호수아와 갈렙을 비롯한 12명의 정탐꾼을 보내어 가나안땅을 탐지하게 하였다. 40일을 두루 정탐한 후에 여호수아와 갈렙은 보고하기를,

■ 광야에서 불뱀에 물려 죽어갈 때에 대 높이 달린 뱀을 보 사람은 살아 다. 라파엘의 그림

> "과연 그곳은 포도송이가 어깨에 지고 갈만큼 크고 젖과 꿀이 흐르는 땅입니다."

이 같은 보고에 대해, 나머지 10명은 실망스러운 보고를 하여 백성들이 낙담을 한다. 이때부터 백성들은 원망과 불평을 늘어놓았다. 어느듯 백성들이 가데스에 도착하게 되는데 가데스는 가나안 땅으로부터 남서쪽에 위치한 곳으로서 사람들은 신광야라고 불렀다.

그런데 갑자기 불뱀이 나타난다. 또 어떤 이는 "전쟁까지 이긴 마당에 왜 바로 북진을 하지 않고 왜 빙 돌아서 가려는가?"라고 불평했다. 하지만 그들은 믿음으로 가나안 땅에 들어간다고 말하지 못했기 때문에 돌아가야만 했던 것이다.

실제로 그 돌아간 길이 매우 험하다는 것은 사실이었다. 길이 좋은 왕의 길로 가는 것이 실패하였기에 이스라엘은 어쩔 수 없이 험한 계곡 길인 홍해 길을 따라 올라 가야만 했다.

가나안 땅을 빙 돌아서 가는 것도 불만인데, 그나마 돌아가는 그 길이 매우 험하다는 사실은 이스라엘 백성들로 하여금 원망을 살 만한 것이었다. 하지만 백성들이 길에 대해 원망했다는 것은 결국 모세의 인도, 더 나아가서 하나님의 인도에 불만을 품었

다는 것이라고 볼 수 있다.

이스라엘 백성들의 입장에서 볼 때 하나님이 백성을 인도하는 방법은 분명 상식적으로는 이해가 가지 않는 것이었다. 적어도 그 당시는 그러했다. 사실 나중에 이스라엘 백성이 요단강 동쪽에서 서쪽으로 건너서 가나안 땅의 허리에 위치한 여리고를 먼저 함락 시킨 것은 전략상으로도 더 유리한 것이라는 게 밝혀졌다.

왜냐하면 남쪽의 헤브론과 예루살렘에 거하는 가나안 족속들도 상당히 강했기 때문에 만약 이스라엘 백성들이 아랏을 이긴 후 바로 올라갔다면 상당한 어려움이 있었을 것이기 때문이다. 훗날 여호수아가 가나안을 점령할 때 여리고를 먼저 치고 가나안의 허리를 끊어 놓음으로써 가나안 족은 남과 북으로 갈려져 동맹이 어렵게 되었다. 이러한 상황은 분명 이스라엘로 하여금 가나안 정벌을 쉽게 만들 수 있는 것이다.

이러한 하나님의 계획을 이해하지 못한 이스라엘 백성들은 홍해 길을 가면서 다시 하나님께 반항했던 것이다. 그들이 불평하여 만난 '불뱀'은 '독사'였다. 이는 하나님께서 원망하는 백성들을 징계하기 위해서 보내신 뱀이다. 그래서 이 불뱀은 이스라엘 백성들의 즉각적인 회개를 가져왔다. 이스라엘 백성들은 스스로가 여호와 하나님과 모세를 대적하였다고 고백하였으며 모세에게 중보 기도를 할 것을 요청한 것이에서도 알 수 있다.

그러자 회개를 받아들인 하나님께서는 모세에게 명령하셨다.

"불뱀에 물린 자들을 치료할 놋뱀을 만들라."

놋뱀은 놋으로 만든 불뱀이었다. 그 놋뱀은 사람들을 죽인 불뱀을 상징하였다고 할 수 있다. 하나님께서는 이 놋뱀을 장대에 매달아 높이 세우라고 하시면서, 누구든지 뱀에 물린 사람이 그 놋뱀을 쳐다보기만 하면 산다고 알려 주셨던 것이다.

하나님은 모세의 기도를 들어주셨지만 불뱀을 없애지는 않으셨던 것을 알아야 한다. 대신 놋뱀을 만들어 장대 위에 달고 불뱀에 물린 사람들이 그것을 바라보면 살게 되도록 하셨다. 그것은 신기한 일이었다. 불뱀에 불린 백성들이 모세가 매달아 놓은 놋뱀을 바라보면 낫게 되었으니 얼마나 신기한 일이란 말인가?

그리고 그것은 쉬운 방법이었다. 불뱀에게 물린 사람에게 어찌될까 두려워서 빨리 가서 뛰어가야 낫는다고 말할 필요가 없었기 때문이다. 다만 믿음을 가지고 놋뱀을 바라보면 곧 낫게 되는 것이었으니 얼마나 간단한 일인가 말인가? 그리고 또 그것은 광대한 것이었다. 백성의 수가 많고 진영이 넓지만 어느 곳에서 물리든지 그곳에서 놋뱀을 바라보면 곧 살게 되니까 말이다.

이것은 나중에 이 세상에 메시아가 오시면 그 구원의 광대함이 세상에 믿는 모든 사람들을 구원하신다는 의미가 되는 것이다. 다시말해 이것은 장차 올 메시아가 전하게 될 복음을 상징하는 것이었던 것이다. 신기한 방법으로, 쉬운 방법으로 그리고 전 세계에 광대하게 적용될 방법으로 사람들을 죄로 구원해 주실 것이라는 복음을 예표하는 것이다.

앰뷸런스와 놋뱀

앰뷸런스에 그려진 뱀 그림의 의미는 무엇인가? 그것은 여러 가지 설이 있다. 뱀이 지팡이를 감고 있는 형상을 라틴어로 아이스쿨라피우스(Aesculapius)라고 하는데, 호메로스에서는 인간이며 의사라고 설명하고 있으나 훗날의 전설에서는 아폴론의 아들이라고 전해지고 있다. 그는 케이론 밑에서 자라면서 의술을 배워 죽은 사람도 되살릴 수 있는 능력을 얻었고, 이에 제우스는 인간이 그를 통해 불사의 능력을 얻을까 두려워 번개로 쳐 죽인다. 이후 아폴론의 요청으로 제우스는 그를 별로 바꾸어 오피우커스(Ophiuchus: 뱀주인자리)가 생겼다고 한다.

그러나 보다 정확한 기록은 성경에 나온다. 성경 민수기를 보면 모세가 놋뱀을 만들어 장대 위에 달았는 데 뱀에게 물린 자마다 놋뱀을 쳐다보니 나았다는 구절에서 그 근거를 정확하게 찾을 수 있다. 오래 전부터 뱀은 병을 낫게 하는 상징이 담겨있는 셈이다. 하지만 오늘날 대개의 엠블런스에는 예수 그리스도의 십자가를 상징하는 십자가 표지가 보편적으로 상용되고 있다.

흙 토(土)

아담의 창조와 깊이 관계된 한자(漢字)를 보면, 흙 토(土)의 원래 갑골문자는 즉 '땅에서부터 성인남자를 끌어올렸다' 라는 것이 흙 토(土) 자의 고유의 뜻이다. 중국인의 머릿속에는 흙은 사람을 만든 재료라는 생각이 깊이 박혀 있었다. 흙에서부터 성인 남자를 창조하는 모습 그대로를 그렸다.

날 생(生)

흙(土)에서 사람(人)이 나왔다는 것이다.

설 립(立)

흙에서 나온 인간이 땅을 딛고 당당히 서있는 모습 그대로이다.

17

■ ■ ■ 여호수아 2장

12명의 정탐꾼

40년이 훌쩍 지났다. 모세는 죽었고, 죽기전에 지도자로 세워 둔 여호수아가 이스라엘 백성들을 인도했다. 이제 가나안 정복만을 앞두고 있었다. 그들이 만난 첫 성은 여리고성이었다. 이 성은 가나안 땅을 대표하는 큰 도성 중의 하나였는데, 애굽을 나온 지 40년째 되던 해였다.

요단강을 사이에 두고 팽팽한 전운이 감돌았다. 이스라엘 백성이 오랜 광야의 유랑 생활을 끝내고 약속의 땅 가나안을 차지하러 요단강 건너편에 진을 쳤기 때문이다. 출애굽 이후 이스라엘의 광야 여정은 주변 모든 민족들의 두려운 화제거리였다.

당시 세계 최강의 애굽 군대를 굴복시킨 일, 홍해를 건넌 불가사의한 일, 요단강 동편의 강력한 아모리 족속의 두 왕을 정복한 일 등 말이다. 이스라엘의 최종 정복 대상인 가나안 백성들은 그러한 소식에 온몸의 맥이 풀렸을 것이다.

'이스라엘의 신, 여호와가 그토록 위대하단 말인가!' 특히 가나안 땅의 첫 관문인 여리고 성은 두려움으로 초긴장 상태에 있었다. 바로 그 도시에는 기생이라는 비천한 신분으로 살아가고 있던 한 여인 라합이 있었다. 그 여인의 운명은 불 보듯 뻔한 것이었다. 곧 멸망뿐이었다.

하지만 누가 알았으랴! 그 여인의 마음 속 깊은 곳에 이스라엘의 하나님 여호와에 대한 경외심이 불타고 있었다는 사실을. 라합은 이스라엘에 관한 소식을 전해 듣고 오직 이스라엘의 하나님 여호와만이 천지간에 유일하고 참된 신인 줄 굳게 믿고 있었던 것이었다.

여리고성은 사람이 많고 발달한 지역이기에 타락하고 범죄가 기승을 부리는 것이 역사의 실례이기도 하다. 이러한 도시의 기생이었다면 그의 사생활을 짐작할 수 있을 것이다. 그러나 라합은 자기 신분에 어울리지 않을 만큼 판단력이 예민했고 신앙심도 강했다. 더욱이 하나님 신앙이 그의 마음속에 지배적이었던 사실을 보면 놀랍기까지 하다.

이런 과정을 살펴보면 그는 타락생활이나 단순한 방종으로 기생이 된 것이 아니라 피할 수 없는 사정으로 어쩔 수 없이 기생의 길에 들어선 것 같다. 라합의 마음속에는 때가 되면 이 길을 정리하고 새 출발을 갖고자 하는 의욕이 깊이 자리 잡고 있었던 것이다. 여리고는 요단강 서쪽의 첫 성으로 토지가 비옥하고 견고한 성읍인데 이곳에 정탐꾼 2명을 파송했다.

그들은 기생 라합의 집에 잠입했다가 여리고 군사들의 수색을 받게 되었는데 그때 '라합'이 목숨을 걸고 그들을 숨겨주고 하나의 언약을 체결했다. 이스라엘이 여리고 성을 함락할 때 붉은 줄을 창문에 매달면 구출해 주겠다는 언약이었다. 결국 라합은 두 정탐꾼에게 진실한 표를 받아냈다. 그것은 바로 붉은 밧줄이었다(수 2:18).

붉은 밧줄을 창에 매고 그 집에 가족이 함께 있는 조건으로 맹세를 받아낸 것이다. 라합은 정신도 훌륭했고 믿음도 강했고 일처리도 다부진 여자였다. 하나님은 목숨을 걸고 믿음에 따라 행동한 라합에게 풍성한 축복을 내려주셨다.

여리고 성이 멸망당할 때 라합 뿐만 아니라 그의 가족과 친지들을 모두 살려주었다. 뿐만 아니라 그녀를 이스라엘 백성으로 받아들여 유다 지파의 살몬과 결혼하도록 섭리하셨다. 나중에 라합은 살몬을 통해 룻의 남편 된 보아스를 낳고 보아스는 오벳을, 오벳은 이새를, 이새는 다윗을 낳았다.

말하자면 라합은 다윗의 고조 할머니가 된 것이다(마 1:5~6). 그리고 그것은 메시아 예수의 가계를 이룬 것을 의미한다. 멸망당할 도시 여리고 성, 그 중에서도 비천한 일개 기생에 불과했던 라합이 이토록 큰 축복을 받은 비결은 무엇이겠는가? 그것은 바로 '믿음', 곧 믿은 대로 실천한 '살아 있는 믿음'이었다.

여 리 고

예루살렘 동쪽 39Km에 위치한 여리고는 세상에서 가장 오래된 도시이며, 제일 낮은 도시(지중해 해면하 250m)이다. 텔 여리고는 1952–58년 영국 케논 여사에 의해 발굴된 고고 유적지인데 기원전 8천년 중석기 시대부터의 유적이 발견된 곳으로 세계 역사상 최고의 도시형태 주거지이며, 기원전 4년 헤롯 대왕이 죽은 장소이기도 하다

여리고는 구약성서 시대에는 '종려나무의 마을'이라고 불려졌고, 기원전 3천년에 모세를 따라 출애굽 이스라엘 사람들이 40년 동안 시나이 사막을 방황하다가 모세의 후계자 요시다의 지휘 아래 그리던 가나안 땅에 들어와 맨 처음 공격한 도시가 바로 여리고이며, 예수님께서 이따금 이곳을 지나갔다는 기록도 있다.

여리고성의 발굴유적지. 여리고는 처음에 없다고 부정되었으나 발굴을 통하여 그 존재가 증명되었다.

여리고에는 1만 년 전의 주거지를 볼 수 있는 텔 에술탄과 예언자 엘리사가 나쁜 물을 소금으로 맑게 하여 좋은 물로 만든 샘이라고 하는 예언자의 샘(엘리사의 샘), 그리고 예수님께서 산에 올라 40일 간 단식을 하고 악마에게 시험을 받았다는 유혹의 산(Mountain of Temptation)이 있다.

단·숨·에·읽·는·구·약·성·경

성경에서 배우는 한자

■EASY GUIDE JOURNET ON NEWTESTAMENT

순간 유(臾)

잠깐을 뜻하는 유(臾)자는 위로부터 내려온 하나님의 손이 땅에서 인간을 한순간에 확 뽑아 올렸다는 중국인의 생각을 나타낸 것. 순간 유(臾)자를 다른 여러 가지로 나타낼 수도 있었는데, 하필이면 흙에서 하나님의 손이 인간을 끌어올리는 모습을 그려놓고 순간, 잠깐이라고 했다. 수천 년 후에 다윈처럼 인간이 점진적으로 서서히 생겨났다는 설을 주장하는 사람이 나오더라도 흔들리지 말라고 말이다. 창세기 2장 7절에는 '여호와 하나님이 흙으로 사람을 지으시고, 생기를 그 코에 불어넣으시니' 라고 기록되어 있다. 이 성경 말씀과 중국인들의 흙에 관계된 글자와는 공통성이 너무나 많다.

형상(形象)

창세기 1장 27절에는 "하나님이 자기형상 곧 하나님의 형상대로 사람을 창조하시되 남자와 여자를 창조하시고" 라고 적혀 있는데, 형상(形象)이라고 하는 것은 히브리어 성경 원전에는 '첼렘' 이라고 되어 있다. '첼렘' 이라는 뜻은 '새긴 형태' 라는 뜻이다. 한자(漢字)를 보면 명령할 령(令) 자는 하나님의 입에서 인간의 입으로 생기가 들어가는 모양이다. 하나님이 인간을 만드시면서 하나님께서 생기를 인간의 코(입)에 불어 넣으셔서 사람이 생령(生靈)이 되게 하신 모습 그대로이다.

18

■■■ 여호수아3-6장

여리고성이 무너지다

이제 봄이 왔단다. 북쪽에 있는 헤르몬산의 눈은 녹아서 요단으로 흘러들었다. 그 물은 넘쳐서 둑에까지 이르렀다. 이스라엘 사람들은 요단강을 앞에 두고 건너가야 할 지경이 되었다. 하지만 그들은 다리가 없었고 건너갈 배도 없었다. 그런데 하나님은 말씀하시기를,

"오늘 내가 저 강을 건너게 하겠다."고 말씀하시는 하시는 것이었다. "제사장들이 앞서고 계명이 기록된 법궤가 뒤따르면 너희들은 나 여호와가 행하시는 기적을 보게 될 것"이라고 하셨다.

정말로 하나님의 말씀대로 행하였더니 요단강의 흐름이 멈추었다. 그리고 그 옛날 조상들이 홍해를 마른 땅을 건너듯이 그들도 요단강을 마른땅처럼 건넜다. 하나님은 요단강을 하나님의

도움으로 안전하게 건넌 것을 기념하여 돌로 표시를 만들라고 하셨다. 그리고 훗날 자라나는 아이들이 자라나서 "돌무더기가 무엇이에요?"라고 물으면, "하나님의 은혜로 요단강을 건널 때에 마치 상류에 댐이 생긴 것같이 물이 멈추어 버려 안전하게 건넜다."라고 가르치라고 하셨다. 이제 백성들이 요단강을 안전하게 건너자, 여리고성이 보였다. 백성들은 그 곳에 캠프를 쳤다.

여리고 성은 가나안의 첫 성으로 난공불락의 성읍이었다. 하지만 견고한 여리고와 싸워야 하는 이스라엘은 훈련된 군사가 하나도 없었고 물론 탁월한 무기도 없었다. 너무나 부족하고 큰 위험성을 내포하고 있는 전쟁이었다.

이를 누구보다도 잘 아는 사람은 모세를 대신하여 지도자가 된 여호수아였다. 그래서 심히 괴로워서 기도하고 있는데, 하나님이 나타나셨다. 그리고 말씀으로 용기를 주신 것이다. "여호수아야! 보거라. 내가 여리고와 그 왕과 용사들을 네 손에 붙였으니 너는 걱정하지 말고 싸워라."라고 하셨다.

여리고 격전을 앞둔 여호수아는 여리고 성앞에서 낙담하고 있는 중이었는데 바로 이때 칼을 빼어 손에 들고 있는 한 사람을 만나게 되었다(수 5:13-15). 여호수아는 깜짝 놀라 물어보았다.

"당신은 우리 편입니까? 적군의 편입니까?"

그때 그 사람은 "나는 여호와의 군대 장관으로 이제 왔다."라고 대답했다. 여호수아는 즉시 땅에 엎드려 절하면서 주여, 종에게 무슨 말씀을 하시려나이까? 라고 질문하였다. 여호와의 군대 장관은 여호수아에게 "네 발에서 신을 벗으라. 네가 선 곳은 거룩하니라."고 하셨다.

여호수아는 그대로 행하였다. 신을 벗고 엎드려 하나님이 주시는 명령을 기다렸을 것이다. 그 자리에서 하나님은 여리고 성 함락 작전을 여호수아에게 알려 주셨다. 그 작전은 여리고 성을 하루에 한바퀴씩 돌라는 것이었다. 하나님은 그에게 말씀하셨다.

> "언약궤를 중심에 두고 성을 돌도록 하여라. 또 성을 돌 때에 무장한 군인들이 앞장서고, 양각나팔을 부는 7명의 제사장들이 그 다음에 서며, 제사장은 언약궤를 메고 매일 한 번씩 6일 동안 돌며 제 7일에는 일곱 번을 돌되 나팔소리와 함께 크게 외치라."

그리고는 마지막으로 말씀하시기를, "제 칠일에는 성을 일곱 번 돌며 제사장들은 나팔을 불 것이며"라고 하셨다. 하나님의 말씀대로 7일 동안 그렇게 하였더니 여리고 성은 무너지고 말았다. 그들이 여리고 성 주변을 돌면 돌수록 그들의 힘으로는 여리고 성을 무너뜨릴 수 없음을 깨닫게 되었을 것이다. 이것은 전적으로 하나님의 도움에 의지할 수밖에 없다는 것을 깨닫도록 한 것이다. 그리고 그들은 침묵을 통해서 순종하기 시작했다.

결국 여리고 성은 무너졌고 이스라엘은 첫 전투에서 하나님의 은혜를 입어 크게 승리하였다. 이스라엘백성들은 승리의 웃음을 지을 수 있었다.

생각하는 페이지

여리고의 발굴

■ 그림은 여리고성을 발굴한 모습이다.

■ 그림은 고대 여리고 성벽을 고고학적으로 복원한 모형이다.

여리고의 발굴에 관계된 것으로 학자들은 먼저 여호수아 6장 15-17절을 보면 "제 칠일 새벽에 그들이 일찌기 일어나서 여전한 방식으로 성을 일곱 번 도니 … 일곱 번째에 제사장들이 나팔을 불 때에 여호수아가 백성에게 이르되 '외치라 …' 이에 백성은 외치고 제사장들은 나팔을 불매 백성이 나팔소리를 듣는 동시에 크게 소리질러 외치니 성벽이 무너져 내린지라." 이렇게 기록되어 있다. 그래서 고생도 안하고 성에 들어가 완전히 점령하게 된다. 그러니까 성경을 안 믿는 분들에게는 얼마나 우스운 이야기가 될까? 기독교인은 유치원 수준이라고 생각하지 않겠는가? 그러나 그렇지 않다. 여러 고고학자들과 대영 박물관 탐사팀 등이 19세기부터 열심히 여리고성의 고고학적 발견을 시도했다. 그 결과 이와 같은 사실이 발굴되었다. 고고학자 가스텡과 여러 학자들은 여리고가 성경에 기록되어 있는 방법으로 정복되었다는 증거들을 찾아냈던 것이다. 발굴된 성내에는 많은 식량들이 남아 있었다. 또한 대영박물관의 탐사팀에 의해 여리고성은 여호수아시대에 강도 6.0의 강력한 지진이 발생하여 파괴되었음을 보여주는 지질구조가 발굴되었다. 그림은 고고학자들이 실제로 여리고성의 유적을 파고 들어가서, 성경에 기록되었던 여호수아 시대의 실질적인 성벽의 모습을 보여주고 있는 것이다. 고대의 전쟁은 오랫동안 성을 에워싸고 전쟁을 하기 때문에 식량이 바닥나게 된다. 그래야 항복을 하고 전쟁이 끝나게 되는 것이다. 그런데 여리고성은 식량이 그대로 남아있는 채로 정복된 것이다. 또한 대영 박물관의 탐사 팀에 의해서 여리고성은 여호수아 시대에 강력한 지진이 발생하여 파괴되었음을 보여주는 지질구조가 발견되었다. 이런 여러 가지 정황을 볼 때 여리고성의 성경적 함락이 매우 신빙성이 있다는 사실을 알 수 있다. 여리고 지역에는 여호수아 이전의 시대에도 사람들이 살았고, 그 이후에도 사람들이 살았던 흔적이 있으며 여리고라는 도시가 굉장히 오래된 도시라는 사실이 밝혀졌다. .

단·숨·에·읽·는·구·약·성·경

성경에서 배우는 한자

■ EASY GUIDE JOURNET ON NEWTESTAMENT

고기 육(肉)

중국 사람들이 고기 육(肉)자를 만들 때, 옛날 글자를 보면 사람 인(人)자가 있고, 사람 안에 하나님의 손이 쑥 들어가 있고, 여자가 바닥에 누워 있다. 사람은 남자, 즉 아담이다. 아담의 몸에 하나님이 손을 넣으셔서 여자를 뽑아내시는 모습이다. 여자는 세포라는, 그것도 보통 세포가 아닌 사람 세포라는 어마어마한 고급 재료, 유기물질로 만들어진 것이 여자이다. 남자와는 천지 차이이다. 흙가루와 인간고기의 차이이다. 흙이라는 최초의 뜻이 무엇이었을까? 흙에서 태어난 남자, 아담이란 뜻이다. 고기도 마찬가지였다. 고기란 뜻이 아담의 몸에서 잡아 빼낸 고기 덩어리로 만든 여자란 뜻이다.

저녁 안(晏)

안 자를 한 번 보자. 저녁이란 뜻을 나타내는데 중국 사람들이 하나님의 손, 성인 어른, 남자 밑에 숨어 있는 여자를 그려 놓았다. 하나님이 남자에게 손을 뻗쳐서 그 속에 숨어 있는 여자를 빼내신 그때가 저녁이었단 말이다. 중국 사람들이 창세기의 이야기를 당연하게 생각하였기 때문에 저녁 안(晏) 자를 이브 만들던 그 때를 생각해서 만들어 낸 것이다.

저녁 석(夕)

석자와 고기 육(肉) 자를 비교해보면 고기 육(肉) 자의 고대 글씨와 저녁 석(夕) 자의 고대 글씨가 똑같다. 고기, 그것은 여자를 뜻하는 것이고, 고기, 여자 그것은 저녁에 만든 것이고 그것은 하나의 공통개념으로 이해가 된 것이다. 그래서 고기 육(肉) 자와 저녁 석(夕) 자의 갑골문자를 똑같게 그린 것이다.

19

■ ■ ■ 여호수아 7, 9, 14, 24장

약속의 땅 이스라엘

하나님의 말씀하신 대로 여리고는 무너지고 말았다. 그런데 이스라엘 백성중에 한 사람이 모든 부정한 것을 없애라는 명을 어겨 죄를 짓는 일이 생겼다. 유다 지파 가운데 세라의 증손자이자 삽디의 손자이며 갈미의 아들인 아간이 부정한 것을 가졌던 것이다. 이 일 때문에 여호와께서는 이스라엘 백성에게 몹시 노하셨다. 여호수아는 여리고에서 동편 아이로 사람을 보내면서, "올라가 그 땅을 정탐하고 오너라." 하고 명령하였다. 그들은 올라 가 아이를 정탐하고 여호수아에게 돌아 와 보고하였다.

"전군이 다 올라갈 것까지는 없습니다. 이 삼천 명만 올라 가도 아이는 넉넉히 칠 수 있습니다. 사람이 많지 않더이다. 군대를

OLD TESTAMEN

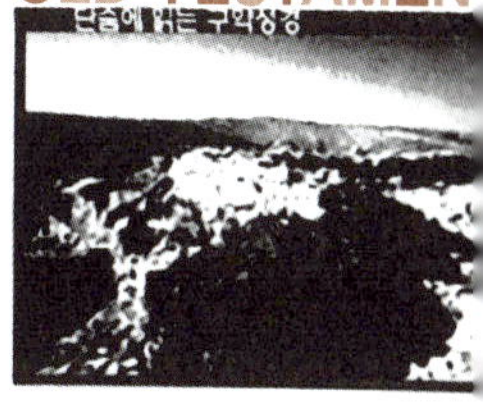

■아이성 유적지

총출동시켜 고생시킬 필요는 없습니다."

그 보고대로 군대 약 삼천 명이 그리로 쳐올라 갔다. 그런데 예상 외의 공격에 패하여 쫓기게 되었다. 그들은 성문에서 스바림까지, 또 거기에서 비탈길을 따라 이스라엘 사람들을 추격해 오면서 삼십육 명이나 죽였다. 때문에 백성들은 크게 낙담하고 말았다.

여호수아와 이스라엘의 장로들은 옷을 찢고 머리에 먼지를 쓴 채 저물 때까지 하나님의 법궤 앞에 엎드려 있었다. 여호수아도 울부짖었다.

"나의 주 여호와여, 어찌하여 이 백성으로 하여금 요단강을 건너게 하시고는 이제 아모리 사람들 손에 붙이시어 멸망시키려고 하십니까? 차라리 요단강 건너편에서 살게 해 주셨더라면 좋을 뻔 했습니다. 나의 주여, 소인이 아뢰는 말에 귀를 기울여 주십시오. 그러나 이스라엘이 원수에게 등을 보인 이 마당에 제가 무슨 말을 할 수 있겠습니까? 가나안 사람들뿐 아니라 이 땅에 사는 모든 사람이 이 소식을 들으면 우리를 포위하고 공격할 것입니다. 주여, 어떻게 당신의 위대하신 이름을 어찌 하시렵니까?"

그러자 여호와께서 여호수아에게 대답하셨다.

"일어나거라! 어찌하여 이렇게 엎드려 있느냐? 이스라엘이 내게 죄를 지었다. 내가 분부한 지시를 어기고 부정한 것을 가졌다. 그리고 그것을 훔쳐다가 자기 행낭에 숨겨 두었다. 그리하여 이스라엘군이 원수들과 맞설 수 없게 되었고, 원수들에게 등을 보이게 된 것이다. 너희 가운데서 그 부정한 것을 치워 버려라. 그렇지 아니하면 다시는 내가 너희와 함께 하지 아니하리라."

하나님은 부정한 것을 가지고 있는 자를 골라 내리니 잡힌 자는 그 식구와 함께 화형을 당하리라고 하셨다. 그가 하나님의 지시를 어기고 이스라엘 가운데서 못할 짓을 했기 때문이다. 여호수아는 아침 일찍 일어나서 이스라엘을 지파별로 나오게 하였다. 그랬더니 유다 지파가 잡혔다.

유다 지파를 갈래별로 나서게 하였더니 세라 갈래가 잡혔고, 세라 갈래를 가문별로 나서게 했더니 삽디 가문이 잡혔다. 다시 여호수아가 삽디 가문의 장정을 차례로 나서게 했더니 유다지파, 세라의 증손이요 삽디의 손자며 갈미의 아들인 아간이 잡혔다. 여호수아가 아간에게 물었다.

"아들아, 이스라엘의 하나님 여호와에게 자백하여라. 무슨 일을 했든지 숨기지 말고 말하여라."

아간이 여호수아에게 대답하였다. "제가 정녕 이스라엘의 하나님께 죄를 지은 사람입니다. 전리품 중에서 시날에서 난 좋은 외투 한 벌과 은 이백 세겔과 오십 세겔 나가는 금덩이 하나를 보고는 그만 욕심이 나서 가졌습니다. 그것들은 제 천막 땅 속에다 은을 밑에 깔고 묻어 두었습니다."

여호수아는 심부름꾼을 보냈다. 그들이 그의 천막으로 달려가 보니, 과연 외투가 묻혀 있고 그 밑에 은이 깔려 있는 것이었다. 그들은 그것을 모두 천막에서 꺼내어 여호수아와 이스라엘 백성들에게 가져다가 여호와 앞에 놓았다.

여호수아는 세라의 아들 아간을 끌고 그 은과 외투와 금덩이를 거두어 아골 골짜기로 올라갔다. 그의 아들딸을 비롯하여 소, 나귀, 양, 그의 천막과 그에게 딸린 모든 것을 가지고 올라 가는데 온 이스라엘이 그를 따라 나섰다.

여호수아가 말하였다. "어쩌다가 네가 우리에게 이런 참혹한 일을 당하게 했느냐? 너도 오늘 야웨께 참혹한 일을 당하리라." 이 말이 떨어지자 온 이스라엘이 그를 돌무더기로 만들었다. 또 그의 일족을 불사르기로 하고 돌로 쳐 죽였다.

그들이 그 위에 쌓아 올린 큰 돌무더기는 오늘까지 남아 있다. 그제서야 하나님의 극렬한 분노가 걷혔어. 이런 사연이 있어서 그 곳 이름을 오늘날에도 아골 골짜기라 부르는 것이다.

그일 후에 여호와께서 여호수아에게 이르셨다.

> "두려워하지도 말고 겁내지도 말라. 전군을 거느리고 떠나 아이로 올라 가거라. 보아라, 내가 아이 왕과 그 백성과 성읍과 영토를 네 손에 붙인다. 네가 여리고와 그 왕을 해치웠듯이 아이와 그 왕도 해치울 터인데 전리품과 가축은 차지해도 좋다. 그 성 뒤쪽에 복병을 배치하여라."

여호수아는 전군에게 아이로 쳐올라 갈 준비를 갖추게 한 다음, 날쌘 용사 삼만 명을 뽑아 밤을 타 보내면서 지시하였다.

"잘 들어라, 너희는 저 성 뒤로 돌아가, 성에서 너무 멀지 않은 곳에 매복하고 대기하여라. 나는 나의 부대를 거느리고 저 성으로 다가가리라. 그들이 먼저처럼 우리를 맞아 싸우러 나오면, 우리는 쫓기는 체하겠다. 그들은 우리가 먼저처럼 도망을 친다고 생각하고 우리를 뒤쫓아 나올 것이다. 우리가 그들을 성에서 멀리 꾀어내거든, 너희는 매복하고 있던 곳에서 일어나 저 성을 점령하여라. 너희 하나님 여호와께서 저 성을 너희의 손에 붙이시리라. 성을 점령하는 길로 불을 질러라. 여호와의 말씀이니 꼭 그대로 해야 한다. 내 명령이다."

그 작전대로 하였더니 결국 승리했다. 그 날 칼날에 쓰러진 아이 사람은 남녀 합해서 모두 만 이천이나 되었다. 여호수아는 아이를 불질러 영원한 폐허로 만들어 버렸다. 그래서 오늘까지 그곳은 돌무더기로 남아 있다.

이 소식을 듣고 요르단강 건너편 산악지대와 야산지대와 바다의 연안을 끼고 있는 레바논에 이르는 지역에 사는 헷족, 아모리족, 가나안족, 브리스족, 히위족, 여부스족의 왕들은 모두 동맹을 맺어 여호수아가 거느린 이스라엘과 싸우기로 의견을 모았다. 그런데 기브온 주민들은 여호수아가 여리고와 아이를 해치운 이야기를 듣고 가만히 있을 수 없어 속임수를 쓰기로 하였다. 속임수에 넘어가 쉽게 화친을 맺고 말았다. 하지만 우여곡절 끝에 모든 정복이 끝나고 이제 여호수아가 나이 많아 늙자 여호와께서 그에게 말씀하셨다.

"너는 이제 나이 많아 늙었는데 정복할 땅은 아직도 많이 남아 있다. 그러니 내가 너에게 명한 대로 그 땅을 이스라엘 백성에게 나누어 주기만 하여라. 이제 너는 이 땅을 아홉 지파와 므낫세 지파의 절반에게 나누어 주어라."

이렇게 이스라엘 백성은 야웨께서 모세에게 명하신 대로 토지를 나누어 받았다. 이로서 가나안 땅에서 전란이 모두 끝났다.

이스라엘의 독립 – 1920년의 발포어 선언에 의한 영토

B.C. 76년 이후 약 2000여 년 동안이나 나락 없이 떠돌던 이스라엘의 독립이 본격적으로 논의된 것은 1900년 발포어 선언 때부터이다. 1914년 제 1차 세계대전 전까지 팔레스타인에 유대인 왕국을 건설하자는 시오니스트 운동이 거세게 일어났다. 시오니스트 운동의 기원은 19세기부터이며 오스만 제국내 여러 곳에 정착민촌을 건설했다. 이 운동은 유럽과 미국의 유대인 지지자들의 도움을 받았으며 영국과 프랑스의 로스차일드 금융재벌도 재정지원을 했다. 1917년 후반 영국 외무장관인 아서 발포어(Arthur Ballour)는 바론 리오넬 로스차일드에게 편지를 띄운다. 이 편지에서 발포어는 팔레스타인에 유대인 국가 건설에 영국이 도와줄 것임을 약속한다. (그러나 이 편지가 팔레스타인내 아랍인들을 몰아낼 것을 약속하진 않았다.) 발포어는 이 선언이 미국내 유대인의 지지를 끌어내길 희망했다. 발포어는 팔레스타인에 친영국적인 유대인이 존재하는 것이 수에즈 운하를 지키는데 도움이 될 것이라고 생각했다. 전후 오스만 제국의 멸망으로 영국은 팔레스타인 지방을 지배하게 되고 1920년 평화협정에 의해 국경선을 정하게 된다. 국제연맹이 경계를 인정한 것은, 2년후다. 이 국경선의 발표는 발

포어 선언이라고 이름지워진다. 발포어 선언으로 규정된 지역의 3/4는 요르단 영토로(요르단강 동부), 1921년 영국은 이 지역을 아랍에 넘기게 된다. 아랍뿐 아니라 유대인들도 이 계획에 불만을 품었다. 실제로 영국은 28년동안 팔레스타인 지방을 통치하며 강압 정치를 계속했다.

3차 분쟁 – 1949년 휴전조약에 의한 영토분할

이집트, 요르단, 시리아, 레바논과의 1949년 휴전으로 이스라엘은 영국 지배하의 팔레스타인과 비슷한 영토를 얻게 된다. 요르단은 요르단강 서안에 대한 지배권을 다시 얻게 됐고 예루살렘은 이스라엘과 요르단 영토로 분할된다. 1956년 10월 후반 이집트 수에즈 운하 위기때 영국과 프랑스의 사주를 받은 이스라엘은 시나이반도를 공격해 군사기지를 파괴한다. 이스라엘은 가자 지구와 아카바만에 접근할 수 있는 시나이 반도 끝의 샴 엘 셰이크를 확보한다. 이는 수에즈 운하 동쪽 시나이 반도의 대부분을 의미한다. 계획대로 영국과 프랑스는 국제연합을 동원해 휴전을 중재한다. 수에즈 운하 위기는 국제연합이 12월 시나이 반도에 평화유지군을 파견하며 끝났다. 이스라엘은 1957년 이 지역에서 철군했다.

단 · 숨 · 에 · 읽 · 는 · 구 · 약 · 성 · 경

성경에서 배우는 한자

■ EASY GUIDE JOURNET ON NEWTESTAMENT

도장 인(印)

인자의 갑골문자는 위 그림과 같이 생겼다. 위에서부터 내려온 손, 하나님의 손이 인간의 입이 있는 얼굴을, 하나님이 인간을 손으로 새기고

있다. 히브리어에 자기 형상대로 만드셨다는 형상이 첼렘, 즉 새긴 형태라고 하였다. 어떻게 중국인과 히브리인의 생각이 이렇게 같을 수가 있었겠는가? 히브리인이 새긴 형태로 인간을 만드셨다. 중국인도 도장 찍듯이 하나님의 형태로 인간의 얼굴에 새기셨다. 그것이 도장 인(印) 자이다. 하나님의 얼굴 도장, 인간의 얼굴에 새기신 것이다. 그와 동시에 하나님의 이미지(image) 그것이 확 박혀 있다.

흉악할 흉(兇)

이 글자를 보면, 맏 형(兄) 자인데 위에 입이 툭 터졌다. 말해야 할 입은 고장나서 터지고, 엉뚱한 흉악한 표가 얼굴에 하나 붙어 있는 그 모습이다. "여호와께서 가인에게 표를 주사 만나는 누구에게든지 죽임을 면케 하시니라."(창 4:15) 카인에게 표를 주셨다는 그 표가 한자(漢字)에 찍혀 있다. 원래 형(兄)이 해야할 입의 기능, 즉 축복하는 기능은 파괴되고, 엉뚱한 표(凶)가 찍혀 있는 악한 모습의 형, 그것이 카인을 뜻하는 형이다. 흉악할 흉(兇) 자의 갑골문자를 보면 더 적나라하게 되어 있다. 입은 터지고 이마에 흉 붙은 사람(兇)이 손을 내밀어 동생 아벨을 붙들고, 때리고 치고 있는 모습이다.

20

■ ■ ■ 사사기 6-7장

기드온과 300 용사

OLD TESTAMENT

여호수아가 죽은 지 벌써 몇 년이 흘렀다. 그러면서 많은 사람들이 서서히 하나님이 그들을 위해서 하신 일들을 잊어가고 있었다. 그리고 그들만을 위하여 해 주신 약속, 곧 메시아가 그들 왕국에서 나오게 하겠다는 것도 잊어가고 있었다. 그들의 주위엔 우상에게 경배하는 나라들이 많이 있었기 때문이다. 그들의 동서남북, 사방엔 적들이 널려 있었다.

옛날 그들이 가나안의 적들을 모두 다 무찔러 주지 않은 결과이기도 했다. 항상 그들은 이스라엘이 약해질 때마다 쳐들어 와서 약탈을 일삼고는 하였다. 그때마다 하나님은 사사들을 세워서 그들을 물리치게 하셨다.

웃니엘, 에후, 삼갈, 드보라와 바락, 기드온 … 등.

그 중의 기드온에 대한 이야기는 미디안을 완전히 이긴 역사에 남을 전쟁이다. 기드온은 평범한 농부였다. 미디안 사람들은 추수때만 되면 약탈을 위해 이스라엘을 쳐 들어왔다.

그런데 기드온은 밀을 타작하다가 여호와의 사자로부터 소명을 받게 된다. 기드온은 매우 조심스러운 사람이었다. 그래서 기드온은 하나님의 사자로부터 소명을 받고도 여러 가지 증거를 더 요구하였다. 그래서 양털뭉치에만 이슬이 내리게 해달라고 하기도 하고, 양털뭉치만 제외하고 이슬이 온 땅에 내리게 해달라고도 요구하기도 한다.

그런데 주님은 이처럼 매우 조심스러운 기드온을 전혀 나무라지 않았다. 왜냐하면 하나님의 구원하심이 사람의 능력에 있지 않다는 것을 보여주시려는 이유 때문이었다. 기드온이 결정적인 결심을 하게 되는 것은 미디안 진영에서 그곳 병사들이 꿈을 꾸고서 하는 얘기를 듣게 되면서 부터이다.

그래서 기드온이 '하나님의 신'에 감동되어 나팔을 불어 많은 사람을 모으게 되었다. 그런데 이게 웬일인가, 하나님은 그들 가운데서 오직 '300명의 용사'만을 선별하라는 것이었다. 그렇지 않아도 군사수가 모자라는 판에 300명만 데리고 싸우라는 말이 되는가.

주님은 기드온에게 말씀하셨다.

"누구든지 두려워서 떠는 자여든 떠나 돌아가라 하라"

그랬더니 그곳에 모인 백성 중 2만 2000명이 돌아가고 1만 명이 남았다. 이번에는 강가에 가서 물을 마시우게 하셨다.

그래서 300명만 선별하시는 것이었다. 하나님께서는 물가에 무릎을 꿇고 엎드려서 개 같이 물을 핥는 자들은 다 집으로 돌아가게 하고, 물을 손으로 움켜 입에 대고 핥아 마시는 자 300명만을 선발하도록 기드온에게 명하셨던 것이다. 군사가 뽑히자 이제는 무기를 준비하라고 말씀 하셨다. 300 용사의 무기는 '나팔' '빈 항아리' '횃불' 그리고 '순종'이었다. 미디안은 싸움에 능한 자들로 광야를 주름잡던 부족이었다. 결과는 어떻게 되었을까? 이스라엘의 300용사가 나팔과 횃불을 들고 오며, 항아리를 깨뜨리는 소리를 들은 미디안 사람들은 한 밤중에 그 소리를 듣고 대군이 쳐들어오는 줄로 알고 자기들 끼리 싸워서 크게 패하게 되었다. 이 전쟁은 이스라엘의 완승으로 싱겁게 끝나고 말았다.

미디안(Midian)

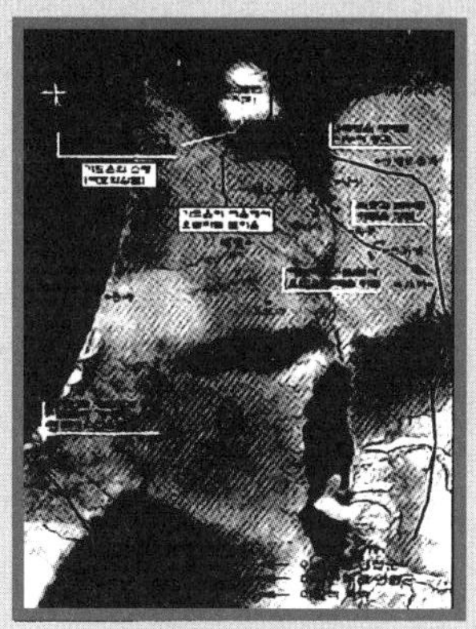

구약성서에서 미디안은 시대별로 먼저 사람으로 언급되기 시작하여 민족명으로 발전되었고, 나중에는 지역명으로 정착되었다. '미디안'은 아브라함이 두 번째 부인과의 사이에서 낳은 아들인데 아브라함은 미디안과 그의 형제들을 상속자 이삭과 구별하기 위하여 요르단 강 동편으로 보냈다. 이때부터 미디안은 이 지방 원주민들과 하나가 되었다. 이집트에서 도망친 모세는 미디안의 한 사제인 이드로의 사위가 되었고 미디안에서 40년 동안 양떼를 치는 목자 생활을 하였다. 모세가 미디안 민족에게 간청하여 약속의 땅에 같이 가자고 했지만 그들은 거절하였다. 민수기에는 이스라엘 민족과 미디안 민족의 관계가 여러 차례 언급된다. 요르단 건너편에 중심을 둔 미디안의 세력은 그 형성 시기와 다섯 명의 지도자 등의 관점에서 서쪽의 블레셋인(펠리시테인)과 비교되기도 한다. 사사 시대에 이스라엘을 괴롭혔던 이 민족을 기드온이 물리쳤는데, 이 시대에 이들은 전형적인 유목민들로서 낙타를 운송수단으로 동원하여 효과적인 기동력을 발휘하고 천막을 가지고 대규모로 이동하였다.

– 출처 네이버백과

성경에서 배우는 한자

양 양(羊)

두 뿔이 난 양의 모양을 형상화 한 것

옳을 의(義)

자신(아-我)을 대신하여 양(羊)을 내미는 모습

착할 선(善)

양(羊)을 제물로 바치고 난 뒤의 인간의 상태

21

■ ■ ■ 사사기 13, 16장

힘이 센 삼손

백성을 애굽에서 인도했던 모세는 이미 광야에서 죽었고, 모세의 뒤를 이어 이스라엘 백성을 가나안 땅으로 인도하여 들였던 여호수아도 사명을 마치고 하나님 품으로 돌아갔다. 그 후 이스라엘은 왕을 주축으로 하는 강력한 왕국 시대가 열리기까지는 전체적인 통치체계 없이 각 지파별로 족장 중심의 체제가 이루어지고 있었다.

세월이 흘러 이스라엘 백성이 약속의 땅 가나안에 들어가 안식을 누리게 되었을 때 이스라엘 백성들 사이에 긴장감이 풀어지면서 하나님을 떠나는 악한 일이 일어나게 되었던 것이다.

하나님께서 그들에게 진노하셨다. 그래서 이스라엘은 이방인들에게 노략을 당하게 되었다. 하나님을 떠난 이스라엘 백성들

을 돌이켜 구원하시고 그들을 노략하는 자의 손에서 건져내시기 위하여 하나님께서는 이스라엘 백성들 위에 사사(士師)를 세우셨다.

하지만 사사가 죽은 후에는 또 다시 이스라엘 백성들이 하나님을 떠나 이방 신을 좇는 생활로 돌아갔다. 그러면 또 하나님의 징벌이 있게 되었다. 그러면 백성들은 회개하고 하나님은 또 다시 사사를 구원자로 보내시는 역사가 반복적으로 되풀이되었다.

이렇게 반복되는 역사 가운데 이스라엘은 또 다시 하나님께 악을 행함으로 블레셋 사람들에게 압제를 받게 되었다. 이스라엘이 블레셋 사람들에게 압제를 받고 괴로워할 때에 또 다시 이스라엘을 구원하기 위하여 하나님의 뜻 안에서 삼손이 등장한다. 삼손은 단 지파 사람인 마노아의 아들로 태어났다.

하나님은 그에게 "포도나무에서 난 것을 먹지 말고 독주를 멀리 하라. 머리카락을 밀지 말라, 또 시체를 만지지 말라." 명령을 내리신다. 세월이 흘러 삼손은 블레셋 여인 중에서 아내를 맞이하려고 하였다. 그의 부모는 이스라엘 형제 중에서 아내를 찾지 아니하고 이방인 중에서 맞이하려고 한다며 반대하였으나 삼손은 막무가내로 우기며 블레셋 여인을 아내로 맞이하게 되었다.

얼마 후 삼손은 그 여인을 아내로 맞이하기 위하여 딤나로 내려가서 칠일 동안 잔치를 배설하고 지내게 되었는데 모인 무리 중 삼십 명에게 수수께끼를 내어 칠일 안에 맞추면 베옷과 겉옷을 각각 30벌씩 주되 맞추지 못하면 반대로 옷을 받기로 하였다.

그러나 블레셋 사람들이 수수께끼를 풀지 못하자 삼손의 아내를 꾀었고 아내는 삼손 앞에서 울며 강박하여 수수께끼 해답을 알아내어 블레셋 사람들에게 알려 주었다. 이 일로 인하여 삼손은 심히 노하였고 그들에게 옷 30벌을 주기 위하여 아스글론에 가서 블레셋 사람 삼십 명을 죽임으로써 블레셋 사람들을 응징하였다. 또한 삼손의 아내를 그 아비(장인)가 다른 사람에게 주었으므로 삼손에게 블레셋 사람들을 해할 구실을 만들어 주게 된다.

그리하여 삼손은 여우 삼백 마리를 붙들어 불을 붙인 홰를 여우 꼬리에 달아 블레셋 사람의 곡식밭을 다 불살라 버리고 이스라엘을 핍박하는 블레셋 사람 일천명을 나귀 턱뼈로 쳐죽여 크게 응징했다(삿 15:4~15).

삼손의 타락과 시련

삼손은 이후 방탕한 생활을 하여 결국 비극적인 일을 당하게 된다. 블레셋 최남단에 위치한 가사에 가서 기생을 가까이 하다가 블레셋 사람들에게 포위를 당하여 죽을 위험에 빠졌지만 가까스로 빠져나가기도 했다.

그 후 삼손은 또 블레셋 통치하의 소렉 골짜기에 살고 있는 '드릴라' 라는 이방 여인을 사랑하게 된다. 이 때 블레셋 사람들이 드릴라에게 많은 돈을 주며 부탁하기를, 삼손을 꾀어 그 막강한 힘의 근원이 어디서 나는지 알려 달라고 하였으며 삼손을 잡아 결박하려고 하였다.

이방 여인 드릴라가 삼손에게 그 큰 힘이 어디서 생기는지 알려 달라고 하자 삼손은 연거푸 세 번을 거짓으로 알려 주었다.

하지만 드릴라는 이미 삼손의 마음을 사로잡아 날마다 재촉하여 조르는 것이었다. 그러니 삼손의 마음이 번뇌하여 죽을 지경이었다. 결국 이방 여인 드릴라를 사랑하는 데 마음을 다 빼앗겨 버린 삼손은 하나님께서 언약하신 나실인으로서의 비밀을 그 여자에게 다 알려주고 말았다. 이방 여인을 사랑하는 방탕한 생활로 인하여 하나님이 언약하신 비밀을 지키지 못한 삼손에게 시련이 시작되었다.

결국 이방인들에 의하여 머리털이 밀리우고 하나님께서 그를 떠나가심으로 하나님이 주신 특별한 힘을 잃어버리게 되었다. 이스라엘의 대적 블레셋 사람들은 삼손을 잡아 결박하여 두 눈을 빼고 옥중에서 맷돌을 돌리게 하였다.

삼손의 비극은 여기서 끝나지 않았다. 블레셋 사람들은 삼손을 잡아 결박한 것을 기뻐하며 그들의 신 다곤의 신전에서 제사를 하고 자기 신을 찬송하며 즐거워하였다. 또한 이 자리에서 블레셋 사람들은 삼손을 옥중에서 불러다가 그들 앞에서 재주를 부리게 하였다.

이 얼마나 슬픈 일인가? 하나님께서 택정하신 나실인의 고귀한 직분은 어디로 가고, 하나님의 축복을 받은 사사(士師)의 사명은 어디로 갔으며, 하나님께서 주신 그 막강한 힘은 다 어디로 빼앗겼단 말인가!

그것도 이스라엘을 핍박하는 대적 블레셋 사람들의 우상인 다곤 신을 섬기는 신전에서, 그 많은 블레셋 사람들이 모인 자리에서 재주를 부리고 있는 삼손의 모습은 참으로 비극이 아닐 수 없었다. 삼손의 치욕도 치욕이려니와 삼손을 나실인으로 택정하시고 사사로 세우신 하나님의 영광은 어찌 되겠는가?

그러나 삼손은 끝까지 치욕을 당하고만 있지는 않았다. 자신의 잘못과 방탕으로 인하여, 자신의 부끄러움도 부끄러움이려니와 하나님의 영광을 가리우고 욕을 끼친 이 죄를 삼손은 회개하며 죽기를 각오하고 하나님께 간절히 기도했다. 마지막으로 이스라엘의 대적 블레셋 사람들에게 원수를 갚고 하나님의 영광을 나타내기를 진실로 간절히 원했다.

하나님께서는 삼손의 진실한 기도를 들어 주셨고 다시 한 번 삼손을 돌아 보셨다. 그에게 힘을 더해 주셨고 원수를 갚아 하나님의 영광을 나타내게 하셨다. 블레셋 사람들이 섬기는 신, 다곤의 신전에서 두 기둥을 무너뜨림으로 많은 블레셋 사람들을 죽이고 그도 장렬하게 죽는다. 이리하여 삼손은 장렬한 최후를 마쳤으니 그가 이스라엘 사사로서 지낸 기간은 이십 년이었다(삿 16:31).

단·숨·에·읽·는·구·약·성·경

생각하는 페이지

■ EASY GUIDE JOURNET ON NEWTESTAMENT

이 그림은 독일 분리파의 창시자요, 표현주의의 선구자 로비스 코린트의 <눈 먼 삼손>에서 삼손이 원수들에게 복수를 가하는 극적인 순간을 묘사했다. 힘을 잃고 장님이 된 삼손은 어두운 감옥에서 맷돌을 가는 수모를 당하는 동안 그의 머리카락이 자란 것을 느낀다. 다시 옛 힘을 되찾은 것이다. 초인적인 힘이 되살아난 삼손이 온 몸을 비틀어 무쇠같은 두 팔로 기둥을 밀어내는 긴박한 순간을 표현했다. 복수의 화신이 된 그의 얼굴에서 소름끼칠 만큼 강한 분노와 울분이 뿜어져 나온다.

단·숨·에·읽·는·구·약·성·경

성경에서 배우는 한자

■ EASY GUIDE JOURNET ON NEWTESTAMENT

배 선(船)

여덟 (팔-八) 식구(口)가 탄 배(주-舟)라는 뜻으로 큰 배를 상징하는데 노아의 방주에서 나온 한자.

신(神)

'示'와 '申'으로 나누어진다. 왼쪽의 '示'는 '하나님의 신'이라는 뜻으로, 계시(啓示)라는 단어에 사용된다. 示(시)는 세분의 삼위일체 하나님이 (小) 하늘 '一'에서 땅 '一' 아래로 내려와 나타내 보인다는 것을 묘사한다. 오른쪽의 '申'(신)은 '펼치다, 알리다' 라는 의미를 가지고, 또한 밭이나 동산, 정원의 뜻을 가진 '田' 과 관계가 비슷한 모양을 가진다. 이는 하나님께서 이 땅에 내려 오셔서 동산을 창조하신 모습을 사실 그대로 묘사하고 있다.

22

■■■ 룻기

집을 떠난 룻

작은 언덕위의 동네인 베들레헴은 모두 배가 고팠다. 들판은 흉년으로 모든 것이 누렇게 말라버려 먹을 게 없었기 때문이다.

"우리는 아무것도 먹을 것이 없구나."

어느 날 엘리에섹은 나오미에게 말했다.

"내일 모든 짐을 꾸립시다. 이사를 가야겠소."

나오미가 되물었다.

"아니 어디로 가신단 말예요?"

"요단 강을 건너 모압 땅으로 갑시다. 아마 그곳에는 먹을 것이 있다고 하니 말이요."

그래서 엘리에섹 그리고 나오미는 그들의 두 아들과 함께 모압지역에 살기 위해 갔다. 그곳에서 어느덧 소년들은 자랐다. 그리고 결혼 할 나이가 되어 모압의 두 소녀 오르바, 그리고 룻이 며느리로 들어오고 얼마 후 아버지인 엘리에섹은 죽었다. 그리고 십년 후에 나오미의 아들도 둘 다 죽고 말았다. 그리고 그들은 모두 과부가 되고 말았다. 그때 베들레헴으로부터 기근이 끝났다는 소식이 전해져 왔다. 그 소식을 듣고서 나오미는 집으로 다시 돌아가기로 결정했다. 그러자 며느리인 룻이 말했다.

"어머니 혼자서 여행하시기에는 너무 멀고 힘듭니다."

그래서 오르바와 룻은 그들 자신의 집을 떠나 나오미와 베들레헴으로 떠나기 위해 채비를 하였다. 그러나 가는 도중에 나오미는 그들에게 다시 돌아가라고 설득하려 노력했다.

"너희는 다시 결혼을 해야 한다. 그러니 너희의 고향에 남거라."고 말이다.

그러나 룻은 졸랐다.

"어머니 저는 어디든지라도 어머니를 따르겠습니다."

하지만 또 다른 며느리인 오르바는 나오미에게 키스로서 그녀와 이별을 했다.

그러나 룻은 말했다.

OLD TESTAMENT

■ 룻은 나오미에게 "나로 어머니를 떠나
며 어머니를 따르지 말고 돌아가라 강
권하지 마옵소서 어머니께서 가시는
곳에 나도 가고 어머니께서 유숙하시
는 곳에서 나도 유숙하겠나이다. 어머
니의 백성이 나의 백성이 되고 어머니
의 하나님이 나의 하나님이 되리니 어
머니께서 죽으시는 곳에서 나도 죽어
거기 장사될 것이라. 만일 내가 죽는
일 외에 어머니와 떠나면 여호와께서
내게 벌을 내리시고 더 내리시기를 원
하나이다."라고 말했다(룻 1:16-17
절). 나오미는 룻이 자기와 함께 가기
로 굳게 결심함을 보고 말하기를 그쳤
다(18절). 룻은 그리스도를 누리는 하
나님의 선민에 참여하는 목표를 선택
했으며, 심지어 인류 안으로 그리스도
를 낳는 것을 돕는 뛰어난 조상이 되었
다. 이것은 단지 모압의 과부가 결심한
것 이상의 것으로서, 하나님의 목표와
선택이었다. 룻은 하나님과, 그리스도
에 관한 하나님의 경륜을 수행하기 위
한 하나님의 왕국을 선택했다. 사람들
이 먼저 하나님을 떠나기 전에 하나님
께서 사람들을 떠나시는 일은 결코 없
다.

"나는 당신이 가는 곳이라면 어디든지 갈거에요. 당신 사람들이 나의 사람들이 될 것이고, 당신의 하나님이 나의 하나님이 될 것이예요."

시어미도 더 이상 말릴 수가 없었다. 그래서 그 두 여자는 함께 길을 갔다. 그들이 베들레헴에 도착했을 때는 4월이었다. 농부들은 보리를 수확하기 시작했다.

나오미의 오래된 친구는 그녀를 다시 본 것에 매우 흥분했다. 그러나 나오미는 슬퍼했다. 그녀의 남편과 아들은 죽었기 때문이다. 마침내 그녀는 그녀의 집에 갔다. 나오미와 룻은 매우 가난한 살림을 시작해야 했다. 나오미와 룻은 베들레헴에 도착하고 짐을 풀었지만 앞날이 막막하였다.

그들은 가축이나 경작지를 갖고 있지 못하였기 때문에 당장 먹고 살 일이 걱정이었다. 먼 길을 오느라 지친 시어머니를 보살피기 위해 룻이 대책을 세우지 않으면 안 되었다. 룻은 하루하루 들판으로 나가 수확하고 남은 곡식들을 줍기 위해서 수고해야 했다. 마침 그들이 베들레헴에 도착할 무렵은 추수 때이므로 룻은 밭에 나가 떨어진 이삭을 줍는다. 이삭을 줍는 것을 안타깝게 여긴 지주 보아스는 룻에게 말하였다.

"아가씨 이삭을 주우러 다른 밭으로 가지 말고, 여기서 나의 소녀들과 함께 있으시오."(룻 2:8)

보아스가 처음 보는 사람에게 나타낸 반응은 냉담한 시선이나 괄시가 아니었다. 손을 내밀어 호의와 자비심을 베풀었다. 보아스가 보인 관용은 그것만이 아니었다. 뒤에 있는 청년에게 마실 것과 먹을 것을 제공하도록 명하였으며 룻을 희롱하지 말 것과 일꾼들이 곡식을 거두어들일 때 이삭을 흘려서 룻이 줍도록 세심히 배려하였던 것이다(16절).

이러한 보아스의 호의에 대하여 룻은 몸둘 바를 몰랐고, 오히려 이방 여자인 자신에게 은혜를 베푸는 이유를 묻게 된다. 보아스는 그녀의 시어머니에 대한 효성과 고향을 떠나 온 것에 대하여 칭찬하였고, 하나님께서 충분히 보상해 주실 것이라고 격려해 주었다.

보아스는 은혜에 감사하는 룻에게 함께 식탁에 앉아 식사할 것을 권하고, 그녀는 충분히 먹고 남길 만큼의 대우를 받게 되었다. 그리고 자리를 떠나면서 보아스는 종들에게 그녀를 위하여 이삭을 조금씩 떨어뜨려 그녀로 하여금 줍게 하였고, 룻이 하루 동안 주운 보리의 양이 열 에바나 되었다.

룻이 배불리 먹고 남긴 것과 주운 이삭들을 가지고 시어머니에게 가져가자 그녀는 이것을 어디서 주웠고, 어디서 일했는지를 물었다. 자초지종을 말한 룻에게 나오미는 그가 가까운 친족임을 말하고 그의 밭에서 떠나지 말 것을 당부한다.

그 후로 룻은 보리와 밀 수확을 끝낼 때까지 보아스의 밭에서 일하였다. 보아스가 나오미의 남편 엘리멜렉의 친족이 되면 희망이 있기 때문이다. 이스라엘의 율법에 따르면, 희년이 되면 자기들의 땅을 다시 돌려받게 되어 있는데 그가 그 자격을 가지고 있다는 사실을 의미하였다. 이는 나오미에게 있어서 너무도 희망적인 소식이 아닐 수 없었다.

왜냐하면 룻이 보아스와 결혼을 하게 되면 잃었던 땅을 되찾을 수도 있고, 또한 끊겼던 가문의 대를 이을 수 있었기 때문이었다. 나오미는 룻을 보아스에게 결혼시키기 위해서 그녀가 해야 할 일을 하나하나 일러주었다.

> "몸을 씻고 기름을 바르고 의복을 입고 타작마당에 내려가서 그 사람이 먹고 마시기를 다하기까지 그에게 알리지 말고 그가 누울 때에 눕는 곳을 알아두었다가 들어가서 그의 발을 드러내고 거기 누우라."(3, 4절)

그러면 보아스가 그녀에게 할 일을 말할 것이라는 것이었다. 룻은 시어머니의 말을 듣고 그대로 순종할 것을 알리고는 실제로 시어머니 나오미의 말대로 그대로 행한다.

그녀는 보아스가 먹고 마시고 마음이 즐거운 때에 나가서 곡식더미 끝에 눕는 것을 보자, 룻도 가만히 가서 그의 발에 누웠다. 그녀는 결코 말로만 그치지 않고 몸으로 순종했던 것이다. 룻이 시어머니의 명령을 따라 보아스의 발치에 눕자 그가 일어나서 누구냐고 물었다. 룻은 그의 옷자락으로 자신을 덮어줄 것을 요구하면서 가까운 친족임을 밝혔다.

이 행동은 룻이 보아스에게 정식으로 청혼을 하는 방법이었다. 이 청혼에 대하여 보아스는 그녀가 현숙한 여인이라고 칭찬하면서 그녀와 결혼하여 친족의 임무를 다할 것을 다짐하였다. 다만 자신보다 더 가까운 친족이 있으므로 그들이 친족의 임무를 수행하려 한다면 좋겠고, 그렇지 않다면 자신이 모든 임무를 수행하겠다고 말하게 된다. 보아스는 룻에 대하여 칭찬을 하였다.

OLD TESTAMENT

"가난하든지 부하든지 젊은 남자를 따르지 아니하였으니 네가 베푼 친절이 처음보다 나중이 더 많도다."

즉 룻은 자신의 순결을 지켜왔고, 모든 이들에게 친절을 베풀 줄 아는 여인이었다는 것이다. 그녀는 자신의 처지에 관계없이 자신을 지키는 일을 훌륭하게 감당했던 것이다.

시어머니의 명령을 따라 보아스의 발치에 누웠던 룻은 그로부터 친족의 임무를 다하겠다는 다짐을 들은 후에 새벽까지 그의 발치에 누웠다가 사람들이 알아보기 전에 일어나서 그의 곁을 떠나려 하였다. 이에 보아스는 그녀의 너울에 보리를 여섯 번 되어 이어 주고 룻은 집으로 돌아가게 된다. 보아스는 그 때부터 장가갈 준비를 한다.

자신보다 더욱 가까운 친족이 지나가자 도시의 장로 10명을 청해 놓고 나오미의 남편 엘리멜렉의 땅을 살 것인지의 여부를 묻게 된다. 어떤 이는 바로 사겠다고 말했다.

"당신이 룻과 결혼 하려면 룻에 대해서도 반드시 그것을 사서 죽은 집의 상속을 위하여 그의 이름을 일으켜 세울 아이를 낳아야 합니다. 그래도 하시겠소?"

이 말에 그 사람은 손해가 될 것을 염려하여 결국 포기하고 말았다.

나오미와 가장 가까운 친척이 기업 무를 권리를 포기하자 보아스는 내심 무척 기뻤다. 그러나 보아스는 침착하게 말했다.

"좋소이다. 그럼 당신이 권리를 포기한 것으로 알고 내가 사겠습니다."

"자, 이제 그 증거로 이 신발을 받으시오."

당시 이스라엘에서는 무엇을 물려주거나 교환하는 일을 확정하기 위해서 신을 벗어 상대에게 줌으로써 증명이 되게 하는 관습이 있었다. 그것은 오늘날의 서류에 대한 '공증'과도 같은 역할을 한 것이다.

"자, 이제 내가 엘리멜렉과 기룐과 말론에게 있던 모든 것을 나오미의 손에서 사게 되었습니다. 이 일에 장로님들과 모든 백성들이 증인이 됩니다."

보아스는 기쁨을 감추지 못한 채 룻과 결혼할 것을 사람들 앞에서 공포한다.

"또 나는 말론의 아내 모압 여인 룻을 취하여 그 죽은 자의 기업을 그 이름으로 잇게 하여 그 이름이 끊어지지 않게 하겠습니다. 여러분들이 이 일에 증인이 되십니다."

마침내 보아스와 룻은 모든 사람들의 축복 속에 결혼을 하게 된다. 그리고 하나님께서 보아스와 룻 사이에 아이를 주셨다. 이스라엘 여인들은 나오미에게 손자 본 것을 축하하며 그 아이를 축복하였다.

"이 아들은 이스라엘의 일곱 아들보다 더 귀한 당신의 며느리가 낳은 생명의 회복자이자 당신 노년의 봉양자입니다. 이 아이가 이스라엘 중에 유명하게 되기를 원합니다."

그 아들의 이름은 '오벳' 이었다. 그가 바로 이스라엘의 가장 위대한 왕인 다윗의 할아버지가 된다. 한 이방인 여인인 룻의 아름다운 헌신은 결국 메시아를 낳은 다윗왕가를 형성하게 되는 놀라운 축복을 받게 된 것이다.

기업무를 자에 대하여

이스라엘 자손들에게 속한 토지는 하나님께 속한 것이므로 영원히 팔지 못하게 하였다. 그 이유는 이스라엘이 가나안을 정복하면서 분배한 땅이 영원한 분배였기 때문이다. 그럼에도 불구하고 기근이나 부도로 혹은 저당 잡혀서 땅을 팔게 되면 그것을 50년이 되는 희년에는 되돌려 주어야 했다. "토지를 영영히 팔지 말 것은 토지는 다 내 것임이라 너희는 나그네요 우거하는 자로서 나와 함께 있느니라"(23절). 팔렸던 땅을 무르는 것(되사는 것)에 관하여서는 레위기 25장 24절부터 28절까지 기록되어 있다. 이 기록은 매우 의미가 깊은 반면에 복잡하므로 주의를 기울여야 한다.

1. 신성한 기업을 누리는 우리의 누림을 다시 찾음 - 후일 이것은 메시아의 회복사상과 연결된다. 예수로 인해 죄의 용서를 받은 사람이 다시 약해지고 다시 타락하여 신성한 우리의 기업을 누릴 수 없게 된다 하더라도 우리는 그것을 다시 찾을 수 있다. 우리는 잠시 동안 이 누림을 잃어버릴 수는 있으나, 결국에는 우리에게 되돌려 질 것이다.

2. 이스라엘 자손들은 그들이 잃어버렸던 것을 다시 되찾았던 것이다. 이스라엘 자손들은 조상들을 통해서 하나님께로부터 받았던 모든 것을 잃어버렸지만, 주님이 다시 오실 때 이스라엘은 그들이 하나님께로부터 받았던 분깃을 다시 되찾을 것이다.

3. 한 이스라엘인이 가난하여 그의 기업 중 얼마를 팔았으면, 그의 가

까운 친척이 무르는 자(되사는 자)가 되어서 팔았던 땅을 되사야 했다. "너희 기업의 온 땅에서 그 토지 무르기를 허락할지니 만일 너희 형제가 가난하여 그 기업 얼마를 팔았으면 그 근족이 와서 동족이 판 것을 무를 것이요"(24-25절). 이것은 우리가 가난해져서 우리의 기업을 팔았을 때 우리의 가까운 친척이신 주 예수님이 우리의 구속주가 되셔서 우리를 위해 우리가 팔았던 것을 구속하시러 오셨음을 의미한다.

아담 안에서 우리는 모든 것을 팔았다. 그러나 우리의 구속주이며 우리의 친척이신 주 예수님이 우리를 위해 모든 것을 구속하셨다. 이것이 룻기에 예시되어 있다는 것이다. 룻기에서 우리는 룻이 그녀의 친척인 보아스에 의하여 구속되었음을 본다. 그러므로 룻기에서 우리는 완전한 희년의 이야기를 본다.

4. 어떤 이스라엘인이 그를 위해 무를 사람이 없으나, 그가 무를 수 있는 재산을 갖게 되면 스스로 무를 수 있었다.

5. 만일 한 사람이 그의 기업을 되 살 충분한 재산이 없다면, 희년 때까지 기다려야 하며 그 때에 그에게 그 기업이 돌아왔다. 우리는 이스라엘 사람이 그의 잃어버린 기업을 회복할 수 있는 세 가지 길이 있었음을 본다. 첫째, 그의 잃어버린 기업은 그의 가까운 친척에 의해 다시 살 수 있었다. 이것은 은혜의 문제이다. 둘째, 그에게 재산이 있다면, 스스로 그것을 다시 살 수 있었다. 셋째, 그를 위해 그것을 다시 살 수 있는 친척이 없고 스스로도 그것을 살 수 없다면, 그는 팔렸던 기업이 자연스럽게 그에게 되돌아오는 희년을 기다릴 수 있었다. 이것 또한 은혜의 문제이다. 그러므로 희년은 하나님의 은혜를 매우 잘 나타내는 예표이다.

옮길 천(遷)

뿔뿔이 흩어져서 새로운 나라를 세우고자 동방으로 이동할 때 셈족만 이 아니라 약간의 함족과 야벳 족속들이 함께 이동을 해왔다. 중국 사람들은 야벳족이고 한국 사람은 셈족인데, 그 이동하던 모습을 그대로 한자에 그려놓았다. 중국 사람들은 동방으로 왔기 때문에 옮길 천(遷) 자를 만들 때 서(西)쪽에 거대(大)한 분산이 일어나서 걸어서 걸어서 왔노라고 말한다. 중국에서 볼 때 메소포타미아는 서쪽이다.

흩을 산(散)

하나님께서는 한 가족(家族) 안에서는 말이 바뀌지 않도록 혈연관계를 고려해서 말을 갈라놓으셨다. 흩을 산(散) 자를 보면 모두 함께(共) 가족 단위로 따라서 왔다가 흩었다는 것의 기본단위는 가족(家族)이었다. 서쪽에서부터 대장정의 길을 걸어서 중원(中原) 대륙까지 왔다는 것이 한자(漢字)에 그대로 남아 있는 것이다.

23

■■■ 사무엘상 1-6장

한나의 아기

예루살렘 근처에 있는 라마라는 마을에 엘가나라는 사람이 살았다. 그는 두 명의 아내를 데리고 살고 있었는데, 브닌나는 많은 아들과 딸을 낳았고, 반면에 한나는 아이를 갖지 못했다. 한나는 매우 슬펐다. 그런 한나를 남편은 사랑을 해주었다. 엘가나는 매년 실로에서 열리는 하나님께 대한 제사 때에 그의 가족들을 데리고 참여하였다. 하나님의 집에서 그들은 모든 가족을 위하여 희생의 제사를 드렸다.

그리고 한나를 사랑한 엘가나는 그녀를 위하여 희생제물을 더 주었다. 하지만 한나는 행복하지 않았다. 제사가 끝나자 한나는 따로이 떨어져서 혼자서 하나님께 기도하였다.

에브라임 하나님 앞에 엎드려 고통스러운 마음을 쏟아놓는

한나의 기도는 매우 간절해 소리를 낼 수조차 없었다. 그렇게 속으로 울부짖느라 그녀의 어깨는 떨렸고 그 표정은 고통을 뱉어내느라 심히 일그러져 있었다. 이렇게 한나가 기도하고 있는 동안 엘리 제사장은 성소 문 앞에 앉아 있었다. 나이 많은 그에게 한나의 기도하는 표정이나 행동은 마치 술에 취한 모습처럼 보였다.

"아니, 제단에서 …! 언제까지 이런 인생을 살 것이냐? 당장 그 술을 끊어 버려라."

"제사장님, 그게 아닙니다. 슬픔에 겨워 주님 앞에 저의 걱정과 근심을 모두 털어놓고 있었을 뿐입니다."

"오, 그랬었구나. 난 그런 줄도 모르고 …. 하나님께서 네 소원을 들어 주실 게다. 그러니 평안히 가라."

"제사장님 말씀대로 당신의 여종이 꼭 응답받기를 원합니다."

기도한 후 얼마되지 않아 한나는 그토록 바라던 아들을 얻게 되었다. 한달, 두달 지나며 한나의 배가 조금씩 불러왔다.

하나님이 한나의 기도를 기억하셔서 아기를 갖게 하신 것이었다. 그 아이의 이름을 '하나님께서 주심' 이란 뜻의 '사무엘' 로 지었다. 한나는 이 아이가 기도의 응답임을 알고 있었기 때문이다. 삼년간의 수유기간이 끝나자 한나는 하나님께 서원한 대로 남편과 함께 아 이를 데리고 제사장 엘리를 찾아갔다.

"제사장님, 지난 날 이 성전에서 아이를 낳게 해달라고 기도드린 아낙인데, 하나님께서 저의 소원을 들어 주셨어요. 그래서 서원한 대로 이 아이를 하나님께 드리려고 찾아 왔습니다."

엘리 제사장은 엘가나와 한나에게 축복하여서 사무엘 대신 다른 자녀도 주도록 하나님께 기도하였다. 그래서 하나님은 엘가나와 한나에게 세 명의 아들과 두 딸을 더 주셨다. 사무엘은 동생이 많이 생겨서 정말 기뻤다. 사무엘은 하나님 앞에서 무럭무럭 자랐다. 이제는 나이가 많아져 늙은 엘리 제사장은 사무엘이 참 자랑스러웠다. 그러나 그의 두 아들을 생각하면 마음이 아팠다. 못된 짓만 골라서 하는 두 아들은 하나님께 죄를 짓고, 사람들을 속였기 때문이다.

엘리 제사장은 두 아들의 이러한 행동이 모두 자기가 하나님의 뜻대로 키우지 않은 결과라고 후회를 하며 하나님의 벌을 받은 것이라고 생각하였다. 어느 날 밤, 눈이 나빠서 잘 보지 못하는 엘리 제사장은 자기 방에 가서 누워 있었다. 사무엘도 법궤가 있는 하나님의 성전에 누워서 자려고 하였다. 이때에 갑자기 "사무엘아! 사무엘아~!" 하고 부르는 소리가 들렸다.

"네. 엘리 제사장님 부르셨어요?" 하고 사무엘은 뛰어 갔다. "아니다. 나는 너를 부른 적이 없으니 가서 자거라." 사무엘은 고개를 갸우뚱하며 자기 자리로 돌아와 누웠다. 막 잠이 들려고 하는데 다시 "사무엘아! 사무엘아!" 하고 부르는 소리가 분명하게 들렸다. 그래서 사무엘은 또 엘리 제사장에게로 달려가서 "제사장님 저를 부르셨습니까?"라고 말했다. 그러자 엘리 제사장은 또 "아니다. 나는 너를 부른 적이 없다. 꿈을 꾼 모양이로구나. 가서 편히 자거라."

사무엘이 다시 자리에 누으려고 하는데 "사무엘아! 사무엘아!"

■ 그림: 엘리가 사무엘을 가르치고 다. 게리트 도우 작(Gerrit Dou, 161 1675).]

하고 더욱 분명히 부르는 소리가 들렸던 것이다. 사무엘은 벌떡 일어나 엘리 제사장에게 뛰어갔다. 그때서야 엘리 제사장은 하나님이 사무엘을 부른 것을 알았다.

"사무엘아! 돌아가서 누워 있다가 또 부르는 음성이 들리면, '하나님 말씀하세요. 제가 듣겠습니다.' 라고 말하여라." 하고 알려 주었다. 사무엘이 돌아와서 자리에 누워 있으려니까 아까와 같이 "사무엘아! 사무엘아!"하고 부르는 소리가 났다. 그래서 사무엘이 대답했다. "하나님, 제가 여기 있습니다. 말씀하십시오." 그랬더니 하나님이 말씀하셨다.

"엘리 제사장의 두 아들은 아주 많은 죄를 짓고 엘리는 그 아들들을 올바르게 가르치지 못했다. 그에 대한 벌을 받게 되리라." 하고 하나님께서는 말씀하셨던 것이다. 사무엘은 자기가 꿈을 꾼 것만 같았다. 자는 둥, 마는 둥 아침을 맞은 사무엘은 다른 날처럼 성전 문을 열었다.

엘리 제사장은 사무엘을 불러 하나님이 하신 이야기를 물어보았다. 사무엘은 이야기하기가 두려웠지만 사실대로 말하였다. 그러자 엘리 제사장은 "이것이 하나님의 뜻이므로 그분이 좋으실 대로 하실 것이다."라고 말하며 얼굴에 근심이 가득하였다. 사무엘이 점점 커가고 하나님이 하신 얘기도 사람들에게 알려졌다. 사무엘에게는 하나님이 같이 하셔서 모든 일이 잘 이루어졌다. 모든 이스라엘 사람들은 하나님께서 사무엘을 새로운 예언자로 세우셨음을 알게 되었다.

하나님은 사무엘에게 계속 나타나셔서 말씀하셨고, 사무엘은 그 모든 말씀을 이스라엘 사람들에게 전하여 주었다. 사무엘은 엘리 제사장이 죽은 후에 이스라엘의 제사장겸 예언자로서 봉사하게 된다. 오랜 세월동안 사무엘은 하나님을 대신한 예언자로 이스라엘 백성을 잘 인도하였다. 블레셋 군대가 쳐들어 왔을 때에는 이스라엘 백성을 미스바에 모이게 하여 하나님께 제사를 드리고 기도로 전쟁을 이기게 하기도 하였다. 그리고 사울을 이스라엘의 첫 왕으로 세우고 그가 죄를 짓자 폐위하도록 한 다음 다윗을 왕으로 세우기로 했다. 하나님의 선지자 사무엘은 한나의 기도대로 하나님의 일만을 평생토록 하였다.

선 지 자

선지자나 예언자나 선견자는 기본적으로 하나님의 뜻을 전달받아 다른 사람들에게 전하는 사람이다. 이들은 하나님의 뜻을 계시 받을 때 시각적으로 '보게' 되든지 아니면 청각적으로 듣게 되며, 그 뜻을 사람에겐 주로 말로 전달하게 된다. 선지자나 예언자는 계시를 받는 사람의 주로 음성적인 측면을 강조하는 단어이고, 선견자는 시각적인 측면을 강조하는 말이다. 예언자와 선지자는 한자어로는 다르게 쓰여지지만, 성경의 원어(히브리어론 '나비' 그리스어론 '프로페테스')나 영어(prophet)로는 완전히 똑같다. '나비'란 "(하나님의) 부르심을 받은 (특별한) 자"란 의미이며, "프로페테스"란 "(일이 생기기 전에 앞서) 미리 말하는 자"란 뜻이 된다. '선견자'란 히브리어로 '로에'인데, 이 말은 원래 '라아'라는 말, 즉 '보다'라는 뜻에서 나온 것이다. 그러므로 하나님의 메시지를 받을 때 환상의 기능이 강조된 것이다. 이스라엘의 사사기 시절에는 예언자의 '보는' 기능이 강조되었음을 암시하는 단어라고 하겠다. 하나님의 뜻을 전달받을 때 음성(선지자나 예언자)이냐, 환상(선견자)이 강조되느냐 하는 차이가 있을 뿐이다.

일곱 칠(七)

일곱(七)은 인간이 신을 찬양하기 위해 손을 치켜 올리고 있는 경건한 모양을 나타낸다. 심지어는 현재까지도 중국에서는 정월 초이렛날을 '인날(人日)' 이라고 부르고 있다. 성경에서는 7 이란 숫자는 완전한 숫자를 말한다. 즉, 하나님의 수라고도 하며, 땅의 수인 4와 하늘의 수인 3이 합쳐진 은혜와 언약의 수이다. 성경에서는 일주일은 7일로, 마태복음 13장의 7가지 비유, 요한계시록의 7교회, 7촛대, 7천사, 7나팔, 7대접 등을 볼 수 있으며, 이는 일시적으로 완전한 숫자이며, 영원히 완전하지는 않다.

영 영(靈)

하나님은 영(靈)이시라고 성경은 말한다. 영(靈)은 비 우(雨)와 세개의 구(口)와 무(巫)로 구성되어진다. 다시 우(雨)는 하늘을 뜻하는 一과 덮는 것을 나타내는 그리고 물(水)로 나뉘어 진다. 창세기 1장 2절에 보면 창조 당시에 물이 지구를 덮고 있었고 하나님의 신이 수면에 운행하셨다고 되어 있다. 그 아래에 있는 세 개의 구(口) 자는 삼위의 하나님을 나타낸다. 이 문자에도 삼위일체 하나님이 표현되고 있는데, 품(品) 자를 보면 세 개의 구(口) 자로 이루어져 있음을 보게 된다. 성품(品性), 성격(品格) 등에 모두 품(品)자가 사용되어진다. 완전한 인격이 되시는 삼위 하나님을 나타내는 문자이다.

그 아래의 巫자는 工자 안에 두 개의 人 자가 있는 모습이다. 즉 아담과 하와 두 사람을 창조했다는 뜻이다. 그러므로 하나님을 나타내는 영(靈)이라는 문자에는 이러한 뜻이 함축되어 있는 것이다. 즉 하늘 아래에 물에 덮인 지구가 있었는데, 그 지구에 삼위 하나님(口, 口, 口)이 오셔서 두 사람을 창조하셨다는 것이다. 이 문자는 기독교의 하나님이 "창조주 하나님"이심을 명확하게 보여주는 것이다. "하나님은 영(靈)이시니 예배하는 자가 신령과 진정으로 예배할지니라"(요 4:24)

24

■ ■ ■ 사무엘상 8-10장, 15-16장

왕을 만든 사람 -사무엘

엘리 제사장이 죽고 하나님께서는 이스라엘을 위하여 사무엘을 선지자로 세우시고 백성들이 그의 말을 듣게 하셨다. 사무엘의 아들들도 엘리제사장의 아들들이 가는 길로 갔다. 그들은 정직하지 않았고, 탐욕스러웠기 때문이다. 사무엘이 대신하여 새로 선지자로 일하게 되었다. 그 때에 이스라엘의 장로들과 사람들이 라마에 있는 사무엘에게 와서 왕을 세워달라고 간청하기에 이른다.

"당신은 늙었어요. 그리고 당신의 아들들이 우리를 인도한다는 것은 말도 안 됩니다."

그리고는 말했다.

"그러지 말고 차라리 우리에게도 다른 나라들처럼 왕을 세워 주시오."

왕을 세워달라는 요구에 사무엘이 순순히 응할 리가 없었다.

"왕을 요구하는 것은 여호와를 거역하는 것이오."

사무엘의 말에도 백성들은 아랑곳하지 않고 왕을 요구하였다. 사무엘은 왕을 세우는 제도의 폐단을 들어 백성들을 설득해 보았지만 그들은 막무가내였다.

"왕을 세우면 그 왕은 백성들의 당신들의 아들들을 데려다가 군인을 만들고 왕궁을 위해 노역하게 하며, 딸들은 시녀로 전락하게 될 것이요. 그래도 원한단 말이오."

백성들과 사무엘 사이의 실랑이는 결국 사무엘의 양보로 결말이 난다. 사무엘은 사울을 왕으로 선택하기에 이르게 된다(삼상 8:4-22). 백성들이 왕을 요구한 사실을 알고 있는지 모르고 있는지, 소년 사울은 아버지가 잃어버린 암나귀를 찾으러 에브라임 산지를 두루 헤매고 다녔다(삼상 9:1-4).

그는 이스라엘 자손 중에 그보다 더 준수한 자가 없고 키는 모든 백성보다 어깨 위는 더 할 정도로 기골이 장대했다(9:2). 사울은 벌써 왕이 될 수 있는 용모와 자질을 갖추고 있다고 말할 수 있었다. 암나귀를 못찾은 사울은 사환의 제의에 따라 당시 선지자(diviner)로 유명한 사무엘을 찾아간다(9:5-14).

사울이 자기를 찾아 올 것이라고 미리 예견했던 사무엘은 사울을 왕으로 세우게 된다. 마지못해 사울을 왕으로 세운 사무엘은 마음이 편할 리가 없었다. 사무엘의 권위에 도전하는 사람들이 사울을 중심으로 새로운 세력으로 성장해 갈 것이 뻔했기 때문이었다. 왕으로 기름부음을 받은 사울은 이제 백성들 앞에서 정식으로 왕이 되는 의식(ritual)을 거친다. 사무엘은 백성들을 미스바에 모으고 이스라엘의 모든 지파 가운데서 사울을 선택하였다.

단·숨·에·읽·는·구·약·성·경

생각하는 페이지

■ EASY GUIDE JOURNET ON NEWTESTAMENT

사무엘은 화가 나서 길갈에서 떠나가고 사울과 그 아들 요나단만이 백성들과 함께 블레셋의 공격에 대비한다(13:15~23). 설상가상으로 사울은 아들 요나단과의 갈등까지 겪게 된다. 요나단이 어떤 이유에서인지 사울에게 알리지도 않고 병기든 소년과 단 둘이서 블레셋 진영으로 들어가 그들을 무찌르는 쾌거를 이룬다. 나중에 사울이 알고 블레셋 진영으로 가보니 블레셋 병사들은 자기들끼리 싸우다가 도망간다(14:1~23).

단·숨·에·읽·는·구·약·성·경

성경에서 배우는 한자

■ EASY GUIDE JOURNET ON NEWTESTAMENT

불 화(火)

화자를 보면 흙이 있고 흙에서 사람이 솟아 있고, 흙에서 뽑아낸 성인 남자가 빛이 났다. 불 화(火) 자가 나무 쌓아 놓고 불나는 그림이 아니다. 불 화(火)자의 진짜 의미는 흙 토(土)에 빛나는 것을 그려 놓고 불 화(火)라고 불렀다. 최초로 창조된 인간 아담은 광채(光彩)가 났었다. 예수님도 변화산(變化山)에 오르셨을 때 광채(光彩)가 났다..

빛 광(光)

광자를 보면 더 명백하게 그려놓았다. 빛 광(光) 자가 남자 머리에 빛나는 그림, 여자 머리에 빛나는 그림, 이렇게 두 종류의 빛 광(光) 자가 있다. 남자인 아담도 빛났고, 여자인 이브도 빛났다. 아담의 빛은 좀 장중하고, 여자의 빛은 좀 예쁘게 여자답게 빛나고 있었다. 이와 같이 중국인들이 최초의 남자와 여자는 빛이 났었다고 알고 있었던 것이다.

붉을 적(赤)

적자를 보면 남자가 서있고, 불 화(火) 자가 빛나는 것을 그렸다. 사람이 흙으로 만들어져 솟아났을 때, 빛나고 있었다는 모습이다.

25

■■■ 사무엘상 16-17장

목동이 거인을 이긴 이야기

이집트에서 탈출하여 작은 민족 공동체가 완전한 국가가 되었다. 국가가 된 후 첫번째 왕 사울을 선출하였다. 그런데 문제는 그 왕이 하나님이 선택한 왕도 아닐뿐더러, 하나님 마음에 흡족한 왕도 아니었다는데 문제가 있었다. 사울은 왕으로서 권력을 행사하면서 점점 더 하나님의 길로부터 멀어졌다는데 있었다. 그렇기에 하나님은 "사울을 왕으로 삼은 것을 후회 한다."고 하셨다.

급기야 하나님께서는 선지자 사무엘에게 사울을 대신할 새 왕의 선출이 필요하다는 말씀을 하시게 되었다. 그리곤 또 말씀하셨다(16장).

"내가 이미 사울을 버려, 이스라엘 왕이 되지 못하게 하였다."

"내가 너를 베들레헴 사람 이새에게로 보내리니, 이는 내가 그 중에서 한 왕을 뽑으려고 준비 하고 있음이니라."

사울의 뒤를 이을 이스라엘의 두 번째 왕을 하나님께서 이미 결정하시고 선택하셨는데, '베들레헴에 사는 이새라는 사람의 아들들 중 한 사람' 이라고 구체적으로 말씀을 하셨던 것이다.

아직도 왕이 살아 있기에, 아무리 하나님의 선지자라고 하는 사무엘이지만, 새 왕을 뽑아 왕임을 인정하는 기름을 붓는다는 것은 바로 그것이 사울왕에 대해서는 '역모' 였기에 조심스러웠을 것이다.

사무엘이 겁이 나서 주저했지만, 하나님은 두려워하는 사무엘을 가게 하셨다. 이새의 집에 도착한 선지자 사무엘은 이새에게 자신이 왜 이 집에 왔는지를 설명했다. 그리고 하나님이 정하신 사람을 왕으로 세워야 하니 아들들을 모두 불러오게 했다.

아마 이새는 사무엘 선지자의 말에 무척이나 놀랐을 뿐 아니라, 반가운 소식에 자신의 아들들 모두를 급히 소집했다. 이른바 면접시험이 시작된 것이다. 일렬로 세워진 이새의 일곱 아들들 앞을 사무엘 선지자가 지나가면서 하나님의 말씀을 듣기로 되어 있었다, 누가 하나님이 선택한 사람인가를 찾아 그에게 왕으로서 기름을 부을 셈이었던 것이다. 세워진 일곱 아들 앞을 차례로 지나갔다. 첫 째 아들 엘리압을 보자 사무엘이 마음속으로 소리쳤다.

"아! 하나님은 바로 이 아들을 왕으로 세우시려 하는구나."

그리고는 그에게 기름을 부어야겠다고 생각했다. 그러자 갑자기 하나님께서 사무엘에게 은밀하게 말씀하셨다.

"사무엘아. 사람은 용모와 키의 겉모습을 보겠지만, 나는 그 사람의 속, 중심을 보느니라."

뭐 하다 들킨 사람처럼 사무엘의 얼굴이 빨갛게 달아올랐다. 사람의 겉모습만을 보며 판단했던 자신의 부끄러운 마음 때문에 말이다.

두 번째 아들 아비나답 앞을 지나갔다. 이제부터는 하나님께서 뭐라 말하시기 전에는 절대 자신이 먼저 나서서 판단하지 않겠다고 생각했기에 아비나답 앞에 서서 잠잠히 하나님의 말씀을 기다렸다. 한참이나 지나도 아무 말씀이 없자, 사무엘 선지자는 그 앞도 지나쳤다. 셋째 아들 삼마 앞에 가서 서 있어도 하나님은 여전히 침묵을 지키셨다. 넷째 아들, 다섯째와 여섯째, 그리고 마지막에 서 있는 일곱째 아들까지 다 지나쳤는데도 하나님은 아무 말씀하지 않으셨다. 분명 이새가 불러 모은 일곱 아들 앞을 다 지나갔음에도 하나님은 누구도 지명하지 않으셨기 때문에 혹시나 해서 이새에게 물었다.

"당신의 아들이 여기 있는 일곱뿐인가?"

그러자 이새 또한 실망스럽다는 표정으로

"아니오. 한 아들이 더 있기는 한데, 그 막내아들은 지금 양을 지키고 있습니다."

사무엘은 빨리 가서 그 아들을 데려 오게 했다. 이새가 종을 시켜서 서둘러 막내아들을 데리고 왔다. 사무엘 앞에 다윗이 섰을 때, 하나님께서 사무엘에게 말씀하셨다.

"바로 이 사람이다. 어서 그에게 기름을 부어라!"

드디어 하나님이 선택한 장차 이스라엘의 왕이 될 다윗에게 사무엘은 기름을 부었다.

다윗과 골리앗

양들과 함께 살았던 이새의 여덟 번째 아들 다윗은 하나님으로부터 선택을 받게 되었다. '그의 눈은 빛이 붉었고' '눈이 빼어났으며' '얼굴이 아름다웠다' 다윗은 '하나님 마음에 합한 사람' 이었다고 말씀하셨다. 다윗은 다른 형들 모두가 왕이 될지 모른다며 집을 향해 달려갔어도, 자신에게 맡겨진 일인 양을 돌보는 일을 묵묵히 했던 사람이었기 때문이다. 이런 성실한 태도는 왕이 되어서도 그대로 지속되어, 이스라엘 역사상 가장 위대한 왕이 되게 했다.

다윗의 성품은 '겸손한 사람' 이라는 것을 보여주고 있다. 일곱 형들은 자신이 왕이 될 것이라고 들뜬 마음으로 집으로 갔지만, 다윗은 자신이 왕으로 뽑힐 것이라고 생각하지도 않았던 사람이었다.이런 겸손한 태도는 그가 왕이 된 후, 근동에서 가장 강한 나라 이스라엘의 통치자가 되어서도 나타났다.

다윗은 들판에서 양을 칠 때도 하아프를 치고 노래하며 하나님을 찬양하였고, 하나님은 이런 다윗을 사랑하사 장차 이스라엘 백성을 다스리도록 계획해 놓으셨던 것이다.

그 당시 이스라엘은 블레셋 군대와 전쟁을 하고 있었다. 블레셋 군대에는 '골리앗' 이라는 거인이 있어서 이스라엘군을 괴롭히고 있었지만, 아무도 나서지 못하고 무서워하고 있었다.

그때 마침 아버지의 심부름으로 형들을 만나러 전쟁터로 간 다윗은 이것을 보고 왕께 나아가 말했다.

"제가 싸우겠어요. 감히 하나님의 백성을 욕되게 하는 것은 참을 수가 없어요."

사울 왕은 기뻤지만 다윗이 너무 어려서 망설였다.

"저는 사자와 곰의 입에서 양을 구하고 맹수의 이빨에서 나를 구하신 하나님을 믿습니다."

다윗이 앞에 나아가자 거인 골리앗은 코웃음을 쳤다.

"나를 개로 아느냐. 돌멩이를 들고 나오게. 하하하!"

골리앗은 다윗을 무시했다.

"너는 칼과 방패로 덤비지만 나는 하나님의 이름으로 싸우겠다."

다윗은 조금전 시냇물에서 주웠던 차돌을 물매에 넣어 휘돌려 날려보냈다. '퍽' 하고 자갈은 골리앗의 이마에 명중되었고. 그는 단번에 쓰러졌다. 그러자 재빨리 다윗은 골리앗에게 달려가

큰 칼을 뽑아들고 목을 잘랐다. 이것을 본 적군은 달아나기 시작했다. 이스라엘군은 함성을 지르며 쫓아가 싸웠고 결국 크게 이겼다.

생각하는 페이지

<DAVID>(1609. 카라바지오. 캔버스 유채 /125 x 101cm. 로마. 보르게제 미술관). 골리앗의 얼굴은 카라바지오의 자화상으로 알려짐.

왼쪽 그림은 다윗과 골리앗이 격전을 벌였던 엘르 골짜기에서 아주 재미있는 발견이 이루어졌다. 1993년 5월에 고고학자들이 팔레스틴 지역에서 고고학적 발견을 하다가 이마에 돌이 박혀있는 거인의 해골을 발견했다. 이마 좌우거리를 측정하여 거인의 키를 계산해 본 결과 그 키가 2미터 90센티나 되는 거대한 체격의 거인이었음이 밝혀졌고, 연대측정 결과 약 B.C. 1000년경의 다윗시대에 죽은 것으로 측정되었다. 발견 장소가 팔레스타인 지역이고 체격이 거대하였고 이마에 돌이 박혀 있고 연대가 다윗 시대임을 종합해 볼 때, 이 해골의 주인은 다윗에게 죽임을 당한 골리앗의 유골임이 확실하다고 발표하게 되었다.

성경에서 배우는 한자

아우를 병(竝)

병자는 아담과 이브가 둘이 손잡고, 에덴 동산을 거니는 정다운 모습을 그려놓은 것이다.

다닐 여(旅)

여자도 남자 여자 둘이서 에덴동산 중앙에 있는 하나님의 보좌 앞에 가서, 하나님께 경배 드리고 돌아오는 모습을 그려놓았다. 최초의 여행은 하나님께 경배 드리러 가는 것이었다.

26

■■■ 사무엘상 23, 25-26장

오래 살았던 다윗 왕

다윗은 사울을 피해 다니며 힘든 세월을 보냈다. 어느 날 다윗이 그일라에 온 것을 보고, 사람들이 사울에게 일러 주었다. 그러자 사울이 말했다.

"이제 잘 되었다. 하나님이 그를 내 손에 붙이셨다. 그가 문과 문빗장이 있는 성에 들어갔으니 갇힌 것이나 마찬가지야."

사울은 모든 백성을 군사로 불러 모으고 그일라로 내려가 다윗과 그의 사람들을 에워싸고 공격했다. 사울과 그의 부하들이 찾으러 온 것을 사람들이 다윗에게 보고하자, 다윗이 내려갔다. 그들이 이른 곳은 마온 황무지였으며, 사울도 이 소식을 듣고 다윗을 따라가서는 산 이쪽 편으로 갔다. 그리자 다윗과 그를 따른 사람들은 산 저편으로 가서 숨어야 했다. 다윗이 사울을 두려워하여 급히 피하려 하였다. 사울은 그의 부하들과 함께 에워싸고 잡으려고 백방으로 준비하였다. 지치고 힘들었을 것이다. 그러다가 사울왕이 잠시 동굴속으로 가서 쉬는 틈을 타서 다윗은 몰래 그 굴에 들어가게 된다. 그리고는 자고 있는 그의 옷자락을 잘라서 나온다. 나와서는 크게 말했다.

OLD TESTAMENT

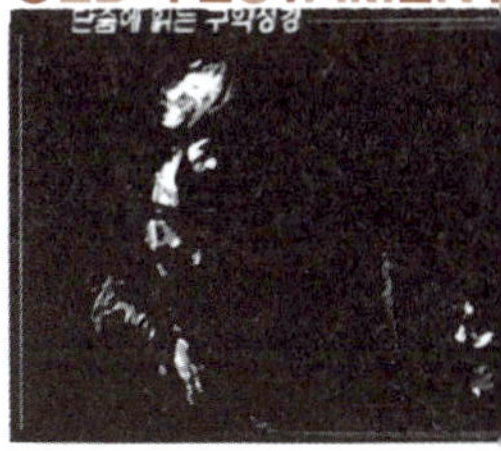

〈다윗과 사울〉, 렘브란트의 그림.

"나의 아버지! 내 손에 있는 당신의 옷자락을 보십시오. 내가 왕을 죽일 수 있었지만 죽이지 아니하고 겉옷자락만 베었습니다. 이것은 내가 당신을 해칠 마음이 없다는 것을 알리려 하는 것입니다."

다윗이 사울에게 이같이 말하자. 사울왕이 말했다.

"내 아들 다윗아 이것이 네 목소리냐?"

하고 소리를 높여 울면서 말했다.

"나는 너를 학대하였는데 너는 나를 오히려 선하게 대하니 너는 나보다 많이 옳은 사람이다. 여호와께서 나를 네 손에 죽일 수 있도록 하셨는데도 네가 나를 죽이지 아니하였으니 고맙도다."

(삼상 24:16-18).

다윗은 이처럼 여호와의 기름 부음을 받은 자를 자기 손으로 죽이지 않는 의로움을 보였다. 그 일 후에 다시 블레셋 사람이 쳐들어 왔다. 사울은 그 블레셋 군대를 보고 그 마음이 크게 두려웠다. 그 두려움 때문에 사울은 기도했다. 하지만 여호와께서는 더 이상 사울왕에게 꿈으로도, 제사장 가슴에 있는 보석인 우림으로도, 선지자로도 그에게 대답지 아니하셨다(삼상 28:6).

그러자 다급해진 사울왕은 엔돌에 있는 신접한 여자 무당에게 가서 미래를 점쳐 달라고 하자 귀신이 나타나서 그를 미혹한다. 두려움으로 전쟁에 나간 사울왕은 전쟁에서 크게 패하여 도망하다가 길보아산에서 지고 말았다. 블레셋 사람들은 때를 놓치지 않고 좇아가서 사울과 그 아들들을 공격하고, 결국 사울의 아들 요나단과 아비나답과 말기수아를 죽이게 된다. 그러자 그는 죽임을 당하기 싫어서 자기 칼을 가지고 그 위에 엎드러지면서 자살하고 만다.(삼상 31:1, 2, 4, 6; 31:1-6; 대상 10:1-6) 결국 사울왕은 죽고 그 아들 요나단도 죽자, 이스라엘의 왕으로 등극한다. 다윗의 시대가 온 것이다.

OLD TESTAMENT

단숨에 읽는 구약성경

〈목욕하는 밧세바〉, 한스멤링의 그림.

당시의 선지자는 나단이었다. 다윗이 훌륭한 임금이 될 수 있었던 것은 다윗의 신앙과 경건심을 붙들어주고 지원해 준 나단 선지자의 격려 덕분이었다.

그러므로 다윗은 중요한 일이 있을 때마다 나단과 의논하고 자문을 구했다. 다윗왕은 신앙도 좋았고 인간의 시련도 크게 경험하면서 그것을 이겨낸 사람이었다. 다윗은 영적으로나 인격적으로나 가히 다른 사람에게 본이 될 만한 사람이었다.

이스라엘은 큰 나라가 되었다. 그런데 어느 날 궁전의 옥상에 올라가 있을 때 목욕하는 여인을 보게 되었다. 너무 예쁜 나머지 마음을 빼앗겼는데, 그녀는 그의 사랑하는 부하의 아내였던 것이다. 그러나 안목의 정욕을 이기지 못한 그는 그만 그녀를 데려와서 잠자리를 같이 하고 말았다. 그 여인 밧세바가 아이를 가지게 된 것이다. 생각지도 않은 임신 때문에 죄가 탄로날까 두려웠던 다윗은 그의 사랑하는 부하 밧세바의 남편을 죽이게 된다.

이것을 안 나단 선지자는 다윗왕에게 회개할 것을 권고하였고, 그것은 목숨을 건 충고였다. 이에 다윗왕은 그 권고를 받아들이고,하나님께 회개하였다. 하지만 밧세바에게서 태어난 아기는 태어난 지 얼마 후에 죽고 말았다. 하나님이 기뻐하지 않으신 것이다. 하지만 하나님은 그의 회개를 들으시고 후일에 다시 아기를 주시는데 그 아이가 나중에 지혜의 왕으로 불린 솔로몬 왕이다.

또 다윗은 법궤를 옮겨놓고 나라가 크게 번영하자 성전을 건축할 것을 나단 선지자에게 제안하였다. 하나님을 사랑하는 마음이 컸던 것이다. 자신은 왕이랍시고 백향목궁에 거하는데, 하나님의 법궤는 텐트에 있는 것을 마음 아프게 생각하여 제안한 것이었다. 그러나 그날 밤 하나님은 나단 선지자를 통해 말씀하셨다.

> "너는 피를 심히 많이 흘린 사람이므로 너의 아들을 통해 성전을 건축하게 하겠다."(삼하 7장, 대상 22장)

나단 선지자가 성전을 건축하려는 다윗의 계획을 막았던 일은 밧세바 사건을 회개시킨 일보다 더 힘든 일이었다. 나단 선지자는 마음으로부터 다윗을 깊이 사랑하고 있었는데, 문제는 다윗이 나이가 들면서부터 일어났다. 다윗이 나이가 많아 노인이 되자 기력이 쇠하여진 것이다. 그러자 그의 아들 아도니야가 왕위를 노리게 된다.

■ 샤갈의 그림으로 다윗의 여러 가지 들을 종합적으로 그린 그 (Chagall, Marc , 1887.7.7 1985.3.28)

다윗왕의 또 다른 아내인 학깃에게서 난 네 번째 아들인 아도니야는 압살롬이 죽자 자신이 왕이 될 것이라 여기고 반란을 일으킨 것이다. 그런데 아도니야를 지지한 사람이 있었다. 다윗의 군대장관인 요압이었다. 요압은 제사장 아비아달과 공모하여 아도니야를 왕으로 삼고자 지지하는 세력과 함께 에느로겔 근처에서 반역을 꾀하였다. 그러나 솔로몬과 그를 지지하는 제사장 사독, 그리고 선지자 나단에 의해 그 반역은 실패로 끝난다. 다윗은 힘든 삶을 살았지만 그래도 하나님을 잘 섬기며 신앙심으로 죄를 잘 이겨 내었기에 후일 사람들은 그를 이스라엘의 가장 위대한 임금으로 존경하게 되었다.

다윗의 언약

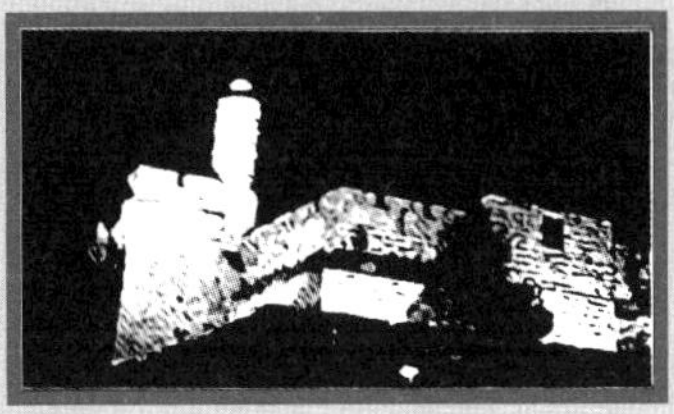

열왕기서를 읽을 때, 흐름을 잃어버리지 말아야 할 중요한 주제는 다윗의 후손이 하나님의 아들이 될 것(삼하 7:12-14)이라는 사실이다. 하나님은 다윗과 언약을 세우시겠다고 약속하셨다. 그것은 다윗의 왕위가 사울왕처럼 끊어지는 것이 아니라 영원하겠다는 약속을 주신 것이다.

다윗은 하나님의 집을 건축하고자 하는 선한 마음을 가졌지만, 하나님은 이것이 그에게나 하나님께 필요한 것이 아니라고 말씀하셨다. 오히려 하나님은 다윗에게 그의 씨(seed-후손, 12절)가 계속되어 메시아가 올 것이라는 약속으로 이어진다. 이 약속은 이미 에덴동산에서 "여자의 후손"으로 언약하신 것이다. 아브라함은 그 씨를 약속받았다. 그리고 이삭을 낳았다. 그런데 사람의 씨(seed of Man-아들)는 곧 하나님의 씨(Seed of God -내 아들, 14절)로 연결된다. 어떻게 이러한 일이 있을 수 있는가? 그 대답은 다윗의 씨가 부활 안에서 하나님의 아들로 인정되심으로 된다는 것이 신약에서 밝혀진다(롬 1:3-4).

이러한 메시야의 씨를 기다리는 사상은 이스라엘이 망하고 포로로 지내던 때와 나중에 로마가 이스라엘을 지배하던 때에 더욱 구체화된다. 왜냐하면 영원히 계속될 것이라는 다윗의 왕국이 무너졌기 때문이다. '그러면 하나님의 약속이 틀린 것인가?' 하는 의문이 일어나게 된다. 유대인들이 기다리던 메시아의 모습은 로마의 식민지에서 자신들을 해방시키시는 왕이었다. 즉 전성기 때, 다윗이 왕국을 일으키는 것과 같은 정치적인 왕이 될 줄 알았는데, 그렇게 되지 않았기 때문이다. 하지만 일부에서는 여전히 다윗왕과 같은 강한 왕이 와서 이스라엘을 강하게 만들어 주기를 고대하고 기다리는 사람들도 생겨났다. 밧세바와 동침하여 죄를 짖고 인구조사를 하여 하나님의 미움을 쌓던 일은 이미 다윗왕은 영원한 왕국의 궁극적 왕이 아님을 보여주는 것이라 할 수 있다. 하지만 신약성경이 시작되는 마태복음 1장1절에 보면 마태는 예수 그리스도를 '아브라함과 다윗의 자손'으로 소개하고 있다. 또한 신약성경의 마지막인 요한계시록 22장 16절에서는 예수 그리스도께서 친히 자신을 '다윗의 뿌리요 자손이니 곧 광명한 새벽별이라'고 하셨다. 그러므로 다윗왕국의 역사는 실패의 역사이면서 왕국과 성전을 기다리는 예비적 역사이다. 하지만 신약에 오시는 예수 그리스도는 완전한 지도자이므로 다윗왕국은 또한 실패를 보일 수 없다. 재림때까지 그의 백성들을 모으고 훈련하는 종말의 왕국인 것이다. 하지만 재림때까지는 예수의 왕국도 여전히 완성을 향해 나아가는 왕국이다.

단·숨·에·읽·는·구·약·성·경

성경에서 배우는 한자

■ EASY GUIDE JOURNET ON NEWTESTAMENT

아름다울 와(婐)

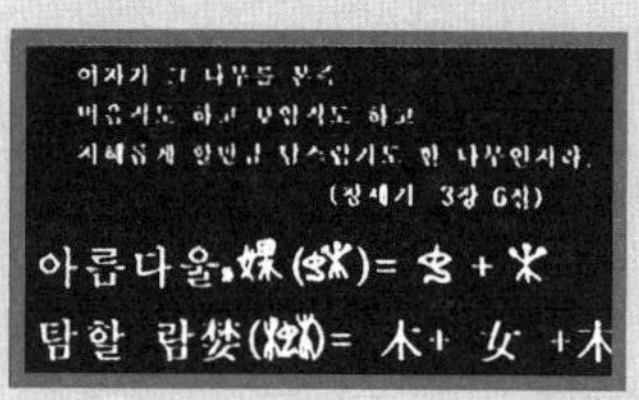

와자의 갑골문자를 보면, 여자가 나무 앞에 꿇어 앉아있는데, 나무에 아름다운 과일들이 열려있다. 먹음직도 하고, 보암직도 하고, 탐스럽기도 한 그 과일을 여자가 쳐다보면서 '아름답구나, 먹을까 말까?' 하는 모습을 그

려 놓았다.

탐할 람(婪)

람자(오른 쪽 그림)를 보시면, 두 나무 사이에 여자가 한쪽 나무를 쳐다보고, 선악과(善惡果)나무를 보고 여자가 탐내고 있는 모습을 그대로 그려놓았다. 그래서 여자가 실과를 따먹고 이 세상에는 불행이 시작되게 되었다. "여자가 그 실과를 따먹고 자기와 함께 한 남편에게도 주매." (창 3:6)

27

■■■ 열왕기상 3-10장

지혜의 왕 솔로몬

OLD TESTAMENT

■ 솔로몬이 지은 성전과 왕궁의 이미지 사진

아도니야의 반란 때문에 왕이 된 솔로몬은 다윗이 밧세바에게서 낳은 아들이다. 아도니야가 반란을 꾀하자, 다윗은 제사장 사독과 선지자 나단, 그리고 브나야를 불러 예루살렘 근처의 기혼 계곡에서 솔로몬을 왕으로 삼게 한다.

선지자 나단은 제사장 사독과 함께 솔로몬을 왕으로 기름붓는데 성공한다. 솔로몬이 왕으로 봉해졌다는 소식을 들은 아도니야는 겁에 질려 제단의 뿔을 잡고 살려달라고 애원한다(1:50).

솔로몬은 다시는 반란을 일으키지 않겠다는 다짐을 받고 아도니야를 살려준다. 이로써 솔로몬은 자기의 정치적인 아도니야를 물리치고 왕위를 잇게 된다.

다윗왕은 솔로몬에게 마지막 유언을 남긴다(왕상 2:1-9). "아들아 네가 하나님의 계명을 지켜 행실을 바르게 하면 무엇이든지 형통할 것이니 절대로 하나님을 배반하지 말고 백성들을 잘 다스려라."(2:3).

■ 솔로몬의 판결을 그린 다비치의 프레스코화

솔로몬은 유언을 받아들여 최선을 다하여 정치를 한다. 물론 그에게 모반을 하였던 나쁜 사람들과 그 계획들을 모두 정리하기 위해 피를 흘려야 했지만 그것은 어쩔 수 없는 일이었다.

어쨌든 솔로몬은 정권을 장악하였다. 그리고 이집트왕 파라오의 딸을 데려다가 아내로 삼는다(왕상 3:1). 당시 이집트 왕은 국력이 쇠약한 때인 21왕조(1070-945 B.C.E.)의 한 왕으로 여겨진다. 솔로몬은 이웃나라와 화친을 위해 외국의 왕들의 딸들과 결혼하는 화친정책을 시작하는 셈이었다.

그가 왕이 되자 우선 심혈을 기울인 것은 아버지 다윗왕이 못하였던 하나님의 성전을 짓는 일이었다. 이를 위해 솔로몬이 기브온 산당에서 일천번의 번제를 드리자, 여호와께서 꿈에 현몽하여 솔로몬에게 소원을 묻는다(왕상 3:3-5).

솔로몬은 욕심을 부리지 않고 겸손하게 백성을 잘 재판할 수 있는 지혜만을 구하였다. 하지만 하나님은 그에게 지혜뿐만 아니라 부와 영광까지 주신다고 약속하셨다(3:6-13).

솔로몬의 판결

솔로몬의 지혜로운 판결은 널리 알려진 이야기이다. 두 창기가 있었다. 그 둘은 동시에 아들을 낳았는데 한 창기가 잠을 자다가 자기 아이를 깔아 뭉게 죽이고 다른 창기의 아이를 훔친 사건이 발생한 것이다.

자고 일어나 자기 아이가 다른 창기에게 있는 사실을 알고 아이의 엄마가 왕에게 가서 판결을 요구하게 되었다. 서로 자기 아이라고 우기자 왕은 칼을 가져오라 하여 아이를 두 동강내어 반반씩 나누어 가지라고 명하였다. 아이의 진짜 엄마가 자기 아이를 살리려고 다른 여인에게 내어주자 왕은 양보한 여인이 아이의 진짜 엄마라고 판단한다(3:16-28).

이로써 솔로몬의 명성은 널리 알려지게 되고 심지어는 시바의 여왕이 그의 지혜를 직접 시험하기 위해 이스라엘로 온 사건까지 전해진다(왕상 10:1-13).

이제 솔로몬은 이스라엘을 가장 번성한 나라로 만드는 데에 최선을 다하게 된다. 하지만 그 역시 아버지 다윗처럼 끝까지 아름다운 모습을 보이지는 못한다. 그 이유는 솔로몬이 비록 다윗의 후손이기는 하지만 그가 결코 메시아는 아니었기 때문이다.

그러므로 오실 메시아는 인간이시기는 하지만 결코 실수가 있거나 부족한 모습을 보이지 않는 어린 양과 같은 순수한 사람이어야 했다. 때문에 솔로몬이 성전을 짓는 엄청난 일을 했음에도 불구하고 그는 실패한 왕으로 역사에 남게 된다.

단·숨·에·읽·는·구·약·성·서

생각하는 페이지

■ EASY GUIDE JOURNET ON NEWTESTAMENT

이스라엘의 산당

산당의 형태가 남은 곳에 있는 돌 기둥들

산당은 높은 곳(high places)으로 번역되는 히브리어(바모트)에서 유래한다. 대개 우상숭배와 연관되어 있다. 그러나 그 단어는 단순히 높은 곳, 언덕, 산(삼하 1:19, 25[삼상 31:8 비교]; 암 4:13; 미 1:3), "바다의 높은 파도"(문자적 의미는 '바다의 높은 곳')(욥 9:8), 높은 곳들, "구름의 높은 곳"(사 14:14)을 가리킬 수도 있다.

'땅의 높은 곳을 타다' 또는 '높은 곳을 밟다' 라는 표현은 어떤 나라를 정복하여 승리하는 것을 의미하는 말로 이해해야 할 것이다. 거짓 숭배의 중심지 산당, 즉 우상 숭배가 행해지는 장소나 신당은 언덕이나 산에만 있은 것이 아니라 골짜기나 하천 바닥, 도시, 나무 아래에도 있었다. 여러 산당에서 남녀 매춘부들이 봉사하였다.(왕상 14:23, 24; 호 4:13, 14) 흔히 산당은 의례적인 매춘 행위와 자녀 희생을 포함하여 방탕한 의식이 벌어지는 곳이었다.(사 57:5; 렘 7:31; 19:5). 또한 산당에는 제사장들이 직무를 행하고 신들의 형상을 두는 집 즉 신성한 곳이 있었다.(왕상 12:31; 13:32; 왕하 17:29, 32; 23:19, 20; 사 16:12) 산당이 모두 정죄된 것은 아니다 여호와의 법에 따르면 희생을 바치는 일은 그분이 지정하신 곳에서만 해야 하였다. 여호수아 시대에 이스라엘 사람들은 정식 인가를 받지 않고 번제 제단을 쌓는 것이 사실상 여호와에 대한 반역임을 인정하였다.

단 · 숨 · 에 · 읽 · 는 · 구 · 약 · 성 · 경

성경에서 배우는 한자

■ EASY GUIDE JOURNET ON NEWTESTAMENT

중국의 역사를 다시 보면, 고대 전설(傳說)시대의 다섯 왕 황제, 전욱, 제곡, 요(堯), 순(舜) 임금인데, 실제적으로 중원대륙에서 왕으로 군림한 사람은 순(舜)임금이었다. 순(舜)임금은 중국역사에서 B.C. 2230년으로 기록되어 있고, 공자(孔子)의 서경(書經)에 보면 순(舜)임금 시대 때 이미 샹따이(上帝) 하나님께 제사 지냈다고 기록되어 있다. 바벨탑 사건이 B.C. 2250년경에 있었던 것으로 보는데, 순임금이 통치하던 시기는 바벨탑 사건이후 불과 20년 밖에 지나지 않은 때였다. 그러니 얼마나 생생하게 바벨탑 사건을 기록했겠는가? 그러다 어느 정도 왕권이 갖추어진 것이 하(夏)나라이고, 더욱더 문명(文明)이 발달된 것이 은(殷)나라, 즉 상(商)나라 때 이다. 이 시대에 갑골에 새긴 글씨가 바로 갑골문자(甲骨文字)인데, 현재 남아있는 가장 오래된 한자(漢字)이다. 이 때는 순(舜)임금 시대에 비해 500여년이 지난 시대이다. 한자(漢字)를 최초로 만든 사람은 창힐이라는 사람인데, 어느 날 비가 오고 난 뒤에 까마귀가 축축한 땅위를 걸어다니면서 발자국을 남기는 것을 보고 힌트를 얻어 만들었다. 그리고 창힐은 동방족, 즉 동이족(東夷族)이었다. 동이족(東夷族)은 중국사람들이 한국(韓國)사람을 부를 때 쓰는 말이다. 한자(漢字)의 최초 저작자는 사실은 한국(韓國)사람인 것이다. 그래서 국문학자들은 한자(漢字)를 한자(韓字)라고 쓴다. 한의학(漢醫學)을 한의학(韓醫學)이라고 하듯이.

28

■ ■ ■ 열왕기상 5-12장

하나님의 집을 지은 솔로몬

솔로몬의 나라는 강성해져서 유프라테스 유역에서부터 이집트에 이르는 영토를 지배했다. 주변 국가들은 이스라엘에게 조공을 바치는 나라로 전락했다(왕상 4:21). 솔로몬은 다윗과 달리 영토를 확장하는 전쟁을 수행하지도 않았고 주변국 역시 이스라엘의 속국이라기보다는 거의 대등한 관계에서 서로의 이익을 추구하고 있었다고 보는 것이 타당하다.

OLD TESTAMENT

당시 솔로몬의 하루 식사에 소요되는 음식이 밀가루 삼십석, 살찐 소 열마리, 그리고 수사슴과 암사슴 등을 비롯한 노루와 각종 새들로 가득 찼다니 그의 사치가 극에 달했음을 알 수 있다(4:21-25). 솔로몬의 기마병이 12,000이요 외양간만 해도 40,000개나 있었다고 하니 군사력 역시 가히 제국에 버금가는 규모였

다(4:26-28).

다행히 당시는 팔레스타인을 위협하는 외부침략이 없었다. 그 결과 솔로몬은 그야말로 태평성대를 누릴 수 있었다(5:4). 이것은 솔로몬이 다윗이 남긴 부로 영화를 누린 것임을 알 수 있다. 솔로몬은 성전건축과 더불어 왕궁을 짓기 위해 13년을 보내었다(왕상 7:1). 왕궁은 두로의 히람이 맡아 건축하였는데, 그 안에 아내로 맞은 파라오의 딸이 거할 거처를 마련하였다(7:1-51).

성전을 건축한 솔로몬은 다윗성의 장막에 안치되어 있는 법궤를 예루살렘 성전으로 옮긴다. 성전을 봉헌한 솔로몬은 이스라엘을 위한 축복기도를 하였다(왕상 8:12-61). 희생제물을 바친 솔로몬에게 하나님은 "내가 다윗에게 약속한 언약을 세워 나가겠노라."라고 확인해 주신다(8:62-9:9). 솔로몬은 20년 만에 예루살렘 성전과 왕궁 건축을 끝내고 두로의 히람에게 건축해준 댓가로 갈릴리 땅 성읍 20개를 주었다.

솔로몬의 타락

■ 클로드 비농의 그림(솔로몬과 시바의 여왕) 1624년경 작품

솔로몬의 명성을 듣고 시바의 여왕이 그를 시험하기 위해 이스라엘로 오면서 많은 금은보화를 가지고 온다(왕상 10:1-13). 솔로몬은 다윗과는 달리 건축사업에 충당하기 위해 외국인뿐만 아니라 내국인에게도 힘겨운 세금을 부과했으며 노역을 강요했다(10:14). 부역은 성전과 왕궁뿐만 아니라 하솔, 므깃도, 게셀 등지의 요새를 증축하는데도 활용되었다(9:15).

외국으로부터 금을 수입하여 왕궁을 화려하게 장식했으며, 상

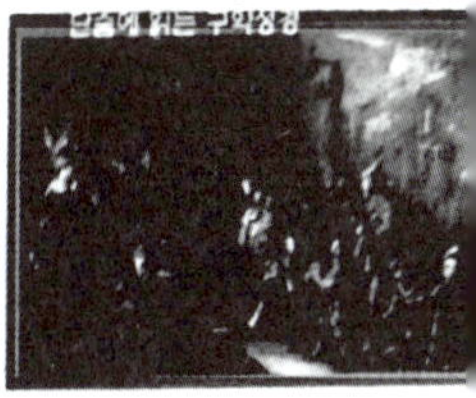

아로 된 보좌를 만들고 은을 마치 돌처럼 사용했다. 그런 중에도 솔로몬의 대외무역은 활발히 진행되었다.

이집트에서 말을 수입하여 히타이트(헷)와 아람 사람에게 팔았으며, 그 과정에서 많은 이방 여인과 결혼함으로써 여호와만 섬기는 신앙의 혼탁을 초래하기도 했다(10:26-11:1).

외국에서 온 솔로몬의 아내들은 자기들의 신을 섬겼는데, 시돈의 여신 아스다롯, 암몬의 밀곰과 몰록, 모압의 그모스 신(神)들이 합법적으로 솔로몬의 왕궁에 들어오는 계기가 되었다(11:2-8).

솔로몬이 나이 들어 실정(失政)을 계속하고 이방 여인들의 종교적 혼탁이 하나님의 진노를 일으켰다. 급기야 솔로몬은 원망과 타도의 대상이 되었다. 솔로몬에 항거한 사람 중에 르손은 다메섹의 왕이 되어 이스라엘을 위협하기도 했다(11:23-25). 결정적인 반란은 여로보암에 의해 주도 되었다.

솔로몬 휘하에서 건축사업의 감독을 맡았던 여로보암은 실로의 선지자 아히야에게 북쪽 10지파의 왕으로 기름부음을 받아 반역을 꾀했다(11:26-39). 이 사실을 전해들은 솔로몬이 여로보암을 죽이려하자 그는 이집트로 피신하여 솔로몬이 죽은 다음에 다시 이스라엘로 귀환하여 북쪽의 왕이 된다.

이로써 솔로몬 시대(966-927 B.C)는 끝나고, 이스라엘은 베냐민 지파와 유다 지파가 연합하는 유다왕국과 북쪽의 10지파로 구성된 이스라엘 왕국으로 분할되어 200년 동안 대치하는 불행한 나라가 된다.

생각하는 페이지

솔로몬의 성전건축

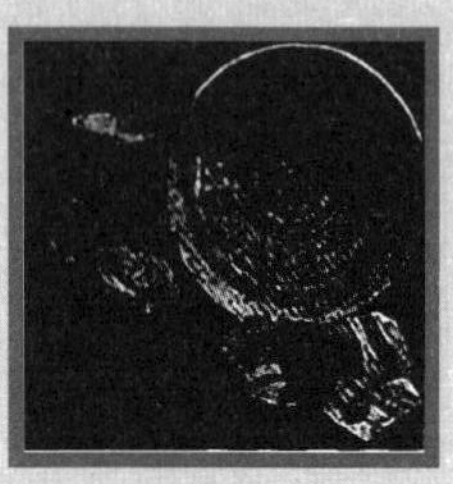

도기: B.C. 10

솔로몬이 왕이 되었다는 소식을 들은 두로(페니키아)의 왕 히람은 그에게 부하를 보내어 문안한다. 솔로몬은 히람에게 성전을 지을 백향목을 수입하기로 하고 그와 계약을 체결한다(5:1-12). 이로 인해 백성들은 노역에 종사하게 되었으며 레바논에까지 원정하여 그곳에서 한 달씩 체류하면서 나무를 옮기는 일을 하였다(5:13-14). 히람의 건축기술자들이 예루살렘에 파견되어 성전건축을 담당함으로써 가나안의 바알종교가 예루살렘에 유입되는 통로를 열기도 했다(5:18). 예루살렘의 성전은 성전뜰과 성소, 그리고 지성소로 이루어져 있다. 이와 거의 유사한 건축물이 갈릴리 지방에 있는 가나안의 하솔 지역에 설립된 사실이 최근에 발견되었으며, 그것은 예루살렘의 성전 건축 양식과 거의 정확하게 일치한다. 성전 마당에는 제의에 사용되는 물(聖水)을 저장하는 물탱크(바다)가 있었는데 12마리의 황소가 그것을 떠받치고 있었다(왕상 7:23-25). 바알의 상징인 송아지상(像)이 솔로몬의 성전에 있는 것은 여로보암이 송아지상을 만들고 야훼라고 소개하는 것과 유사하다(왕상 12:25-33).

(출처: 강남대학교)

단·숨·에·읽·는·구·약·성·경

성경에서 배우는 한자

■ EASY GUIDE JOURNET ON NEWTESTAMENT

찾을 색(索)

색자의 갑골문자는 나무(木)에 입(口) 달린 것, 즉 하나님이 나무를 두고 하신 말씀, 제한해 놓은 금단의 나무(朿)에, 밑에서 위로 올라간 손, 인간의 손, 즉 이브의 손이 이것을 따먹을까 저것을 따먹을까 찾는 손을 표현한다.

슬플 초(楚)

초자는 두 나무(木 木) 사이에 앉은 여자가 한쪽 나무에 손을 내밀어, 과일을 따려는 그 순간을 그려놓고 슬플 초(楚)자라고 했다. 인간이 금단의 열매에 손대는 순간에 인간의 비극이, 슬픔이, 사망이 오게된 것이다. 얼마나 슬픈 사건인가? 그 후손들이 그 소리를 얼마나 들었을까? 아담과 이브가 끝없이 이야기했을 것이다.

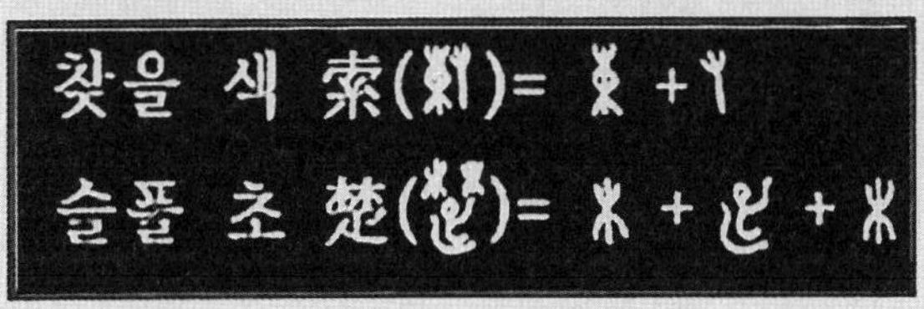

29

■ ■ ■ 열왕기상 17-19장

엘리야와 바알의 예언자들

여로보암은 북 이스라엘의 첫 왕이 되었다. 여로보암 이후로 이스라엘에는 하나님을 따라 충성하는 왕이 한 명도 없었다. 아합왕 역시 일곱 번째로 북 이스라엘의 왕이 되었는데 악하기는 매한가지였다. 엘리야가 선지자로 활동했던 시대는 북 이스라엘이 영적으로 무섭게 타락한 시대였다.

여로보암이 세운 금송아지 우상

시돈왕 엣바알의 딸 이세벨이 아합과 결혼하여 바알과 아세라의 우상종교를 끌어들여 하나님을 대적하는 시대였다. 왕실에서부터 우상종교를 장려하고 우상숭배를 강요하므로 온 나라가 영적으로 패역한 때였다.

이세벨의 상에서 먹는 바알과 아세라 선지자가 850명이나 있을 정도였으니 말이다. 궁궐에 머무르는 우상종교의 선지자가 이렇게 많았다면 모든 예식이나 의식, 궐내 행사에 까지 이들의 활동이 미치지 않는 곳이 없었을 것이다. 정치와 내정까지도 이들에 의해 좌지우지되었다. 이러한 시대적인 분위기에 대항하고 이들을 바로잡는다는 것은 사람의 생각으로는 불가능했을 것이다.

그러나 엘리야는 이 일을 맡아 북조 이스라엘을 구해내는데 결정적인 사명을 감당한 하나님의 종이었다. 엘리야는 종교적으로 그렇게 삼엄한 분위기를 무릅쓰고 아합과 이세벨 앞에 두 차례나 나아가 대면하여 하나님의 뜻을 밝히고 그들의 죄를 지적하였다.

이는 엘리야의 개인적인 용기가 아니라 하나님이 그를 사용하신 영적 담력이었다. 우상을 섬기며 악한 길로 가는 아합왕에게 엘리야는 말했다. "내 말이 없으면 수년 동안 이슬과 비가 없을 것이요."라고 선언하였다.

OLD TESTAMENT

■ 〈엘리야〉, 이경조 그림

하나님의 말씀을 전한 엘리야가 그릿 시냇가에 숨었다. 그러자 까마귀들이 떡과 고기를 날라 주었다(왕상 17:2-7). 그 음식을 먹고 엘리야는 사르밧으로 향하게 된다. 그곳에 한 과부가 살고 있었는데 가뭄으로 인해 대책없이 죽을 날만을 기다리고 있었다. 이제 마지막 남은 밀가루와 기름으로 빵을 만들어 아들과 함께 먹고 죽을 판이었다. 이 때 엘리야가 나타나 "내가 몹시 배가 고프니, 빵을 만들어 나를 주시오." 어디 될 법이나 하는 일인가? 마지막 먹거리를 달라니. 그러나 엘리야의 근엄한 요구에 그가 비상한 인물임을 깨닫고 그의 말대로 한다.

엘리야의 말대로 했더니 그 과부의 집에는 밀가루와 기름이 떨어지지 않았다(왕상 17:8-16). 그리고 3년이 지났다. 엘리야는 아합왕에게 나타나 말했다.

"보시오, 당신이 섬기는 바알과 이스라엘의 하나님 중에 누가 참 신인지. 대결합시다."

그때 엘리야가 백성들에게 말하였다.

"당신들은 언제까지 마음을 정하지 못하고 망설이고 있을 작정이오? 만일 여호와가 하나님이면 여호와를 섬기고, 만일 바알이 하나님이면 바알을 섬기시오."

그러나 백성들은 한 마디도 대답하지 않았다. 드디어 바알의 선지자들과 백성들을 산에 모으게 하고 바알과 하나님 사이에 참신을 분별하게 하였다. 두 제물을 끌어오게 하고 그 중에 하나를 택하여 장작 위에 올려놓고 불이 붙게 하는 신이 참신이라고 백성 앞에 공포하고 그들과 영적 전쟁을 벌인 것이다.

바알의 선지자들이 먼저 아침부터 낮까지 바알을 불러 불이 내리기를 간절히 기도했으나 그들은 실패했다. 다급해진 그들은 자해행위를 통해 몸에서 피를 보이면서까지 간절히 부르짖었으나 응답이 없었다. 그럴 수밖에 그들의 신은 거짓이요, 사람의 생각을 따라 만든 신이었기 때문이다. 하지만 하나님은 참신이시기에 그들과는 달랐다. 그들은 결국 실패하고 말았다. 그 뒤에 엘리야가 이스라엘의 열두지파를 대신하여 열두 돌로 제단을 쌓았다. 이는 북조 이스라엘에서 진행되는 사건이었으나 엘리야의 마음에는 남북조를 포함하여 온 이스라엘을 대표하는 회개의 제단을 삼기 위해서 그렇게 한 것이다. 그 주위에 도랑을 파고 놀

위에 나무를 놓고 그 위에 각을 뜬 제물을 올려놓았다.

불로 응답받아야 하는 제단인데 제물과 나무 위에 12통의 물을 부어서 도랑까지 물이 가득하게 되었다(왕상 18:23~35). 이는 살아계신 하나님을 왕과 이세벨과 백성에게 분명하게 보여 주려는 엘리야의 강한 신앙의 표현이었다. 또한 엘리야의 하나님을 믿고 의지하는 신앙의 고백이었다. 아합왕이나 백성들은 이러한 엘리야의 담대한 신앙에 압도되었다. 이러한 엘리야의 간절한 신앙은 벌써 하나님 응답을 받은 것이나 다름이 없었다. 이때에 엘리야가 기도했다.

"주께서 하나님이 되심을 보여주십시오. 내가 주의 종이 됨을 나타내 주십시오. 내가 주의 말씀대로 이 일을 행함을 알게 해 주십시오."

세 가지의 기도였다. 이 기도에 하나님이 불로 응답하셨다(왕상 18:36~38). 결국 거짓 선지자들의 부정이 탄로 나자 엘리야는 외쳤다.

"바알 선지자를 한 명도 남김없이 잡아 죽여라."

백성들은 그들을 그릿 시냇가로 데려가서 한 명도 남기지 않고 다 죽여 버렸다. 바알의 예언자들이 살육을 당한 후에 이세벨이 "나도 너를 죽이겠다. 내가 너를 죽이지 못한다면, 신들에게서 천벌을 받겠다."고 장담을 하자, 엘리야는 그만 죽음이 두려워서 급히 도망을 간다. 광야로 도망쳐 버렸다. 그는 로뎀나무 아래 지친 듯이 쓰러져서 하나님에게 이렇게 외쳤다.

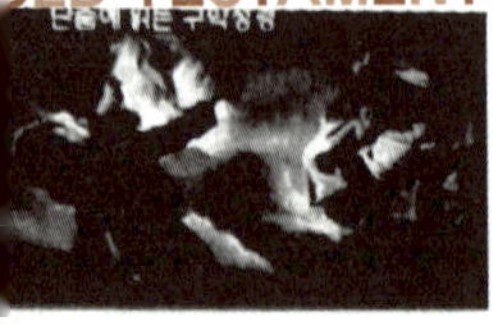

(승천하는 엘리야와 이를 지켜 보는 엘리사), 중세때의 그림.

> "여호와여, 넉넉하오니 지금 내 생명을 취하옵소서. 나는 내 조상들보다 낫지 못한 것 같습니다."(19:4).

그토록 용감하던 엘리야가 왜 이처럼 유약하게 변해 버렸을까? 하지만 이러한 엘리야를 불쌍히 여기시고 하나님은 천사를 보내어 떡과 물을 주셔서 기운을 회복하게 해주셨다.

그 후 엘리야는 육신의 죽음을 거치지 않고 승천 하라고 하신 하나님의 뜻을 따라 승천을 준비한다. 그런데 그 사실을 안 엘리사가 엘리야를 따라다니며 스승을 졸랐다. 그러자 엘리사를 향하여 엘리야 선지자가 말했다.

"엘리사야 네가 나에게 무엇을 원하느냐?" 그러자 엘리사가 대답했다. "선생님, 선생님께 함께 하시는 성령의 능력이 저에게도 있기를 원합니다." 그러자 엘리야가 대답한다. "만일 오늘 하나님께서 나를 데려 하늘로 올리우시는 것을 네가 보면 너의 원하는 그것이 이루어 질 것이다."

그 말을 하는 순간에 하늘에서 불말과 불병거가 내려와서 회오리 바람으로 엘리야를 태우고 올라가 버렸다. 그 모습을 본 엘리사는 큰 소리로 외쳤다.

> "아버지! 아버지! 이스라엘의 전차 같았고, 이스라엘의 기마병 같았던 위대한 분이시여."

그 일 후에 엘리사는 엘리야를 대신하는 선지자로서 명성을 얻었다.

남북의 분열

솔로몬의 사후, 이스라엘은 남북으로 나뉘어 진다. 결국 영원하리라던 다윗의 왕국이 1세기를 넘기지 못하고 무너진 것이다. 이것은 다윗의 왕위가 영원하리라던 하나님의 예언과 정면으로 대치된다. 이러한 이유로 해서 하나님이 말씀 하시는 다윗의 영원한 왕위는 이 세상에 속한 왕위가 아니라는 사실이 드러나게 된다. 아무튼 분열된 다윗과 솔로몬의 왕국은 이집트에서 돌아온 여로보암 때문에 시작된다. 그는 이스라엘 지파와 함께 르호보암에게 와서 백성들을 위한 정치를 해줄 것을 요구한다. 이스라엘의 왕으로 추대받기 위해 세겜으로 간 르호보암은 그들의 단호한 요구에 직면하게 된다. 솔로몬이 살아 생전에 세금을 무겁게 부과했으며 건축사업으로 힘든 부역을 강요했으니 이제 다시는 그런 행위를 하지 말아 달라는 것이다. 여로보암의 도전에 직면한 르호보암은 즉각적인 대답을 피하고 삼일 후에 다시 오라고 한다(왕상 12:1-5). 르호보암이 솔로몬을 섬겼던 나이 많은 대신들과 상의할 때 그들은 북쪽사람들의 간청을 듣고 그대로 행하면 복을 받고 나라가 영원하리라고 조언한다. 그러나 르호보암은 구세대의 조언을 듣지 않는다. 솔로몬이 죽자 그동안 느슨하게 통일왕국을 이루고 있었던 남과 북이

다시 분할되었다. 이스라엘의 초대왕인 여로보암(1세: 927- 906 B.C.E)은 세겜과 브누엘을 재건축하고 북왕국을 굳건하게 하는 일련의 조치를 취한다. 일차적인 조치로 벧엘과 단에 산당을 세우고 그곳에 금송아지를 안치한다(12:25-33). 백성들이 예루살렘 성전으로 내려가는 것을 막기 위해서였다. 여로보암은 자기가 세운 금송아지를 가리켜 '이스라엘을 이집트에서 이끌어낸 하나님'이라고 말한다(12:28). 성경의 기자들은 여로보암이 만든 송아지를 우상으로 여긴다. 여로보암은 우상숭배자로 간주하며 이스라엘 왕들이 타락할 때 마다 "여로보암의 길을 걸었다"고 비판한다(왕상16:26).

단·숨·에·읽·는·구·약·성·경

성경에서 배우는 한자

■ EASY GUIDE JOURNET ON NEWTESTAMENT

비로소 시(始)

시자는 과일이 여자의 목구멍에 넘어가는 그 순간 비로소 이 세상에 비극과, 슬픔과, 죄악이 시작되었다는 것이다.

망령될 망(妄)

망자는 "여자 때문에 망했네."라는 뜻이다.

30

■ ■ ■ 열왕기상 21 - 22장

악한 왕 아합

이세벨을 왕비로 삼고 바알을 위한 산당을 세우며 군사적으로도 막강한 힘을 발휘했던 아합이 욕심 때문에 근심거리가 생겼다. 나봇이라는 사람의 포도원이 아합의 궁전 바로 옆에 있었는데 무척이나 아름다웠던 모양이었다.

아합은 나봇의 포도원을 자신의 나물 밭으로 만들기 위해 그에게 제안을 한다. 포도원을 넘긴 대신에 다른 곳에 더 좋은 포도원을 주든지, 그것이 마음에 안들면 돈으로 그 값을 쳐준다는 것이었다(왕상 21:1-2).

그러자 나봇이 말한다.

"임금님, 이 포도원은 하나님의 선물이요 조상들이 물려준 땅입니다. 그러니...."

나봇이 순순히 내놓지 않자 아합은 식음을 전폐하고 앓아눕는다. 전쟁의 용사인 아합왕이 남의 포도원을 갖지 못해 생병이 난 것이다. 누워있는 왕을 본 이세벨 왕비는

"아니 임금님 고민할 것을 고민하셔야죠, 그것 하나 해결하지 못하십니까?"라고 하면서 "두고 보십시오. 제가 그 포도원을 왕께 드리겠습니다."라고 했다.

왕비 이세벨은 못된 짓을 골라하는 불량배 두 명을 데려다가 나봇을 모함하고 사람들 앞에서 돌로 쳐 죽이도록 획책한다. 결국 자기의 목적을 달성했다(21:5-16).

아합에게 경고하는 엘리야 선지자

아합은 이세벨의 간교로 나봇의 포도원을 빼앗는데 성공하지만 그 결과는 하나님의 심판으로 이어졌다. 엘리야는 아합에게 달려가 그가 이세벨과 함께 나봇처럼 죽게 될 것이라고 예언했는데 정말 그대로 되었다(21:17-26).

아합이 죽게 되는 결정적인 사건이 일어났는데, 잠시 소강상태에 있었던 아람군대가 다시 쳐들어 온 것이다(왕상 22장). 아합은 당시 사이가 좋았던 유다의 여호사밧 왕(877-853 B.C.E.)에게 기별하여 함께 아람을 물리치자고 제안했다. 여호사밧이 이스라엘로 올라와 전쟁하기 전에 하나님의 뜻을 묻고자 하기에 아합은 선지자 400명을 불러 신점(神占)을 행하도록 명하였다.

다윗시대까지는 제사장에 의해 행해지는 제비신점이 있었으나 그 이후에는 예언자들도 신점을 행하였다. 신점(divination)을 해본 결과, 아람과 싸워도 좋다는 것이었다. 승리할 것이라는 결과가 나온 것이다. 여호사밧은 그래도 염려되어 "그 밖에 용한

선지자가 이스라엘에 없느냐?"고 묻자, 아합은 그제서야 미가야라고 하는 선지자가 있다고 말한다. 미가야는 아합에게 눈에 가시였던 존재였다. 길조(吉兆)를 전하는 것이 아니라 언제나 흉조(凶兆)만 말하는 미가야를 아합이 좋아할 리가 없었다(22:8). 여호사밧의 간청에 미가야를 부르게 되고 미가야는 다른 선지자처럼 "걱정하지 마소서 전쟁에서 이길 것이외다"라고 흔쾌이 대답한다. 이상하게 생각했을 것이다. 늘 흉조만 전한 미가야가 전쟁에서의 승리를 예언하니 말이다. 아합은 오히려 불안해서 재차 묻는다. 그러지 말고 참된 예언을 해달라는 것이었다. 그제서야 미가야는 야훼의 신탁(oracle)을 전한다. 아합이 길르앗 라못에서 전사할 것이라는 뜻밖의 예언을 전한다(22:20).

여지없이 또 한번의 흉조를 전해들은 아합은 미가야를 옥에 가두라고 한 뒤에 출전하지만 결과는 참패였다. 아합은 죽고, 엘리야가 예언한 대로 개들이 그의 시체를 핥았다고 전해진다. 그곳은 개들이 포도원을 빼앗겨 억울하게 죽었던 나봇의 시체를 핥은 곳이었다(22:38).

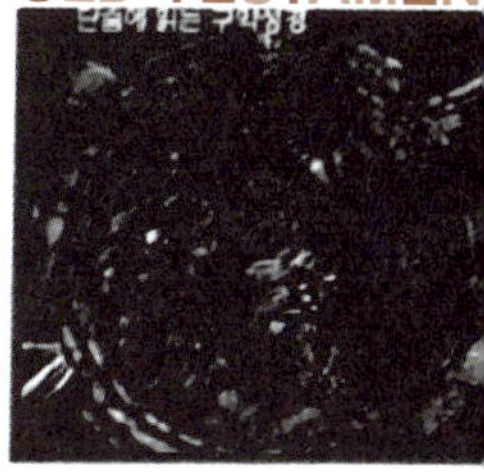

■ (아합왕의 살해), 미켈란젤로의 조각

생각하는 페이지

엘리야와 엘리사

최초의 대예언자 엘리야 : 엘리야가 자기 이름이 기록된 두루마리를 손에 들고 있는 이 그림은 지오반니가 1423년 경에 그린 작품이다. 시에나국립미술관 소장

야훼 신앙이 심각한 위기에 처하면서 엘리야 선지자가 등장한다. 길르앗 사람 엘리야는 아합 왕에게 3년 동안의 가뭄을 선포한다(왕상 17:1). 엘리야가 행한 첫 번 째 신탁(oracle)이 가뭄 선포였다는 것은 특별한 의미를 지닌다. 바알신의 유입을 합법적으로 승인하고 있는 아합에게 엘리야는 야훼 하나님이 바알보다 우세하다는 사실을 입증해 보여야 했다. 그 수단으로 가뭄을 선포한 것이다. 엘리야는 성정이 사람과 같았지만 가장 큰 능력을 행하였던 선지자다. 그리고 죽지 않고 승천한 성경 속의 세 사람 속에 들어간다. 후일 유대인들은 예수께서 위대한 능력을 보였을 때 엘리야보다 위대하다고 이야기했다. 그리스도란 '기름부음 받은 자'란 뜻인데, 기름을 머리에 붓는 행위는 안수로써 '구별하여 뽑아서 따로 세우다'는 의미를 갖는다. 따라서 그리스도는 '특별히 뽑힌 자'가 되는 것입니다. 구약에 보면, 이스라엘 민족은 왕과 제사장과 예언자를 뽑을 경우 선지자가 그들의 머리 위에 올리브유를 부어 임직했다. 예를 들면, 사울과 다윗과 솔로몬은 머리에 기름부음을 받고 왕이 되었고(삼상 10:1; 16:12; 왕상 1:45), 사독은 기름부음을 받고 제사장이 되었으며(대상 29:22) 또 엘리사도 기름부음을 받고 선지자가 되었다(왕상 19:16). 그리고 '그

리스도'는 이 세 가지 곧 왕과 제사장과 예언자의 직책을 모두 수행하는 특별한 사람을 말한다. 후일 메시아에 대한 정의(定意)가 생기는데 누가 그리스도인가를 판단하는 기준은 첫째로 모세와 엘리야와 같은 예언자의 능력을 갖춘 자로서 다윗의 혈통을 이어받은 자가 그리스도 곧 진정한 의미의 왕이 될 수 있고, 또 그 왕이 대제사장직을 겸직하게 될 것으로 보았다. 그리스도가 되는 조건은 첫째, 모세와 같은 선지자(네 하나님 여호와께서 너의 중 네 형제 중에서 나와 같은 선지자 하나를 너를 위하여 일으키시리니 너희는 그를 들을지니라. 신 18:15), 둘째, 엘리야와 같은 선지자(보라, 여호와의 크고 두려운 날이 이르기 전에 내가 선지자 엘리야를 너희에게 보내리니. 말 4:5), 셋째, 다윗과 같은 왕(이새의 줄기에서 한 싹이 나며 그 뿌리에서 한 가지가 나서 결실할 것이요.(사 11:1-10, 미 5:2, 대하 21:7), 그리고 넷째, 멜기세덱의 반차를 따른 제사장(여호와는 맹세하고 변치 아니하시리라. 이르시기를 너는 멜기세덱의 반차를 좇아 영원한 제사장이라 하셨도다(시 110:1-7)이었다. 모세와 엘리야와 같은 선지자의 조건은 첫째도 둘째도 "하늘로써 오는 표적"(마 16:1, 막 8:11, 눅 11:16)이었다. 예수님께서 모세가 하늘로써 만나를 내려 40년간 광야에서 이스라엘 백성을 먹게 했던 것처럼, 또 엘리야가 사르밧 과부의 집에 "통의 가루가 다하지 아니하고 병의 기름이 없어지지 아니한"(왕상 17:16) 것과 동일한 표적, 곧 예수님께서 보리빵 다섯 개와 생선 두 마리를 가지고 광야에서 오천 명이상을 먹었을 때, "그 사람들이 예수의 행하신 이 표적을 보고 말하되, '이는 참으로 세상에 오실 그 선지자라'(요 6:14)는 반응을 보였고, 지체 없이 예수님을 "억지로 잡아 임금 삼으려"(요 6:15)고까지 하였다. 그래서 마가와 요한은 예수님의 표적들을 복음서 전반부에 소개함으로써 예수님이 그리스도이었음을 증명하였다. 반면에 마태는 족보를 통하여 단도직입적으로 예수님을 유대인의 왕 곧 그리스도로 소개하였던 것이다.

벌거숭이 라(裸)

라자를 보면, 옷 의(衣) 자와 과실 과(果) 자가 합쳐져 있다. 성경을 떠나서 생각한다면 과일하고 옷하고 아무 상관이 없다. 허신과 공자는 도저히 그 의미를 풀 수 없었다. 창세기 기록을 보면 즉시 알 수 있다. 아담과 이브가 벌거벗고 살아도 부끄러운 줄을 몰랐는데, 선악과 과일을 따먹고 죄악이 들어감으로써, 부끄러워하게 되었다. "과일을 쳐다보니 옷 생각이 나네!"

처음 초(初)

초자를 보면, 옷 의(衣)와 칼 도(刀)이다. 짐승을 하나님의 번개 칼로 재단하셔서 가죽옷을 최초로 지어 입히신 모습을 그대로 그려놓은 것이다. "여호와 하나님이 아담과 그 아내를 위하여 가죽옷을 지어 입히시니라."(창 3:21)

31

■ ■ ■ 열왕기하 2, 3-5장

위대한 선지자 엘리사

엘리야가 떠난 후 엘리사의 시대가 왔다. 그는 스승이요 아버지와 같은 엘리야처럼 하나님을 열심히 믿으며 하나님의 사자로서 활동하였다. 한 날은 여리고로 갔더니 그곳 사람들이 말하였다.

"이 곳은 모든 것이 다 좋은데 물이 좋지 않아 모든 소산이 다 잘 안됩니다."

그러자 엘리사는 "소금을 가져오라."고 말했다. 좋지 않은 물의 근원에 가서 "여호와의 이름으로 명하노니 물이 맑아져라."고 했다. 그러면서 소금을 물 근원에 넣어 주었다. 결국 좋은 물로 바뀌었다(왕하 2:19-22). 한번은 엘리사가 수넴에 갔다가 한 귀한 여인에게서 정성스런 음식을 대접받았다. 그것이 인연이 되어 엘리사는 그 곳을 지날 때마다 들렀다.

엘리사는 여인에게 아이가 없음을 알고서는 득남하라는 축복의 기도를 하였다. 다시 돌아 와보니 아들을 낳았던 것이다. 그런데 그 아이가 돌연 죽고 말았다. 그랬더니 여인이 선지자를 원망하며 말했다.

"아이를 데려갈 것 같으면 왜 아이를 낳도록 해주셨습니까?" 너무 슬픈 나머지 외치는 여인을 위해 엘리사는 그 아이를 살리는 기적을 베풀었다(왕하 4:8-37).

또 한번은 아람 왕의 군대장관 나아만의 문둥병을 고쳐 주었다. 엘리사는 선지자로서 66년 간 계속 활동했다. 아하시야왕이 죽자 동생인 여호람이 왕이 되었다. 여호람왕도 이방신 섬기기를 좋아했다. 그가 왕으로 있을 때 싸움에서 진 모압의 메사 왕은 해마다 10만 마리의 숫양을 바치겠다고 약속했지만 지키지 않았다. 모압 왕이 배반했던 것이다. 화가 난 여호람 왕은 모압 나라를 치려고 마음먹었다. 그러나 자기 군사만으로는 엄두가 나지 않자, 여호람 왕은 남유다의 여호사밧 왕과 에돔 왕에게 도움을 청했다. 그래서 이스라엘 왕이 유다 왕과 에돔 왕과 함께 행했다. 행한 지 7일 동안, 햇볕이 따갑게 내리 쪼이는 날들의 연속이었다.

"어휴 목말라. 물이 없어 야단났는걸."

"하나님께 도움을 구해야 하오. 하나님의 선지자를 찾아봅시다." 여호사밧 왕이 말했다. "저희 중에 전에 엘리야 선지자와 함께 있던 엘리사 선지자가 있습니다." 여호람 왕의 신하가 말했다. 두 왕은 엘리사 선지자에게로 가서 도움을 구했다.

"나는 당신들과 상관이 없소이다? 어서 당신이 섬기는 바알에게나 가서 도움을 청하시오. 당신이 섬기는 금송아지가 당신을 도와주도록 말아요?"

엘리사 선지자는 냉정하게 말했다.

"하나님의 사람이여, 제발 우리를 도와주십시오."

여호사밧 왕이 간청했다. 그때였다. 엘리사 선지자의 마음에 하나님께서 감동을 주셨다. 그래서 마음을 바꾸어 왕들에게 말했다.

"내가 만일 여호사밧 왕을 만나지 않았더라면 이 일에 상관하지 않았을 겁니다. 나에게 거문고 타는 사람을 불러 주시오."

거문고 소리를 들으며 마음을 가라앉힌 엘리사 선지자가 말했다.

"하나님께서 이 골짜기에 도랑을 많이 파라고 말씀하셨습니다."

"아니, 이렇게 구름 한 점 없이 쨍쨍한데 바싹 마른 땅에 도랑을 파라니 …." 여호람 왕과 에돔 왕이 투덜거렸다.

"무슨 소리요? 어서 팝시다. 전능하신 하나님이 우리를 위해 일하실 것입니다." 여호사밧 왕이 말하자 두 왕도 군사들에게 도랑을 파라고 명령했다. 골짜기에는 금세 많은 도랑이 생겼났다. 하룻밤이 지나고 여호사밧 왕이 아침 예배를 드릴 때, 이게 왠일

일까? 갑자기 에돔 땅으로부터 거센 물줄기가 쏟아져 내리더니 골짜기에 파 놓은 도랑마다 물이 가득 담기는 것이었다.

"와아. 물이다! 이제 우리는 살았다."

군사들과 짐승들은 허겁지겁 물을 마셨다. 더러는 엎드려서, 더러는 무릎을 꿇고 앉은 채로, 때마침 동쪽에 붉은 해가 떠올랐다. 도랑마다 가득 찬 물은 붉은 햇빛으로 물들었다.

한편 모압의 메사 왕은 세 나라 군사들이 자기들을 치러 왔다는 소식을 듣고 갑옷을 입을 만한 남자들은 모두 군사로 뽑았다. 아침이 되었다. 보초를 섰던 군사들이 달려와 메사 왕에게 보고했다.

"왕이여, 아마 저들 세 나라가 밤사이에 서로 싸움을 한 것 같습니다. 사방이 온통 피바다입니다. 군사들이 더러는 엎드린 채 죽어 있고 더러는 무릎을 꿇은 채 죽어 있습니다. 어서 우리를 보내 주십시오. 저들의 물건을 가져오겠습니다."

그렇게 말하자 "좋다. 모두 나를 따르라." 모압 군사들은 무기도 없이 신바람이 나서 달려갔다. 그러나 세 나라 군사들이 휘두르는 칼에 힘없이 쓰러졌다.

모압의 군사들은 도랑에 붉게 비친 햇빛을 세 나라가 서로 싸워 군사들이 흘린 피로 잘못 보았던 것이다. 결국 크게 패한 모압왕은 자기 나라로 되돌아갔다.

엘리사의 죽음

엘리사가 병들어 죽게 되자 이스라엘의 여호아스왕이 문병하러 가서 눈물을 흘리며 말했다.

"나의 아버지여! 나의 아버지여! 이스라엘의 전차와 마병이여!" 하고 부르짖었다. 이때 엘리사가 마지막으로 힘을 내어 말했다.

"활과 화살을 가져 오십시오."

여호아스가 그것을 가져오자. 엘리사는 왕에게 활을 쏠 준비를 하게하고 자기 손을 왕의 손 위에 얹었다. 그리고서 그는 왕에게 동쪽 창문을 열고 활을 쏘라고 하였다. 왕이 활을 쏘자 엘리사는 이렇게 외쳤다.

"이것은 여호와의 화살, 곧 시리아에 대한 승리의 화살입니다. 왕은 아벡에서 시리아군을 쳐서 그들을 완전히 정복할 것입니다."

그리고서 엘리사는 왕에게 다른 화살을 집어 땅을 치라고 했으나 왕은 세 번만 치고 그쳤다. 그래서 엘리사는 화가 나서 왕에게 이렇게 말하였다.

"왕은 대여섯 번을 쳤어야만 했습니다. 그랬더라면 왕은 시리아를 완전히 정복할 수 있을 텐데 왕이 세 번밖에 치지 않았으므로 그들을 세 번만 무찌를 것입니다."

그 후에 엘리사는 죽어 장사되었다. 이 당시에는 모압의 도적떼가 봄만 돌아오면 이스라엘 땅을 침범하여 약탈하기가 일쑤였다. 한번은 이스라엘 사람들이 장사를 지내다가 모압 도적떼를 보고 다급한 나머지 시체를 엘리사의 무덤에 던져 넣고 달아나 버렸다. 그런데 그 시체가 엘리사의 뼈에 닿는 순간 죽은 사람이 살아나 벌떡 일어선 것이 아닌가! 엘리사에 대한 기록은 이것으로 끝이지만 그가 엘리야와 함께 큰 선지자가 되어 하나님의 말씀을 잘 전한 것은 꼭 기억해야할 사실이다.

메샤 석비와 모압 고고학

메샤 석비라 불리는 이 유물의 최초 발견은 1868년이었다. 독일인 선교사 클라인(A.F.Klein)이 베두인의 마을 한 구석에서 새까만 석비 하나가 땅에 반쯤 파묻힌 채 놓여 있는 것을 발견했다. 1869년 10월 어느 날, 예루살렘 주재 프랑스영사관에서 통역관으로 일하던 20대의 젊은 고고학자 끌레몽 가노(C.Clermont Ganneau)가 다시 재발견했다. 이로 인해 모압에 대한 성경의 기록이 최초로 확인되는 계기가 되었다. 그는 여러 조각으로 찢어지고 구겨진 한 고대어 비문의 탁본을 해독하였는데, 비슷한 글자인 페니키아어 비문때문에 별 어려움 없이 해독이 되었다. 열왕기하 3장에 나오는 모압과 이스라엘 사이의 전쟁에 관한 내용이었다. 계속해서 읽던 그는 더욱 놀랄만한 사실을 발견했다. '나는 느보에 있는 야훼의 기물들을 끌어내어 그모스 앞에 바쳤다.' 기원전 8백 50년경 기록된 성서 외의 자료에서 야훼라는 이름이 처음으로 발견되는 순간이었다. 석비의 내용이 모압의 왕 메사의 전승 업적을 기록한 것이기 때문에 '메사 왕 석비(Mesha Stele)' 라고도 부른다. 이 석비는 기원전 840년경에 만든 것으로, 높이 115cm, 폭이 68cm의 검은 현무암에 34줄로 고대 히브리 문자(Paleo-Hebrew) 1천 자를 새겨 놓았다. 이 석비가 발견된 후, 오늘까지 130년이 지났지만, 아직도 이스라엘과 요르단 지역에서 발견된 구약 시대의 문자기록으로서는 최장이어서 고대 언어와 문자 연구에 더없이 소중한 자료다. 석비가 발견된 후 예루살렘으로 돌아온 클라인은 주재하고 있던 독일 영사에게 이 사실을 알렸고, 이 소식은 곧 독일로 전달되었다. 당시 서구 열강들은 중동 지역의 역사적 유물을 수집하는 경쟁을 벌이고 있었던 까닭에, 독일이 석비 구입에 큰 관심을 보이자, 디본의 주민들은 엄청난 값을 요구했다. 바로 그때 예루살렘에는 프랑스 영사관에서 통역관으로 근무하던 청년 끌레몽(Clermont - Ganneau)이 아랍인 친구를 그곳에 보내어 석비의 탁본을 만들었다. 후일 이 석비는 현지인들의 손에 의해 파괴돼 산산조각이 나버렸다. 원주민들은 통째로 파는 것보다 여러 조각으로 나누어 파는 것이 훨씬 이득일 것이라는 속셈에서 불에 달군 다음 찬물을 부어버려 그렇게 한 것이다. 전체의 65% 정도만 회수된 메사 석비는 1873년 결국 프랑스의 루브르박물관으로 옮겨 졌다. 메사 석비 발견을 계기로 모압 지역의 고고학이 탄생했다. 모압 석비는 구약의 기록을 보충-보완해 주는 자료로, 이스라엘 역사 연구에 있어서 귀중한 자료이다.

– 김 성(협성대 교수 · 성서고고학)

메사 비문(모압 비문 일부)

"나는 그모스의 아들, 모압의 왕, 디본 사람 메사이다. 내 아버지는 30년 이상 모압을 치리 하였으며, 나는 내 아버지의 뒤를 이어 왕이 되었다. 나는 카르호에 그모스를 위한 산당을 마련하였다. 내가 이 성소를 세운 것은 그모스가 나를 모든 왕들에게서 구원해주고, 또 나로 하여금 그들을 이기게 해주었기 때문이다. 그모스가 그의 땅에 대해 진노를 품었기 때문에 이스라엘의 왕 오므리가 모압을 오랫동안 지배하였다. …중략)

나는 또 까로호(Qarhoh)를 건설하였다. 그리고 그 성읍 성벽을 쌓았다. 성문을 달고 탑을 쌓았다. 그리고 그 곳에 궁전을 지었다. 성읍 안에는 저수지도 만들었다. 전에는 까로호 성읍 내에 물 저장소가 없었다. 그래서 나는 모든 주민들에게 말하였다. "각 사람은 자기 집에 물 저장소를 만들어라." 그리고는 이스라엘의 포로들을 시켜 까로호 성읍 내에 관개수로를 팠다. 나는 아로엘(Aroer)을 건설하고, 아르논 골짜기에 큰길을 내었다. 나는 황폐된 베제르 …(Bezer …)를 다시 세웠다. 나는 모압에 예속시킨 백여 개의 성읍들을 다스렸다. (생략)

엘리사

수넴의 과부여인의 아들을 살려내는 엘리야. 오므리 왕조의 마지막을 장식하는 여호람은 약 11년 동안 통치하면서 아하시야 이후 약화된 오므리 왕조를 일으켜 세우고자 하지만 역부족이었다. 여호람이 통치하는 기간에 엘리사 선지자의 활약이 두드러진다. 이후 엘리사에 대한 열 가지 전설이 전해진다. 그것은 거의 기적 이야기로 전개되며 엘리사의 비범한 능력을 돋보이게 한다. 엘리사는 예언자 수련생이 죽자 어려움에 처한 그의 미망인에게 이웃으로부터 빈 그릇을 얻어오게 한다. 빈 그릇에 기름을 채우게 하여 그 기름으로 그 동안 진 빚을 갚고 생활비에 보태도록 조치한다(왕하 4:1-7). 엘리야가 사르밧 과부에게 밀가루와 기름이 떨어지지 않게 한 것 처럼(왕상 17:15-16) 엘리사도 기름으로 가난한 여인을 구한다. 엘리사는 자신이 수넴에 거할 때마다 잠자리와 음식을 제공했던 여인에게 아이를 갖도록 배려한다. 잘 크던 아이가 어느날 원인 모르게 죽게

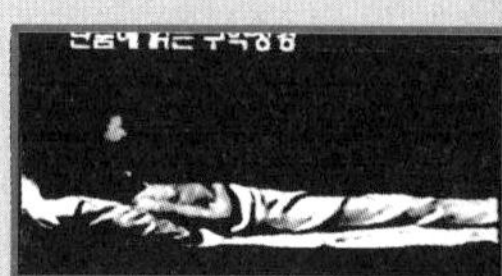

■ 수넴의 과부여인의 아들을 살려내는 엘리야

되자 아이 위로 자기 몸을 덮어 죽은 아이를 살려낸다(왕하 4:37). 엘리야가 죽은 아이를 살려낸 것 처럼(왕상 17:21-22) 엘리사도 그렇게 한 것이다. 엘리사는 또한 독이 든 음식을 해독하는가 하면(왕하 4:38-41), 20개의 보리떡과 한 자루의 채소로 무려 100명을 먹였다는 기사가 보도된다.

단·숨·에·읽·는·구·약·성·경

성경에서 배우는 한자

EASY GUIDE JOURNET ON NEWTESTAMENT

제사 사(祀)

피를 흘려야 죄 사함을 받는다는 것이 하나님의 법칙이었는데, 제사(祭祀)에 관한 한자(漢字)를 보면, 아침 9시부터 11시까지를 사시(巳時)라고 하는데, 아침 9시에 고인돌 제단에 가서 하나님께 제사드리면, 하나님께서 말씀해 주시고 대화해 주셨다는 것이, 제사 사(祀)자 이다.

제사 제(祭)

제자는, 고기(肉)를 제단(示)에 또(又), 정기적으로 갖다 바친다는 것이다. 고기는 사람이 먹는 것이 아니고, 피를 흘리고, 하나님께 바치던 제물이었다. 노아 홍수 이후에 악화(惡化)된 지구환경에 살아남기 위해서는 할 수 없이 하나님이 처음으로 고기를 먹어도 된다고 허락하셨고, 노아 홍수 전까지만 해도 고기는 사람들이 먹지 않고, 제사의 물건이었을 따름이다.

32

■ ■ ■ 열왕기하 12장

어린 왕 요하스

여호야다란 이름의 뜻은 '여호와가 아심' 이다. 그는 제사장이고, '아하시야' 라는 다른 이름도 가지고 있었는데, 아하시야 왕이 죽고 나서 그의 어머니인 아달랴가 왕자들을 없애고 자신이 왕이 되었을 때, 여호세바가 왕자들 중에 한 명인 요아스를 몰래 숨겨서 구해준다. 6년을 숨겼던 요아스 왕자를 드디어 왕으로 세울 때, 이 여호야다 제사장이 큰 역할을 해내었다.

여호야다 제사장에게는 스가랴라고 하는 아들이 있었는데, 그도 제사장이었다. 요아스가 유다왕이 될 때의 나이가 7세였다.

요아스가 유다 왕이 되어 예루살렘에서 40년을 통치했다. 그리고 그의 어머니는 브엘세바 사람 시비아였다. 그는 제사장 여호야다의 교훈을 받는 동안 여호와께서 보시기에 옳은 일을 하였으나 산당을 헐지 않았으므로 백성들은 계속 거기서 제사를 지내며 분향하였다.

여호야다 제사장이 살아 있을 동안에는 하나님을 잘 섬기다가, 제사장이 죽은 후에 하나님을 떠나 제 맘대로 했다. 그래서 여호야다 제사장의 아들인 스가랴 제사장이 하나님의 신에 감동되어 아버지를 대신해 요아스왕 앞에서 하나님의 뜻을 담대하게 전했었다. 하지만 요아스 왕은 하나님의 제사장의 말을 듣지 않고 오히려 스가랴 제사장을 죽게 했다.

여호야다 제사장은 아들을 신앙으로 잘 양육했다. 아들 스가랴 제사장은 세상의 권위를 두려워하지 않고, 오직 하나님의 뜻을 전할 줄 알았다. 요아스 왕은 왕의 자리에는 있었지만, 가정에서 하나님에 대한 신앙을 제대로 물려받지 못했기 때문에 결국 하나님을 버리고 말았던 것이다.

어느 날 요아스왕은 제사장들을 모아 놓고 이렇게 말하였다.

> "여러분은 여호와의 성전에 바치는 예물, 곧 정규적으로 거둬들이는 인두세와 서약으로 바치는 예물과 백성들이 자진해서 바치는 모든 돈을 모아 성전을 수리하는 데 사용하도록 하시오."

그러나 요아스가 나라를 다스린 지 23년이 될 때까지 제사장들은 성전을 수리하지 않았다. 그래서 그는 여호야다와 다른 제사장들을 불러 물었다.

> "어째서 당신들은 성전을 수리하지 않았소? 이제부터 당신들이 거둬들인 돈을 보관하지 말고 다른 사람에게 넘겨주어 성전 수

리를 하게 하시오."

그래서 제사장들이 성전을 직접 수리하지 않기로 합의하였다. 그때 제사장 여호야다는 상자 하나를 가져다가 뚜껑에 구멍을 뚫어 성전 정면의 우측 단 곁에 두었다.

그래서 성전 문을 지키는 제사장들은 백성들이 성전에 가져오는 모든 돈을 받아 그 헌금함 속에 넣었다. 그리고 헌금함에 돈이 많이 모이면 궁중 서기관과 대제사장이 올라와서 그 돈을 계산하여 성전 수리 담당자들에게 넘겨 주었다.

그러면 그들은 그 돈으로 목수와 건축자와 채석공의 임금을 주고 성전을 수리하는 데 필요한 목재와 돌을 사고 그 밖의 필요한 곳에 사용하였다.

그러나 여호와의 성전에 바친 돈은 은대접이나 불집게나 주발이나 나팔이나 그 밖의 금은 그릇을 만드는 데 쓰지 않고 오직 성전을 수리하는 데만 사용하였다. 그리고 성전 수리 담당자들이 아주 정직하게 일했기 때문에 회계 보고를 받을 필요가 없었다. 그러나 죄와 잘못을 씻는 속건제와 속죄제의 예물은 그 헌금함에 넣지 않고 제사장들에게 주어 쓰게 하였다.

그때 시리아의 하사엘왕이 가드를 공격하여 점령한 다음 예루살렘을 치려고 올라오자 요아스는 그의 선왕 여호사밧과 여호람과 아하시야가 여호와께 바친 모든 예물과 그리고 자기가 바친 예물까지 포함하여 성전과 왕궁에 있는 모든 금을 거두어 하사엘왕에게 선물로 보냈다.

그래서 하사엘은 자기 군대를 이끌고 예루살렘에서 물러갔다. 그 밖에 요아스가 행한 모든 일은 유다 왕들의 역사책에 기록되어 있다. 그러나 요아스의 두 신하, 시므앗의 아들 요사갈과 소멜의 아들 여호사밧이 반란을 일으켜 실라로 내려가는 길가의 밀로궁에서 왕을 살해하고 밀았다.

그래서 요아스는 다윗성에 있는 그의 조상들의 묘에 장사되었고 그의 아들 아마샤가 왕위를 계승하였다.

요아스 왕

북이스라엘의 예후(B.C. 841-835)와 남유다의 아달랴(B.C. 841-835)는 같은 해에 왕위에 올랐는데 아달랴는 유다를 6년 동안 다스렸다(11:3). 따라서 요아스가 7세에 왕위에 오른 해는 예후의 칠년에 해당된다. 요아스란 이름의 뜻은 '여호와는 강하시다', '여호와는 도와주신다'라는 의미의 이름인데 성경의 많은 곳에서는 '여호아스'로 혼동되기도 한다. 그래서 KJV과 RSV에서는 이를 Jehoash(여호아스)라고 표기하고 있다. 그 모친의 이름은 시비아였다. 유다에서는 왕들의 통치 약력을 소개할 때 그 어머니가 누구였더라고 언급하는 것이 관례인 듯하다(14:2; 15:2). 한편 '시비아'(치비아)라는 이름은 '가젤'(gazelle)이란 뜻인데 아프리카 영양(羚羊)의 일종을 가리키는 이름이다. 그는 브엘세바 사람이었다. 이곳은 엘리야가 이세벨을 피하여 호렙 산으로 도망가는 도중에 들렀던 지역(왕상 19:3)이다. 그리고 이곳은 헤브론의 서남쪽 약 45km 지점에 위치해 있으며 현재는 '빌에세바'로 불리워지고 있다. 또한 이 성읍은 '맹세의 우물'이란 뜻으로 시므온 지파 땅이며 국경 도시로서 전략상 중요한 지역이다(삼상 3:20; 삼하 24:7; 대하 30:5). 요아스 왕은 성전 수리를 위하여 한 때 모세가 성막(法幕)을 위해 거두었던 세금을 다시 바치게 하였다(대하 24:6). 예루살렘 성전은 솔로몬 왕 때(B.C. 959년; 왕상 6:38) 지어진 것으로 당시를 요아스 왕 때(B.C. 835-796)의 초기로 보더라도 그것은 약 130년, 혹은 140년 정도가 된 것이다(Keil & Delitzsch).

OLD TESTAMENT

■ 요아스왕의 비문

성경에서 배우는 한자

피 혈(血)

혈자는 밑에 있는 것은 그릇 맹(皿) 자이고, 점(,)찍은 것은 피이다. 그래서 짐승의 피를 따로 담아서, 하나님께 갖다 바쳤다. 제사 지낼 때 쓰던 것이 피였다. 유대인이나 중국인들이 똑같이 생각하고 살았던 것이다.

희생 희(犧)

희자를 보면, 옛날에 양(羊)만 갖다 바친 것이 아니라 뿔이 난 소(牛)도 갖다 바쳤고, 양이나 소중에 가장 흠 없고 완전한, 빼어난 것(秀)을 창(戈)으로 찔러 바친 것이, 희생 희(犧) 자이다. 흠 없는 양과 소를 창으로 찔러 바친다는 것, 이것도 중국인과 유대인의 생각이 똑같았다.

33

■■■ 열왕기하 18-20장, 이사야

히스기야 왕과 이사야 선지자

남유다의 히스기야 왕은 그의 아버지 아하스를 이어 25세에 왕이 됐다. 그는 아하스 왕의 악정을 끊고 우상을 철폐하며 하나님을 따랐던 왕이었다.

그런 그에게 큰 위기가 닥쳤다. 앗수르의 산헤립이 히스기야 제위 14년에 대군을 몰고 쳐들어와 항복을 요구한 것이다. 그때 히스기야는 '항복 권유 문서'를 들고 여호와의 전에 올라가서 기도하였다. 기도의 결과 하나님의 도움을 받았다. 히스기야 왕은 왕이 되자마자 못 박았던 성전 문부터 열었다. 왕은 제사장과 레위인들을 모아 놓고 말했다.

"여러분들은 하나님께 제사를 드리도록 택한 분들입니다. 그러

"하나님께서 왕의 기도를 들으셨다고 합니다. 그가 말씀하시기를 '네가 무엇을 하든지 어디를 가든지 함께 할 것이며 다윗과 언약한 대로 이 성을 보호하며 유다 백성을 번성하게 하겠다.' 고 하셨답니다."

"오, 그래?"

히스기야 왕의 눈에 감사의 눈물이 가득했다. 다음 날 아침 숨이 차 오른 신하가 히스기야 왕에게 보고했다.

"지난 밤 우리 군사 중에는 앗수르 군대와 싸운 사람이 한 사람도 없었습니다. 그런데 앗수르 군사 185,000명이 지난 밤 모조리 죽었습니다. 하나님께서 천사들을 보내셔서 우리 대신 싸워 주신 것이 분명합니다."

히스기야 왕은 급히 나가서 들판에 죽어 있는 앗수르 군대를 보았다. 그리고 이사야 선지자를 통해 약속하신 말씀을 이루신 하나님께 찬양을 드렸다.

하나님의 전능하신 능력으로 산헤립이 이끄는 앗수르의 군대 18만 5000명이 하룻밤에 모두 죽고 만 것이다. 이 전쟁에서 살아나 고국으로 돌아간 산헤립 왕도 아들들에게 죽고 말았다(사 37:38).

얼마 후 갑자기 그에게 또 다른 어려움이 찾아왔다. 히스기야 왕에게는 절망적인 소식이었다. 그것은 그가 죽을 병에 걸려서 곧 죽을 것이라는 이사야 선지자의 예언 때문이었다. 그는 또 다시 기도를 선택한다. 벽을 향하고 당장 기도하기 시작했다(왕하

20:2).

유대 왕 히스기야가 죽을병에 걸렸을 때 이를 안 선지자 이사야는 히스기야에게 나아가서 하나님의 신탁을 전했다. “여호와의 말씀이 ‘너는 집을 처치하라. 네가 죽고 살지 못하리라’ 하셨나이다.” 하고 솔직하게 말해 주었다. 이 말씀을 들은 히스기야 왕은 금방 절대적인 신앙의 자세를 가진다.

“여호와여, 구하옵나니 내가 진실과 전심으로 주 앞에 행하여 주의 보시기에 선하게 행한 것을 기억하옵소서.” 하며 눈물로 통곡하며 기도드렸다. 하나님께서는 이러한 히스기야의 기도에 당신의 뜻을 돌이키셨다.

그래서 선지자 이사야를 다시 불러 “내가 네 기도를 들었고 네 눈물을 보았노라. 내가 너를 낫게 하리니 네가 3일 만에 여호와의 전에 올라 가겠고, 내가 네 날을 15년을 더할 것이며, 내가 이 성을 앗수르 왕의 손에서 구원하고, 내가 나를 위하고 또 내 종 다윗을 위하므로 이 성을 보호하리라 하셨다 하라.”고 말씀하셨다(5–6절). 뿐만 아니라, 이러한 응답에 대한 표징으로 해 시계의 그림자가 뒤로 물러가는 표적도 보여 주셨다.

■ 히스가야가 전쟁을 앞두고 파 놓은 수로

결국 히스기야는 깨끗이 나았다. 뿐만 아니라, 정치적으로 군사적으로 위협받던 앗수르의 세력에 대한 하나님의 보장도 받게 되었다. 히스기야는 남은 15년을 감격 속에 살았다. 기쁨과 감격 속에 훌륭한 일도 많이 감당하였다.

■ 히스가야의 지하수로

히스기야는 이스라엘 민족의 숙원 사업인 예루살렘 성에 물을 공급하는 그 위대한 일을 하나님으로부터 보장받은 이 15년 동안에 감당하였다. 히스기야 왕의 병이 나았다는 소식을 들은 바벨론 왕은 특사를 보내 축하하였다.

바벨론 왕의 특사가 온 것이 기뻤던 히스기야 왕은 그에게 성안에 있는 모든 것들과 숨겨둔 보물까지 다 보여 주는 실수를 저질렀다. 이 당시 히스기야 왕이 통치하던 유다 나라는 자기들의 동족이었던 북 이스라엘을 멸망시킨 앗수르라는 나라를 겁내고 있었다. 이 앗수르라는 나라가 호시탐탐 남쪽 유다마저 집어 삼키려고 엿보고 있었기 때문에 말이다.

OLD TESTAMENT

■히스기야수로의 단면도

그래서 히스기야는 이러한 앗수르를 견제하기 위해, 당시 앗수르에 대항하는 강한 신흥 세력인 바벨론에게 잘 보이는 것이 좋을 것이라 생각하여 추파를 던진 것이다. 외교적으로 유능한 수단을 부린 것이다. 이에 대해 선지자 이사야는 히스기야 왕을 크게 책망하며 하나님의 심판의 말씀을 전한다.

> "여호와의 말씀이 '날이 이르리니, 무릇 왕궁의 모든 것과 왕의 열조가 오늘까지 쌓아 두었던 것을 바벨론으로 옮긴바 되고 하나도 남지 아니할 것이요, 또 왕의 몸에서 태어날 아들 중에서 사로 잡혀 바벨론 왕궁의 환관이 되리라' 하셨나이다."

이게 무슨 말일까? 앞으로 이 남쪽 땅 유다는 바벨론의 침공을 받아 망하고 모든 사람, 모든 물자가 다 바벨론에 포로로 잡혀간다는 무시무시한 심판의 예고를 하신 것이다. 실제로 이 예언은 약 100년 후에 그대로 꼭 이루어졌다.

예루살렘 성

이스라엘의 수도라 일컫는 예루살렘 성은 높은 산 위에 건설된 도시였다. 따라서 천연적인 요새였다. 옛날에 다윗이 이 예루살렘을 정복하려고 얼마나 고생했는지 모른다. 아주 힘들게 정복하고는 얼마나 좋았으면 이 예루살렘을 수도로 삼았던 것이다. 그런데 이렇게 천연적인 요새였지만 높은 지역에 자리 잡고 있었기에 물만 떨어지면 아주 곤란한 곳이기도 하였다. 그래서 예루살렘을 치러온 사람들은 예루살렘을 포위해서 물과 식량의 공급을 끊음으로 이 성을 점령하고자 하는 방법을 썼다. 그러기 때문에 이스라엘 민족은 사시사철 물의 공급을 받고자 무척 애를 썼다. 오늘 이 그림을 보면 이 우물은 낮은 곳의 기혼 샘의 물을 실로암 골짜기까지 연결하여 그 물을 끌어 올려 사용한 것이다. 이 기혼 샘의 물을 실로암까지 끌어들이는 약 500m 정도 되는 지하터널을 히스기야가 이루어 놓은 업적이다.

서쪽 서(西)

서쪽서자는 옆의 그림처럼 고인돌에서 따온 문자이다. 고인돌은 바벨탑 사건 이후 동진에 동진을 거듭한 사란들이 하나님께 노아의 제사를 따라 하나님께 희생의 제사를 드리던 제단이다. 아래의 자는 땅을 의미한다. 서쪽에서 건너온 사람들은 서쪽을 나타내는 글자로 고인돌을 형상화한 것이다.

집 가(家)

가자는 하늘에 경배 드리는 사람의 모습이다. 최초 갑골문자에서의 집 가(家) 자의 뜻은 하나님께 경배하는 신앙 있는 가정, 하나님을 섬기고 사는 곳이 가정이라는 뜻이었는데, 언제부터인지 집 가(家) 자에서 하나님을 빼버리고 집에 돼지도 키우고 하니 집 가(家) 자 밑에 돼지를 그려 놓았다. 완전히 집 가(家) 자의 글자가 바뀌어 버린 것이다.

34

■■■ 열왕기하 22-23장

요시야의 개혁

요시야는 8세에 왕위에 올라 예루살렘에서 31년을 통치하였다. 그는 31년을 다스린 다음 39세에 생을 마감한 왕이었다.

그가 왕이 된지 얼마 되지 않아 유다가 하나님의 진노를 격발하여 멸망의 위기에 처해 있는 때였다. 요시야의 할아버지는 악명 높은 므낫세왕이다.

므낫세는 참으로 여호와 보시기에 악한 일만 골라가며 행했다. 하나님을 섬기기 보다는 오히려 부친 히스기야가 헐어버린 산당을 재건하고, 바알을 위하여 단을 쌓고, 아세라 목상을 만들고, 하늘의 해와 달과 별들을 숭배하였다(21:2,3).

자신의 아들들을 불 가운데 지나가게 하고, 무당과 박수를 믿고, 악을 많이 행하여 하나님의 진노를 격발했다. 그가 행한 죄악이 아모리 사람의 행위보다 더욱 심하였고, 그 우상으로 유다를 범죄케 했다고 했다.

하지만 요시아는 여호와 하나님 보시기에 정직히 행하여 그 조상 다윗의 보여준 모범된 길로만 가고, 딴길로는 가지 않았다. 이제 그의 나이 16세 때 다윗의 하나님 여호와를 찾으며 신앙을 찾았고, 20세 때에는 유다와 예루살렘에 있는 모든 우상을 찾아 파괴했다(대하 34:3).

그러다가 요시야 왕 18년 그의 나이 26세가 되었다. 이처럼 그는 여호와께서 보시기에 옳은 일을 하였다. 백성들은 왕이 지켜보는 가운데 바알 제단들을 헐고 그 주변의 향단을 찍어 버리며 아세라 여신상과 그 밖의 모든 우상들을 빻아 가루를 만들어 그 우상들에게 제사하던 사람들의 무덤 위에 뿌렸다. 또 요시야는 이방 제사장들의 뼈를 그들이 제사하던 단 위에서 불살라 유다와 예루살렘을 정결하게 하였다.

그런 다음 요시야는 므낫세, 에브라임, 시므온, 납달리의 모든 성들과 황폐한 그 주변 일대에도 가서 산당들을 헐고 아세라 여신상과 그 밖의 우상들을 빻아 가루로 만들며 이스라엘 전역에 있는 모든 향단을 찍어 버린 후에 예루살렘으로 돌아왔다.

요시야 왕은 서기관 사반을 제사장 힐기야에게 보내어 성전을 수리할 것을 명했다. 명을 받은 힐기야는 감독자를 세우고, 목수, 건축자, 미장이들을 세워 재목과 다듬은 돌로 성전을 수리하게 했다.

요시야가 그의 첫 사업으로 성전을 수리한 것은 매우 뜻 깊은 일이라고 할 수 있다. 성전은 이스라엘 백성들의 신앙의 중심지였기 때문이다. 솔로몬이 성전을 지은 이래 300년 이상 방치되어 허물어졌을 뿐만 아니라 이방신을 섬기는 우상들과 혼합되어 상상도 할 수 없는 곳으로 변해버렸기 때문이다.

요시야 왕은 서기관 사반에게 명하여 성전을 수리하게 했다. 잡초를 뽑아내고, 낡은 서까래는 새 것으로 바꾸었다. 백성들의 마음속에 허물어져 있던 하나님께 대한 신앙심을 새롭게 불러일으키기 위해서였다. 그런데 성전을 수리하던 중 무엇인가 발견된 것이다. 대제사장 힐기야가 서기관 사반에게 말했다.

"내가 여호와의 전에서 율법책을 발견하였노라."

성전을 수리하던 중 성경책 두루마리가 발견했던 것이다.

이 책은 극심한 박해를 받던 시절 누가 성전 모퉁이 돌 속에 감추어 두었던 것이었다. 하나님의 전을 새롭게 수리하고, 하나님을 올바르게 섬겨 보려고 하던 중 성경책이 발견되었다는 것은 참으로 반가운 일이 아닐 수 없었다.

특히 당시 유다왕국은 칠흑같이 어두웠다. 국제 정세는 혼란했다. 이미 북쪽 이스라엘은 앗수르에게 멸망한지 오래 되었기 때문이다. 강대국 바벨론은 유다를 삼키려고 호시탐탐 기회를 엿보고 있었다.

유다는 강대국들 사이에서 눈치를 살피며 두려워 떨 수밖에 없었다. 게다가 백성들은 영적 무지와 교만으로 하나님을 대적하고, 우상숭배로 하나님의 노를 격발하고 있었다. 온갖 거짓진리가 판을 치고 백성들을 파멸로 이끌고 있는 상태였다.

대제사장 힐기야가 서기관 사반에게 "제가 여호와의 전에서

율법책을 발견하였습니다."라고 보고하며, 그 책을 사반에게 주었다. 사반이 읽어보니 놀라운 것이었다. 그래서 서기관 사반이 왕에게 돌아가서 보고를 드렸던 것이다.

> "왕이시여 당신의 신하들이 하나님의 집에 있던 돈을 쏟아 여호와의 하나님의 집을 새로 짓도록 하는 일에 저희를 뽑도록 했습니다. 그리고 제사장 힐기야가 제게 책을 주었습니다."

하고 왕에게 보고하고 율법책을 읽기 시작한 것이다. 왕이 율법책을 읽는 중에 곧 그 옷을 찢으면서 통곡을 하였다. 통곡을 한 뒤 왕이 다시 명령을 내린다

> "너희는 가서 나와 백성과 온 유다를 위하여 이 발견한 책의 말씀에 대하여 여호와께 물도록 하라. 우리 조상이 이 책의 말씀을 듣지 아니하며 이 책에 우리를 위하여 기록된 모든 것을 준행치 아니하였으므로 여호와께서 우리에게 발하신 진노가 크도다." (열왕기하 22:8-13)

왕이 유다와 예루살렘의 모든 장로들을 불러모았다. 그리고는 여호와의 성전에 올라갔다. 그러자 유다 모든 사람과 예루살렘 거민과 제사장들, 선지자들과 모든 백성이 모두 다 왕과 함께 성전으로 모였다.

왕이 여호와의 전 안에서 발견한 언약책의 모든 말씀을 읽어주었다. 왕이 높은 대 위에 서서 여호와 앞에서 언약을 세우며 공포했다.

"너희는 마음을 다하고 성품을 다하여 여호와를 순종하여 하나님이 가르쳐주신 회개의 법과 죄를 깨닫는 것과 또 하나님의 약속들을 이루도록 맹세하여라."

이 말을 하니 백성이 다 그 언약을 열심을 다해 따르기로 맹세하였다.(열왕기하 23:1-3) 왕이 백성에게 다시 명하여 말했다.

"이 언약책에 기록된 대로 너희의 하나님 여호와를 위하여 유월절을 지키라."

사사가 이스라엘을 다스리던 시대부터 이스라엘 열왕의 시대까지 그리고 유다 열왕의 시대에든지 이렇게 유월절을 지킨 일이 없었는데, 요시야 왕 십팔 년에 예루살렘에서 처음으로 유월절을 지켰던 것이다.

이처럼 요시야왕은 그 시절 점점 하나님과 멀어져 가고 점점 악해져가는 시대에 하나님의 마음을 알고 자신과 백성들의 마음을 하나님께로 돌려놓는 회개와 개혁을 일으켰던 왕이다.

요시야와 같이 마음을 다하며 성품을 다하며 힘을 다하여 여호와를 향하여 모세의 모든 율법을 온전히 준행한 임금은 요시야 전에도 없었고, 후에도 그와 같은 자가 없었다. 요시야 왕은 그 후 13년 동안 온 힘을 다하여 말씀대로 준행하였다. 하나님은 그러한 요시야를 생각하시어 그의 나라를 튼튼히 하셨다.

요시아의 개혁

역사적 배경

앗시리아의 통치하에 있던 유다는 앗시리아가 제국의 영토에 대한 지배권을 상실함에 따라 공백상태로 남게 되어, 다시 한 번 자유국가가 되었다. 대지주들에 의해서 8살의 요시야가 왕으로 옹립되었고, 그의 어린 시절에 관해서는 아무 것도 알 수 없지만, 그가 왕위에 올랐을 때는 앗시리아의 세력이 급격히 약해졌기 때문에 유다는 명백한 독립국으로 남게 되었다. 앗시리아의 앗수르바나팔 때에 이미 앗시리아는 유다를 견제할 만한 힘이 없었고, 오히려 유다가 이집트와 손잡을까 두려워했다. 그의 아들인 신 사르 이스쿤이 왕위에 올랐을 땐 이미 요시야의 개혁이 절정에 달했을 때였고, 북부이스라엘 지역에 대한 회복도 어느 정도 이룬 상태였다. 하지만, 앗시리아는 이를 저지할 만한 여력이 남아있지 않았고, 얼마가지 못해 소멸하게 된다.

요시야의 개혁의 특징들

성전에서 발견된 율법책을 보고, 요시야는 장로들과 함께 그 율법에 순종하겠다고 엄숙한 언약을 맺는다. 그리고 나서, 요시야는 이방 제의와 관습에 대한 일관된 숙청 작업에 착수하였고, 하나님을 예배하는 성소를 오직 예루살렘으로 한정지어서, 종교의 중앙집중화를 꾀하였다.

단 · 숨 · 에 · 읽 · 는 · 구 · 약 · 성 · 경

성경에서 배우는 한자

■ EASY GUIDE JOURNET ON NEWTESTAMENT

한자의 기원

한자(漢字)의 기원은 여러 가지가 있는데 그 중에서 대표적인 문자는 눈에 보이는 사물의 모양을 그대로 본떠 만든 상형문자(象形文字)이다. 산의 모양을 본떠 만든 뫼 산(山), 해의 모양을 본떠 만든 날 일(日), 달의 모양을 그대로 그렸다가 약식으로 달 월(月), 나무를 그대로 그렸다가 점점 약식화된 나무 목(木), 대문의 모양도 문의 모양을 나타낸 것이 문 문(門), 수레바퀴 두 개가 달리고 사람이 끌고 가는 모양을 나타내는 수레 차(車), 입의 모양을 그대로 그려서 간단히 나타낸 입구(口), 귀의 모양을 그대로 그린 귀 이(耳)와 같이, 한자에는 상형문자가 아주 많다.

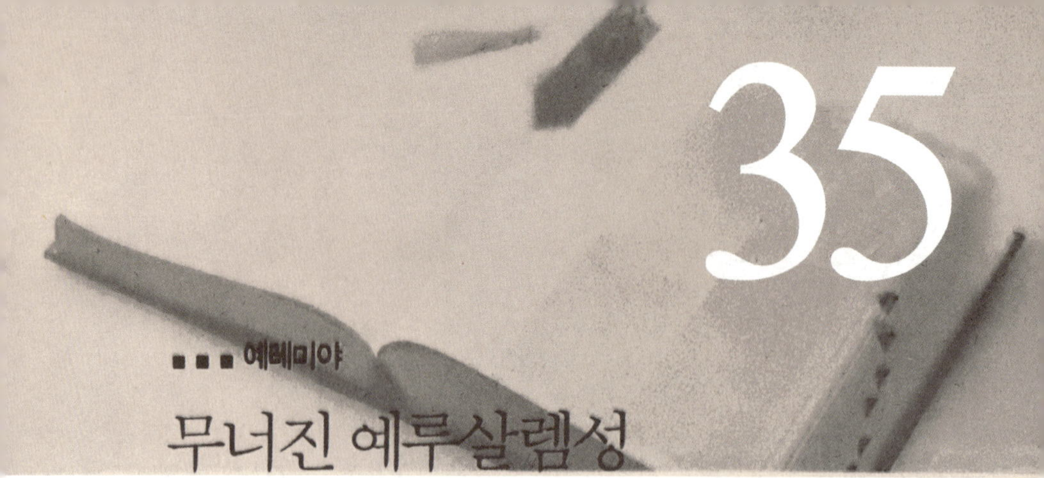

35

■■■ 예레미야

무너진 예루살렘성

유대 나라에 요시야 왕이 종교개혁으로 나라를 굳건히 할 때에 예레미야는 제사장의 아들로서 제사장이 될 준비를 하고 있었다. 하지만 하나님은 그에 대해 다른 계획을 진행시키셨다. 어느 날 하나님은 예레미야에게 말씀하셨다.

"예레미야, 너는 유다와 그 주위의 나라에 전할 선지자로서 택함 받았으니 준비를 하여라."

OLD TESTAMENT

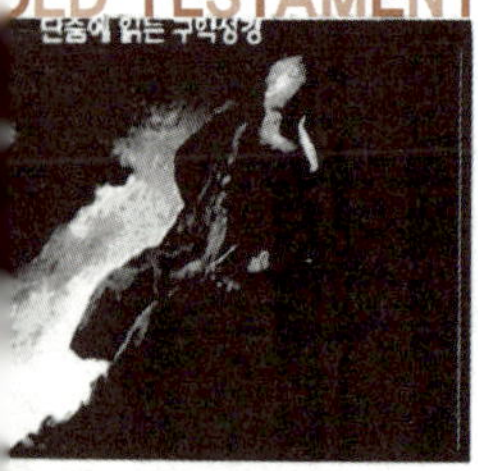

렘브란드가 그린 눈물의 예언자로 일컬어지고 있는 예레미야 의 모습.암스테르담 왕립 미술관 소장

그러자 예레미야는 거절한다.

"주님 저는 못 합니다. 그 같은 일을 하기에 저는 너무 어립니다." 하지만 하나님은 "내가 너를 도우리니 걱정을 하지 말아라." 잠시 후 하나님은 환상을 보이셨다.

"예레미야야, 무엇이 보이느냐?"

그가 눈을 들어 보자 끓는 큰 솥이 북쪽으로 기울어져 있는 것이 아닌가. 그 안에는 죽이 펄펄 끓고 있었고, 그 국물이 밖으로 흘러나오고 있었던 것이다.

"보았느냐? 이 그림 같이 유다로 많은 적들이 쳐들어 올것이다. 그래서 결국 예루살렘은 멸망될 거야. 이제부터 네가 할 일은 한시라도 빨리 백성들에게 경고하는 것이다 알겠느냐?"

또 이어서 말씀하셨다.

"백성들이 나의 말을 듣지 않고 계속해서 바알을 숭배하면, 재앙의 날은 가깝게 올 것이니라."

그로부터 몇 년이 지나 요시야 왕은 전쟁터에서 애굽 군대와 싸우다 죽었다. 애굽인들은 전리품 중의 하나로 요시야 왕의 아들을 애굽으로 데려 갔다. 그러자 왕위는 요시야의 또 다른 아들 여호야김이 잇는다. 하나님은 예레미야에게 말씀을 받아 적으라고 말씀하셨다. 그래서 하나님이 시키시는대로 예레미야는 두루마리를 준비한다. 받아 적는 일은 바룩이라는 사람이 했다. 다 받아 적고 난 뒤에 예레미야가 바룩에게 말했다.

"가라 성전에서 이 두루마리를 백성들에게 읽어 주거라. 나는 그곳에 갈 수 없게 되었으니, 네가 백성들에게 하나님의 말씀을 전해야만 한다."

바룩은 금식일을 택해 자신이 기록한 것을 모두 읽어 주었다. 겨울날씨 추운 때, 여호야김 왕은 난로 옆에 앉아서 불을 쬐고 있었다. 왕의 신하들이 예레미야의 두루마리 중에 첫번째 부분을 읽어 주자, 왕의 얼굴은 갑자기 어두워졌다. 그리고는 얼른 그 두루마리를 뺏어 자신의 작은 칼로 읽은 부분을 도려냈다. 그리고 그것을 난롯불에 던져 태워 버리고 말았다. 이 부분 저 부분을 태우다가 결국에는 두루마리 전체를 태워 버렸다. 화가 난 왕은 명령을 내렸다.

"예레미야를 잡아 오너라!"

이처럼 왕뿐만 아니라 백성들도 하나님으로부터 파견된 선지자들의 말을 우습게 여기고 조롱하면서 선민(選民) 사상에 빠져 자신들에게 다가오고 있는 엄청난 재앙과 심판을 상상하지도 못한 채 불법을 저지르고 있었다. 어느 날이었다. 하나님은 예레미야에게 말씀하셨다,

"너는 옹기를 만드는 토기장이 집에 가거라."

그는 토기장이 마을로 갔다. 그 모습을 보는 가운데 하나님의 음성이 들려 왔다.

"토기장이는 진흙으로 자기 마음대로 빚기도 하고 허무기도 한다. 나는 어느 민족이나 국가를 뽑기도 하고 파하기도 한다. 마찬가지로 나도 내 백성들을 내 마음대로 할 수 있다. 회개치 않으면 나의 뜻은 정해져 있다."

그리고는 이어서 교훈을 위한 행동지침을 가르쳐 주셨다.

"너는 물을 담는 항아리를 사서 백성의 어른들과 제사장의 어른 및 몇 사람을 데리고 힌놈의 아들의 골짜기로 가거라."

예레미야가 나서자 사람들이 뒤따라 갔다. 예레미야는 그 곳에 도착하자 마자 들고 왔던 물동이를 내 동댕이쳐 부숴버렸다. 파편이 여기저기에 튀었을 것이다. 그제서야 입을 연 선지자는

"백성들아 들으라. 마음을 하나님을 향해 돌이켜라 회개하여 너희 마음으로 부드럽게 만들어라. 그렇지 않으면 하나님께서 너희를 이 같이 깨뜨리실 것이다."

예레미야는 시드기야 왕에게도 하나님의 말씀을 전했다. 하지만 시드기야는 말을 듣지 않았다. 이 때문에 이집트가 쳐들어올 위기가 닥치지만 왕은 마음을 교만히 하여 낮추지 않았다. 오히려 예레미야를 깊은 우물에 던져 넣었다. 다행이 물은 없었는데, 그들은 그 우물 속에 진흙을 쏟아 부었다. 왕궁 내시가 왕에게 살려주어야 한다고 진심으로 아뢰자 살아나게 되었다. 하지만 이제 회개의 기회를 놓친 이스라엘에는 위기가 찾아왔다.

예레미야가 시드기야 왕에게 말한 대로 되었던 것이다. 예루살렘 성은 포위되었고 진퇴양난의 위기에 놓이자 왕은 예레미야 선지자가 생각났다. 다급해진 그는 "하나님의 뜻이 무엇이요. 사실을 알고 싶소이다."라고 하자, "당신께 사실을 고하면 저는 죽을 것입니다. 그래도 충고를 해준다면, 그것을 따르지 않을 것이 분명하니 아무 말도 할 수 없습니다." 그러자 왕이 다급하게 말

한다.

"결단코 당신을 해하는 일은 없을 것이오. 망설이지 마시고 바벨론의 왕에게 항복하십시오." 그러면서 그 이유를 가르쳐 준다.

"항복을 하면 하나님이 살려줄 것이고 아니면 멸망뿐입니다." 그렇게 말해 주어도 시드기야 왕은 끝내 항복하지 않았다. 바벨론의 군대가 예루살렘 성을 2년 간 포위하는 동안 백성들이 굶어 죽어갔다. 결국 바벨론의 군대가 예루살렘 성벽을 뚫고 들어와서는 왕과 신하들을 붙잡아 눈을 뽑고는 쇠사슬에 묶어 끌고 갔다.

결국 예언대로 예루살렘은 완전 파괴되어 성전과 궁전들이 모두 불에 타서 재로 사라졌다. 유대나라가 지상에서 사라지고 말았다. 백성들은 가난한 자만 남아 겨우 목숨을 부지 하였고, 중요한 사람들은 모두 포로로 끌려가 고생을 하게 되었다.

생각하는 페이지

하나님의 말씀을 전하고, 미래에의 희망을 강조하면서 살던 선지자 예레미야가 무녀(巫女) 리비아 맞은 편에 자리하고 있다. 그것은 앞선 무녀와는 대조적으로 조용히, 그리고 생각에 잠긴, 정적인 포즈를 하고 있는 노인상(老人像)이다.

예레미야는 주전 640년 경 예루살렘 동북방 2마일 지점에 있는 아나돗에서 제사장 힐기야의 아들로 출생하였다. 그는 주전 626년에 예언자로 부르심을 받았다(렘1:2). 그때 그는 20세도 안되는 젊은 나이였으며 내성적이며 소극적인 사람이었다.

부르심을 받은 후 그는 살구나무 가지와 끓는 가마의 환상을 보았는데 이 환상은 상징적 의미를 가지고 있다. 605년에 갈그미스 전쟁 직후(렘46:1-12) 예레미야는 유다의 멸망을 확실히 예언하였다. 605년 말, 감금되어 있던 그는 처음 20년 간의 예언을 그의 서기(바룩)에게 받아 쓰게 하였다. 그리고 그것을 성전에서 백성에게 낭독해 주도록 하였다(렘36:1-10). 후에 여호야김 왕이 이 두루마리를 읽는 것을 듣고 두루마리를 칼로 베어 화로불에 태워 버렸다(렘36:21-26). 하나님은 또다시 예레미야에게 타버린 그 두루마리에 기록 된 것을 다시 기록하도록 하셨다. 느부갓네살왕이 587년에 예루살렘을 포위하였을 때, 예언한 대로 예루살렘이 함락되고 그는 느부갓네살의 명령에 따라 후한 대접을 받았다.그러나 후에 포로가 되어 바벨론으로 끌려갔다가 석방되었다. 이스마엘이 총독 그다랴를 죽인 후 예레미야도 바벨론의 복수를 피하여 백성들과 함께 애굽으로 피난 갔다(렘40:7-43:7). 그 후의 그의 행적은 알 길이 없으나 애굽에서 죽은 것 같다.

성경에서 배우는 한자

상형문자에 이어 두 번째로 한자를 이루는 것이, 추상적인 뜻을 부호로 나타낸 지사문자(指事文字)이다. 나무토막 한 개를 나타내는 한 일(一), 나무토막 두 개를 나타내는 두 이(二), 나무토막 세 개를 나타내는 석 삼(三), 수평선 위에 점을 찍어서 윗 상(上), 수평선 아래에 점을 찍어

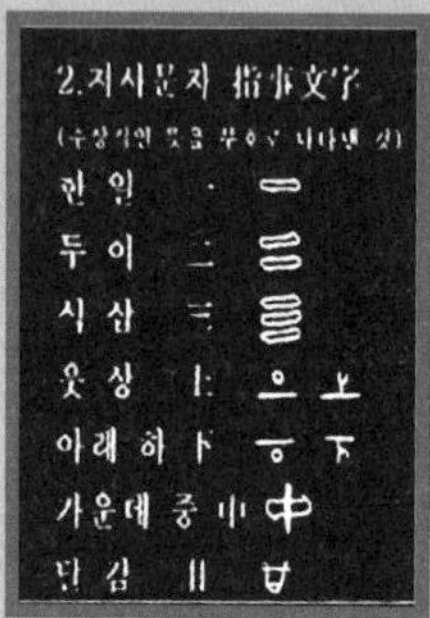

서 아래 하(下)가 되고, 나무토막 한가운데 송곳을 정확하게 찔러서 가운데 중(中), 혓바닥 중에 제일 앞부분이 단맛을 느끼는 부분인데, 생리학적으로 근래에 밝혀진 일을 중국 사람들은 수천 년 전에 알아서 혓바닥의 앞부분을 그렸던 것을 간단히 해서 달 감(甘)이다.

36

■ ■ ■ 에스겔서

에스겔의 환상

에스겔은 가정에 아픔이 있었다. 그의 아내는 주전 588년에 예루살렘이 포위되기 시작했을 때 죽었다. 백성들과 함께 바벨론에 포로로 잡혀갔던 에스겔 선지자는 그곳에서 하나님이 미래에 대하여 보여주시는 환상을 보게 되었다.

유대인들은 그들의 모든 것을 잃고 국가로서의 독립을 빼앗겼기 때문에 마치 죄수나 노예와 같은 비통한 형편에 처해 있었다. 그들이 포로로 잡혀가기 전에는 예루살렘이 있었고 성전이 있어서 싫든 좋든 하나님의 이름을 불렀고, 하나님께 드려지는 제사도 좋은 뜻으로 하든 형식적으로 하든 마음대로 할 수 있었다.

그러나 지금은 상황이 바뀌었고 성전도 없고 제사장도 없는 상황에서 하나님의 이름을 불러야 했다. 뿐만 아니라 하나님의

■ 〈에스겔이 본 환상〉, 라파엘의 그림.

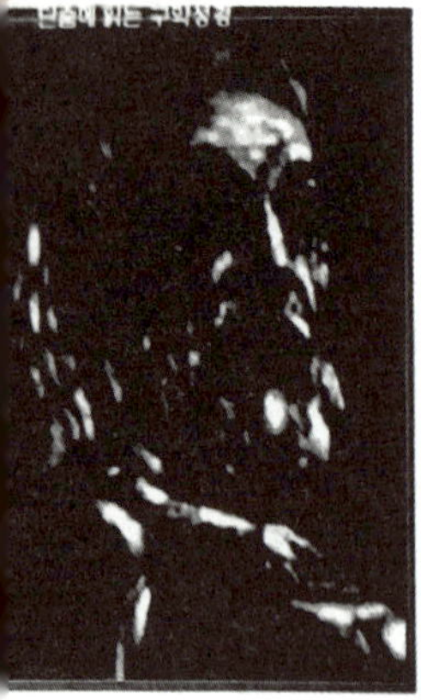

거룩한 백성으로 하나님이 주신 땅이 없어졌음을 실감해야 했다. 느부갓네살 왕이 예루살렘으로 처음 처들어갔을 때, 그는 우수한 청년들을 골라 포로로 데리고 갔다.

에스겔도 이들 중에 하나였다. 에스겔이 이방 포로 생활을 하던 중이었다. 조국을 간절히 사모하여 기도하는 중에 하나님의 소명이 임하였다. 어느 날이었다. 북쪽으로부터 검은 구름이 천둥과 함께 몰려오는데 그 속에서 불이 번쩍 번쩍하며 그 가운데 쇠가 단 것처럼 벌건 것이 언 듯 언 듯 보였다.

그런데 그가 가만히 지켜보고 있자니, 구름 속에서 어떤 것이 빠져 나와 에스겔을 향해 돌진해 오는 것이었다. 그 물체는 인간과 사자와 소와 독수리의 네 얼굴을 가지고 있었다. 각 생물들은 네 날개와 바퀴로 날기도 하고 땅을 따라 움직일 수도 있었다. 중심에는 횃불이 활활 타고 있었다. 움직일 때마다 나는 날개의 소리는 마치 큰 파도치는 소리 같았다. 자세히 보니 그들 위로 궁창이 보이고 그 위에는 하나님의 보좌가 보였다. 에스겔은 두려웠다. 하나님이 분명했기 때문이다. 그러자 이번엔 음성이 들렸다.

> "에스겔아, 너는 선지자로 세워서 일을 시켜야겠다. 이제 이 백성들이 듣든지 안 듣든지 간에 전하거라. 그들에게 하나님의 선지가 있었음을 알게 하면 된다. 내가 너에게 말한 대로 그들에게 전하라."

에스겔이 본 환상은 하나님께서 어느 한 곳에 구속되거나 고정되어 있는 것이 아니라, 하나님이 원하시는 곳은 어디든지 옮겨가실 수 있다는 것을 보여 주는 것이었다. 하나님은 가나안 땅

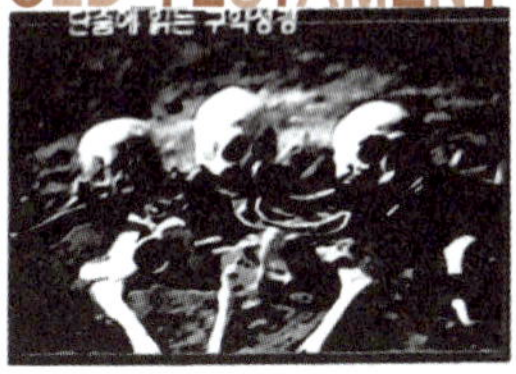

의 하나님이시며, 하나님의 집은 성전이었지만 그럼에도 불구하고 이 세상의 어떤 경계나 장벽도 넘는 것이었다.

에스겔은 다른 대부분의 선지자들처럼 마지못해서 선지자가 된 사람이다. 이어서 하나님은 에스겔 선지자에게 말씀하셨다.

"에스겔아, 두루마리 성경을 먹으라."

두루마리 성경은 처음에는 맛이 썼으나 잠시 후에 꿀같이 달콤해졌다. 에스겔 선지자는 유다의 포로들에게 앞으로 일어날 나쁜 일들에 관해 경고했다. 하지만 희망의 시간도 있음을 보여 주었다.

에스겔은 이스라엘의 영적인 생존에 책임을 지는 이스라엘 족속의 파수 군으로 임명되었다. 그러나 그의 부르심은 에스겔의 말을 백성들이 듣든지 듣지 않든지 중요한 문제가 아니었다. 다만 백성들중에 한 선지자가 그들 중에 있었다는 것을 알게 하려는 배려 일 뿐이었다는 것이다(3:16-21, 33:32-33).

이로써 이스라엘 백성들은 하나님께 회개할 기회를 가졌고 회개치 않는 자들에 대한 하나님의 심판에 대하여 더이상 변명하거나 불평할 수 없었다.

당시의 백성들은 조상들의 죄값으로 나라가 망하였기 때문에 자기들에게는 그 책임이 없다고 생각하였다. 그러나 에스겔은 후손 개개인에게도 그 책임이 있고, 회복할 책임도 있다고 말하셨던 것이다. 생명을 보장해 주는 법규를 따라 살고 그릇된 일을 하지 않으면 죽지 않고 살게 되며, 전에 저지른 잘못도 모두 잊어 주신다는 뜻이었다. 하지만 자신을 깨끗하다고 믿고 악을 행하면 그

죄악 중에서 죽을 것이라는 사실을 깨달아야 했다(33:10-16).

그래서 에스겔은 하나님의 심판을 선포하기도 했지만 커다란 희망을 가지고 이스라엘의 미래를 내다보기도 했다. 왜냐하면 하나님의 영은 죽음 위에도 생기를 불러 일으킬 수 있었기 때문이다. 회복된 땅에는 하나님이 거기 계셨기 때문이었다(37장).

이런 희망은 성전 문지방에서 물이 흐르는 환상을 통해 확실히 보여주셨다.(47:1-12) 물이 다다르는 곳마다 생물이 번성하는 것처럼 이스라엘이 소생함을 예언했다. 그 중의 마른 뼈들이 살아나는 환상은 희망의 메시지 중 가장 훌륭한 것이었다.

에스겔은 또 다른 환상을 보았다. 그때 그는 어떤 골짜기에 있었는데, 주위에는 말라 비틀어진 사람의 뼈들이 가득 차 있었다. 갑자기 음산하고 깊은 골짜기에 서 있게 된 에스겔은 자기가 서 있는 골짜기 사면에 사람들의 죽은 마른 뼈들이 가득히 쌓인 것을 보게 되었다. 그 뼈들은 심히 많고 말라 있었다. 에스겔이 이 놀라운 광경을 바라보고 있을 때, 에스겔에게 하나님의 음성이 들려 왔다.

"에스겔아, 이 뼈들이 정말로 살 수 있겠느냐?"고 물으신 것이다. 에스겔은 당황했다. 이 바싹 마른 뼈들이 과연 살아날 수 있겠는가 의심했기 때문이다. 그러나 에스겔은 하나님의 선지자였기 때문에 사람이 할 수 없는 것을 하나님은 능히 하실 수 있다고 믿었다. 그래서 에스겔은 하나님께 "하나님은 아시고 계십니다."고 대답하게 된 것이다.

하나님은 에스겔에게 "너는 이 뼈들을 향하여 내 말을 대신하라."고 명하셨다.

에스겔은 하나님의 명령에 따라 하나님의 말씀을 대언하게 되었다. "너희 마른 뼈들아, 여호와의 말씀을 들을지어다. 너희 위에 힘줄을 두고 살을 입히고 가죽으로 덮고 너희 속에 생기를 두리니 너희가 살리라." 에스겔이 이처럼 하나님의 말씀을 대언 했을 때, 참으로 기이한 일이 일어나는 것이 아닌가.

마른 뼈들이 소리를 내어 움직이니 소리가 삐걱삐걱 나면서 이 뼈, 저 뼈가 서로 들어맞아 뼈들이 서로 연결되는 것이 아닌가. 드디어 그 뼈들이 사람의 모양을 이루는 것이었다.

에스겔이 또 바라보니까, 서로 연결되는 듯하더니 사람의 모양으로 형성된 그 뼈 위에 힘줄이 생기고 살이 덮였다. 이제 골짜기의 마른 뼈들은 잠자는 사람의 모습으로 그 넓은 산골짜기에 덮이게 되는 것이었다.

이때 또 하나님의 음성이 에스겔에게 들려 왔다.

> "너는 생기를 향하여 외치거라, 주 여호와의 말씀에 생기야 사방에서부터 와서 이 사망을 당한 자에게 불어서 살게 하라."

이 환상에 대해서 하나님은 설명을 해 주셨다.

"에스겔아, 이것은 이 땅에 포로로 잡혀와 있는 나의 백성들을 상징한다. 그들은 죽은 뼈들이나 마찬가지다. 이제 내가 그들에게 새 생명을 주듯이 다시 회복시켜 주리니 민족이 다시 살리라" 라고 하시는 것이었다.

얼마나 기쁘고 행복한 말씀이었을까? 하나님께서 다시 시작할 수 있도록 기회를 주시는 것이었다. 에스겔은 이러한 환상을 본 그대로 기록하고 백성들에게 가르쳐 주었다.

생각하는 페이지

에스겔

■ 에스겔 선지자상. 1764년 나무로 만든 조각으로 교회에 장식된 것이다. Benedictine Abbey, Ottobeuren

에스겔은 제사장 부시의 아들로서, "하나님이 강하게 하다"라는 뜻을 가졌다. 유다 예루살렘에서 성장했으나 제 1차 포로 때에 유다 귀족들과 함께 바벨론으로 끌려가 거기서 예언활동을 했다. 에스겔은 결혼을 하였으나, 그의 아내는 주전 588년에 예루살렘이 포위되기 시작했을 때 죽었다. 에스겔이 잡혀가 거주한 장소는 바벨론 성내가 아니라 유프라데스강 지류인 그발강가 작은 성읍 언덕배기에 있는 텔아비브였다. 다른 포로들과 달리 그는 비교적 자유스럽게 지냈다. 그의 깊은 학문과 고매한 인품, 그리고 투철한 통찰력이 포로들 중 단연 뛰어나 백성의 지도자로 존경을 받았다. 에스겔은 예레미야와 다니엘처럼 팔레스타인 역사의 격동기에 살았던 사람이었다.

성경에서 배우는 한문

3. 회의문자 會意文字
(두개 이상의 글자를 조립한 것)
밝을 명 明 = 日 + 月
수풀 림 林 = 木 + 木
불꽃 염 炎 = 火 + 火
소리 굉 轟 = 車 + 車 + 車
물을 문 問 = 門 + 口
들을 문 聞 = 門 + 耳
사이 간 間 = 門 + 日

한문의 기원

앞장에서 말한 상형문자 다음, 지사문자 다음으로 두 개 이상의 글자를 조립한 회의문자(會意文字)가 있다. 날 일(日)과 달 월(月)이, 즉 해와 달이 합쳐져서 밝을 명(明), 나무(木)가 여러 그루 있어서 숲이 되었다 해서 수풀 림(林), 불(火)이 번쩍 번쩍거린다고 해서 불꽃 염(炎), 차(車)들이 많이 다녀서 시끄럽다고 소리 굉(轟), 대문(門)앞에 입(口)을 갖다대고 여기가 어디입니까? 라고 물어서 물을 문(問), 대문(門)에 귀(耳)를 갖다대고 뭐라고요? 라고 듣는 들을 문(聞), 대문(門)이 살짝 열려서 햇빛(日)이 새어나오니까 사이가 벌어졌다고 해서 사이 간(間)이다.

37

■ ■ ■ 다니엘 1-6장

다니엘의 이야기

여호야김이 유다 왕이었을 때의 이야기다. 이스라엘을 침공했던 느부갓네살 왕은 예루살렘 성을 삼년간 에워싸고 있다가 왕과 왕의 신하들을 잡아 바벨론으로 끌고 갔다.

그때 우수한 청년들이 많이 포로로 잡혀가고 말았다. 청년들 중 우수한 자들을 뽑아 제국 최고의 교육을 받게 한 다음 바벨론의 궁전에서 일을 하도록 한 것이다. 다니엘은 그 때 선택된 청년들 중에 한명이었다.

모두 삶의 터전을 잃고 신앙의 뿌리까지 흔들리는 때니 어둠의 시대였다 하지만, 다니엘과 세 친구는 뜻을 정하여 왕의 진미를 거절했다. 아무리 좋은 것이라도 말씀에서 벗어난다면 그것이 주님에게서 멀어진다고 생각했기 때문이다. 그래서 왕의 신하 아스부나스에게 부탁하며 말했다.

"우리는 채소만 먹겠어요."

다니엘의 요청에 대해 아스부나스는 말하였다.

"만약 너희들이 건강을 해쳐 얼굴이 창백해 보이거나 하면 나는 왕의 진노를 면할 수 없으니 너의 요청을 들어 줄 수가 없도다."

그러자 다니엘과 친구들이 머리를 조아리며 간절히 간청했다.

"10일 동안 채소와 물만 먹게 해 주십시오 그런 후에 왕의 음식을 먹은 다른 소년들과 비교해 주십시오."

다니엘이 간청하자 일단은 허락하였다. 10일이 지났다. 그런데 채소만을 먹은 다니엘과 친구들이 혈색이 나빠지기는 커녕 훨씬 더 좋아진 것이다. 결국 허락이 떨어지고, 네 명의 유대 소년들은 3년 동안 채소만을 먹으며 하나님을 섬기는 믿음을 져버리지 않았다.

그러던 어느 날이었다. 왕이 한 꿈을 꾸었다. 자신의 조언자들에게 꿈 해몽을 하라고 불러 모았다.

"짐이 지난밤에 어떤 꿈을 꾸었노라, 그래서 그 꿈이 무슨 뜻인지 알고 싶다."

"그런데 나는 내가 꾼 꿈을 잊어버렸다. 너희들은 내가 무슨 꿈을 꾸었으며 또 그 꿈이 무엇을 뜻하는지 나에게 알려 주어야만 한다." 라고 왕이 엄하게 말했다.

박사들은 왕의 어처구니없는 요구 때문에 겁에 질려버렸다.

"꾸신 꿈이 무엇인지 알면 저희가 풀어 드리겠나이다." 간청하며 말하자. 왕은 화를 내며 말했다.

"꿈을 잊었다고 하는데 나를 놀리느냐? 그 꿈을 기억나게 말해보고 해석해보라. 너희 몸을 찢어 놓기 전에 말이다."

화가 난 왕이 재차 말했다.

" 대왕마마, 그 누구라도 왕의 꿈을 알 수가 없을 것입니다. 그러지 마시고 곰곰이 생각하셔서 꿈이 무엇인지만 말씀해 주십시오. 그러면 해석은 저희들 꼭 해드리겠습니다."

그들의 말을 들은 왕은 명령을 내렸다.

"저 엉터리 술사들을 사형대로 보내거라."

이 소식을 다니엘과 그의 친구들이 들었다. 마침 그 자리에 없었던 다니엘과 세 친구들은 그 이야기를 듣고 근심에 잠겼다. 그들 역시 사형이 되지 않을 수 없는 위치에 있었기 때문이다. 그래서 왕의 집행관을 찾아 사형을 하루 연기해 달라고 부탁하고서는 서로 말하게 된다.

"친구들아 기도하자. 하나님은 우리에게 왕의 꿈을 가르쳐 주실 것이야." 밤이 되었다. 하나님께서는 그들이 알고 싶어 하는 것을 다니엘에게 다 보여 주셨다.

아침이 되어 왕 앞에 나간 그들은 담대히 말했다. "왕이 꾸신 꿈에 관하여 아는 사람은 없을 것입니다. 이는 비밀을 만드신 이

■ 느부갓네살왕이 꾼 꿈속의 금신상. (출처: 목회선교자료센터)

가 하늘의 신이신, 하나님이시기 때문입니다. 때문에 점성가나 박사들, 그리고 점쟁이들이 알지 못할 것은 너무나도 뻔한 일입니다."

그리고는 다니엘은 즉시 느부갓네살 왕이 꾼 꿈에 관해 말하였다.

> "대왕의 꿈은 미래에 있을 일에 대한 하나님의 증거입니다. 들판에 서 있는 거대한 신상을 보셨는데 머리는 금이요, 허리까지는 은이며, 허리 아래는 청동입니다. 다리는 철이고 발은 철과 진흙이 섞여 있나이다. 그 때 그 신상을 향하여 높은 곳에서 거대한 돌이 날아와 철과 진흙으로 된 신상의 발을 부수었지요. 신상은 부숴져 가루가 되고 말았습니다. 때마침 분 바람에 흔적조차 없어졌나이다. 그러나 그 돌은 결국 점점 커져서 온 세상에 가득 차게 되나이다."

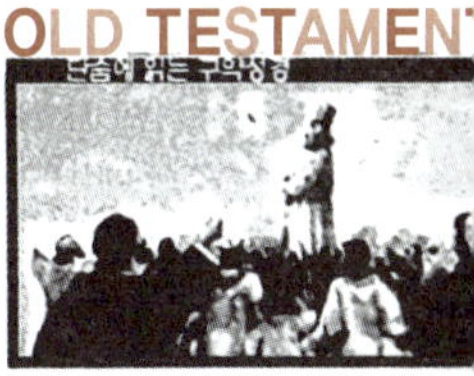

이야기를 다 들은 느부갓네살 왕은 놀라운 표정을 지었다. 다니엘이 정확히 맞춘 것이었다. 그 꿈은 이 세상에 장차 일어날 나라에 대한 것이었는데 결국엔 뜨인 돌로 표현되는 메시아께서 오셔서 세상 모든 나라를 다 깨뜨리시고 새로운 나라를 세우겠다는 종말의 예언이었다.

다니엘과 세 친구가 사로잡혀 온 유다의 제1차포로가 있은 기원전 605년 이후 3년째 되는 기원전 603년은 그들의 바벨론 교육 과정이 마쳐지는 해였다.

바벨론(신 바빌로니아)은 종주국(宗主國)이었던 앗시리아를 기원전 612년 멸망시켰고, 주변의 강대국들인 이집트와 메대, 리디아를 제패(制覇)했으며, 페니키아와 유다도 차례로 복종시켰다. 이리하여 기원전 6세기 근동 세계의 최강국이 된 바벨론의 젊은 대왕 느부갓네살은 아버지 나보포랏살의 뒤를 이어 왕위에 오른 후 이전처럼 다시는 망하지 아니할 만세(萬世) 왕국을 꿈꾸고 있었다.

그의 이러한 황금 꿈은 착실히 성취되어 가고 있었다. 젊은 나이에 만세 왕국을 꿈꾸고 있던 느부갓네살왕은 그의 재위 2년 어느 날 그의 이러한 황금 꿈을 산산조각 내는 악몽(惡夢)을 꾸었던 것이다. 더욱 안타까운 사실은 그것이 자신의 운명에 관계된 악몽이라는 인상만 남긴 채 그 꿈을 모두 잊어버린 것이다.

이제 그는 그 꿈을 찾아야 했고, 그리고 그 꿈의 바른 해석을 구해야 했다. 번민하며 시달리던 왕은 즉시 전문가들로 구성된 보좌관과 회의를 소집하고 그의 잊어버린 꿈을 찾을 것과 그 해석을 요청했지. 하지만 그것은 누구에게도 불가능한 일이었다. 그런데 다니엘은 그 꿈을 기억나게 해주고 해석까지 해 주었다. 다니엘이 말하기를

"왕의 후에 왕만 못한 나라가 일어날 것이요."(단 2:39)

왕의 나라는 페르샤에 의해 망하고, 페르샤는 그리스의 침입을 통해 사라진다는 것이다. 그리스는 청동의 나라였다. 신상의 다리 부분인 철로 이루어진 넷째 나라는 로마(Rome: 기원전 168~서기 476년)였다.

500년 이상 무적(無敵)의 대제국으로 군림한 로마제국은 영국의 섬들로부터 아라비아만까지, 북해(北海)에서 사하라사막까지 뻗어나갔다. 그러나 4세기 후반부터 시작된 북방의 게르만민족

의 대이동으로 2천마일 로마의 국경선은 힘없이 무너졌다. 그후 서기 476년, 영원할 줄 알았던 철나라 로마제국은 그 운명을 다했다. 그리고 다시는 통일될 수 없는 사분오열(四分五裂)의 열국시대(列國時代)로 접어들었다.

4세기 후반부터 시작된 게르만민족의 대이동으로 북방의 울타리가 무너지기 시작한 로마제국은 철의 강도(强度)를 잃고 서기 395년 동서로 양분되었으며, 이어서 476년 헤룰리의 용병대장 오도아케르(Odoacer)에 의해 서로마가 멸망되면서 정확히 열 나라로 쪼개졌다.

다시는 통일이 없을 철과 진흙의 혼합인 발과 발가락시대가 시작된 것이다. 그리고 다니엘의 예언대로 유럽의 역사에서 제국시대는 끝나고 속절없이 열국시대로 접어들게 되었다.

> "왕께서 철과 진흙이 섞인 것을 보셨은즉 그들이 다른 인종과 서로 섞일 것이나 피차에 합하지 아니함이 철과 진흙이 합하지 않음과 같으리이다." (단 2:43).

이 말을 마치자 느부갓네살왕이 엎드려 다니엘에게 절을 하였다. 그리고 예물과 향품을 주면서 말하기를,

"너희 하나님은 참으로 모든 신의 신이시오, 모든 왕의 주재시로다. 네가 능히 이 은밀한 것을 나타내었으니 네 하나님은 또 은밀한 것을 나타내시는 분 이시로다." (단 2:46, 47)라고 하나님을 칭송하였다.

얼마 후 느부갓네살왕이 거대한 금 신상을 만들고 모든 사람들에게 그것에 경배하라고 강요하는 일이 벌어졌다. 느부갓네살

은 유프라테스 강 유역의 두라(지금의 나르 두라) 평지에 받침대를 포함하여 높이 60규빗(103피트), 폭이 6규빗(10피트)이나 되는 거대한 신상을 세우게 했다. 그런 다음 화려한 제막식(除幕式)을 올리고 있었다. 방백과 수령과 도백과 재판관과 재무관과 모사와 법률사와 각 도 모든 관원이 느부갓네살왕의 세운 신상의 낙성 예식에 함께 모여 경배를 드려야 했다(단 3:3). 그러나 왕의 수석 고문이었던 다니엘은 왕이 허락한 어떤 사유로 불참하게 되었다.

"너희는 나팔과 피리와 수금과 삼현금과 양금과 생황과 및 모든 악기 소리를 들을 때에 엎드리어 느부갓네살왕의 세운 금 신상에게 절하라 누구든지 엎드리어 절하지 아니하는 자는 즉시 극렬히 타는 풀무에 던져 넣으리라."(단 3:5, 6)

그 소리와 함께 모인 모든 신하와 백성들이 거대한 신상에 절을 했다. 누가 감히 왕명을 어기고 금 신상에 경배하기를 거절할 수 있겠나? 그러나 다니엘과 세 친구들은 결코 신상에 절을 할 수 없었다. 그들은 그 일로 판결을 받아야 하는 입장에 놓였다.

"느부갓네살 왕이시여 유다 사람 사드락과 메삭과 아벳느고는 왕이 바벨론도를 다스리게 하려고 세우신 왕의 신하들입니다. 그런데 이 사람들이 왕을 높이지 아니하며 왕의 신들을 섬기지 아니하며 왕이 세우신 금 신상에게 절하지 아니하나이다."(단 3:12)

그러자 왕은,

"사드락, 메삭, 아벳느고야 너희가 내 신을 섬기지 아니하며 내가 세운 금 신상에게 절하지 아니하였다고 하는 데 사실이냐? 그렇다면 내 다시 한번 기회를 주마. 모든 악기 소리를 듣거든 내가 만든 신상 앞에 엎드리어 절하면 살주겠다. 만약 너희가 절하지 아니하면 하는 수 없이 너희를 극렬히 타는 풀무 가운데 던져 넣을 것이다. 그러면 너희 신이 아무리 위대한 신이라 하더라도 그 불속에서 너희를 건져낼 수 있겠느냐?"(단 3:14, 15)

사드락과 메삭과 아벳느고는 왕에게 대답하였다.

"느부갓네살이여 우리가 이 일에 대하여 왕에게 대답할 필요가 없나이다. 만일 불속에 던져 넣으신다면 어찌할 수는 없으나 저희들이 섬기는 하나님이 극렬히 타는 풀무 가운데서 능히 건져 내실 것입니다. 하나님이 설령 우리를 풀무불에서 건져내지 아니 하실지라도(if not) 저희는 하나님만을 경배 할 것입니다."(단 3:16, 17)

이 말을 들은 느부갓네살은 분이 가득하여졌다. 그래서 명령을 내렸다.

"사드락과 메삭과 아벳느고를 결박하여 극렬히 타는 풀무 가운데 던져 넣으라."(단 3:19, 20)

자신의 호의마저 거절한 세 젊은이에 대해 격분한 왕은 평소보다 7배나 뜨겁게 달군 풀무불 속에 그들을 던져 넣게 했다. 7배나 뜨겁게 하기 위해 석유를 붓고 풀무로 바람을 넣자 좁은 입구로 불길이 솟아 나와 던져 넣던 군사들을 태워 죽게 했다.

그런데 불길 속에 들어간 세 친구는 불에 타지도 않고 천사와 춤추고 있는 모습이 왕의 눈에 비쳤다. 그 순간 느부갓네살왕은 놀라 급히 일어났단다.

"아니 여봐라! 우리가 결박하여 불 가운데 던진 자는 세 사람이 아니었느냐?"

■헤파이스토스의 그림으로 대장간 풍경이다. 풀무란 대장간에서 바람을 집어넣을 때 쓰는 도구를 말한다.

그들이 왕에게 대답하였다.

"대왕마마 그렇습니다."

왕이 또 말하였다.

"짐이 보니 결박되지 아니한 네 사람이 불 가운데로 다니는데, 상하지도 아니하고 그 넷째의 모양은 신들의 아들과 같으니 어찌된 일이냐?"

그렇게 말하고는 느부갓네살왕이 극렬히 타는 풀무 가까이 가서는 그들을 불렀다.

"지극히 높으신 하나님의 종 사드락, 메삭, 아벳느고야 나와서 이리로 오라."

그 소리를 들은 사드락과 메삭과 아벳느고가 불 가운데서 나왔다(단 3:24~26). 불 속을 응시하던 왕은 놀라운 광경을 본 것이다. 풀무불 속에 결박이 풀린 세 젊은이와 함께 하나님의 아들 같은 또 다른 존재가 함께 거니는 모습을 본 것이다.

여기서 나오는 '신들의 아들'과 같은 넷째 존재는 이 세상에 오시기 전의 예수 그리스도의 모습이다. 하나님께서는 당신을 섬기기 위해 죽음을 불사한 이들을 구원하시기 위해 풀무불 속까지 함께해 주셨다. 그러자 너무나 놀라고 감동한 왕은 이렇게 말했다.

> "사드락과 메삭과 아벳느고의 하나님을 찬송할지로다. 그가 그 사자를 보내사 자기를 의뢰하고 그 몸을 버려서 왕의 명을 거역하고 그 하나님 밖에는 다른 신을 섬기지 아니하며 그에게 절하지 아니한 종들을 구원하셨도다."

> "여봐라! 내가 이제 조서를 내리노니 각 백성과 각 나라와 각 방언하는 자가 무릇 사드락과 메삭과 아벳느고의 하나님께 함부로 말하거든 그 몸을 쪼개고 그 집으로 거름터를 삼을지니 이는 이같이 사람을 구원할 다른 신이 없음이니라."(단 3:28, 29)

일곱 배나 더 뜨거운 불속에서 머리카락 하나도 그슬리지 아니하고 살아 나온 세 젊은이를 현장에서 체험한 왕은 그들이 목숨을 바쳐 섬긴 참 하나님을 인정하고 찬양했다.

다니엘과 사자굴

세월이 흘렀다. 느부갓네살 왕은 죽고, 바벨론은 벨사살왕에 의해 통치되었다. 벨사살왕은 술과 여자에 빠져 나라를 다스리는 정사를 게을리하고, 뿐만 아니라 앞의 왕처럼 하나님을 두려워하지도, 경외하지도 않았으며, 옛날 이스라엘을 공격해서 가져온 성전의 귀한 그릇들(성물들)을 꺼내어 술을 부어 마셨다.

그리곤 각종 금, 은, 놋, 철, 석, 목으로 된 신상들을 경배하였다. 결국 이것이 하나님의 진노를 샀고, 결국 그는 그날 저녁에 죽임을 당하고 바벨론은 메대 · 바사군에게 멸망당하였다.

한편 다니엘은 메데의 다리오왕에 의해 메데의 총리로 세움을 받았는데 이로 인하여 다른 신하들의 시기를 받게 되었다. 다른 신하들은 이방인인 다니엘이 자기들을 다스리는 것에 불만을 품고 다니엘의 허물을 찾으려고 노력했지만 도무지 그의 허물을 찾을 수가 없었다.

유일한 방법은 다니엘이 지키는 율법으로 허물을 삼아야겠다고 계획을 세우게 된다. 그들은 왕을 부추겨서 이렇게 간언을 했다.

"대왕마마, 이제부터 30일 동안에 누구든지 왕 외에 어느 신에게나 사람에게 무엇을 구하거나 기도하면 사자굴에 던져 넣기로 하는 법을 세우십시오." 라고 말했다.

한 달 동안 오직 왕에게만 경배하게 하여 왕의 위엄을 나타내도록 하자는 달콤한 말로 유혹하여 조서에 왕의 인장반지를 찍게 하였다.

당시 메데 · 바사의 법률상 왕의 인장반지를 찍어서 문서화한 것이면 아무도 바꿀 수 없었다. 심지어는 왕이라 할지라도 그 법을 변개할 수 없었던 것이다.

다니엘은 그 법이 발표되어 시행되고 있다는 사실을 알고 있었으면서도 그는 하나님께 경배하는 것을 중단할 수 없었다. 언제나 그는 하나님의 성전을 그리워하며 예루살렘을 향해 창을 열고서 하루에 세 번씩 기도하였기 때문에 그것을 멈출 수 없었다. 그런데 그를 시기하는 사람들은 다니엘의 기도하는 습관을 알고 있었다.

■ 왕의 인장반지

결국 그들은 숨어 있다가 다니엘의 기도하는 모습을 보고서는 왕에게 밀고하였다. 신하들이 밀고한 것을 보고 받은 왕은 하는 수없이 명령을 내린다.

"다니엘은 짐의 말을 어겼도다. 그를 사자굴 속에 집어 던져 넣으라."

사자굴 속에 던져진 다니엘을 두고, 왕은 무거운 마음을 안고 궁전으로 돌아갔다.

왕은 밤새도록 고민하며 잠을 이루지 못하고 고민 끝에 잠자리에서 일어났다. 왕은 신하들과 함께 사자 굴로 가서 입구를 막고 있던 큰 돌을 치우라고 명했다. 그리고는 굴을 향해

"살아 계신 하나님의 종 다니엘아, 네가 항상 섬기는 하나님이 너를 사자 굴에서 구해 주셨느냐?"

그런데 죽은 줄만 알았던 다니엘의 목소리가 굴속에서 들려오는 것이다.

"대왕이시여, 걱정하지 마십시오. 제가 섬기는 하나님께서 천사들을 보내 사자들의 입을 막아 주셨습니다. 그래서 저는 무사합니다. 하나님께서 이렇게 해주신 것은, 제가 아무 죄도 없다는 것과 왕께서도 아무런 잘못이 없다는 것을 아시기 때문입니다."

그 이야기를 듣자 왕은 대단히 기뻐했다.

"여봐라 뭐하느냐! 밧줄을 풀어 주고, 속히 다니엘을 꺼내 주거라."

굴속에서 나온 다니엘은 긁힌 상처조차 없었다. 왕은 그것을 보자 다니엘을 죽이려고 했던 사람들이 잘못한 것을 알았다. 결국 그들이 사자 굴에 던져 넣어져 사자밥이 되고 말았다.

이 일로 인해 다리오 왕은 하나님을 섬기는 이스라엘 사람들을 위해 그들의 하나님을 섬기도록 모든 배려를 해주었다.

단·숨·에·읽·는·구·약·성·서

생각하는 페이지

■ EASY GUIDE JOURNET ON NEWTESTAMENT

바벨론과 이스라엘의 역사

창조 후 1,600여 년 만에 세상을 휩쓴 파멸적인 홍수(洪水)를 다시는 내리지 않으시겠다는 하나님의 약속을 사람들은 불신(不信)했다. 그리하여 노아의 아들 함의 손자 니므롯의 영도 아래 사람들은 유프라테스 강 유역에 바벨탑을 쌓고 그 곳을 중심으로 하여 하나님께 대한 반역의 역사를 계속하였다. 기원전 18세기 쯤에는 그 곳에 아모리족의 함무라비가 다스린 구(舊) 바벨론(바빌로니아)이 3세기 동안 왕성했고 그 다음에는 티그리스강 유역에 자리 잡은 앗시리아가 다스리다가 기원전 7세기에 이르러 갈대아족의 느부갓네살이 다스린 셈족의 나라 신(新) 바벨론(바빌로니아)이 다시 들어서게 되었다.

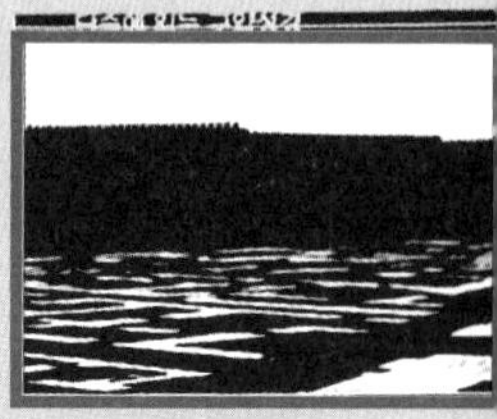

■ 바벨론의 공중정원 유적

한편 기원전 18세기 말 하나님께서는 바벨론 지역인 유프라테스강 하류 갈대아 우르에 살던 셈족의 족장(族長) 아브라함과 그의 가족을 지금의 이스라엘이 차지한 팔레스틴으로 이주(移住)시키셔서 기원전 11세기에 마침내 온 세상을 구원하시려는 하나님의 계획을 수행할 선민(選民)의 나라 이스라엘을 세우게 하셨다. 사울왕을 시작으로, 다윗왕, 솔로몬왕으로 이어지는 통일왕국시대가 120년 간(1050~931년 BC) 계속되다가 솔로몬왕의 사후에는 북방의 이스라엘과 남방의 유다로 분리되어 남북왕조시대가 시작되었다.

하나님을 떠나 우상숭배(偶像崇拜)에 빠져 버린 북방 이스라엘은 기원전 722년 앗시리아에 의해 멸망하였고, 남방 유다 역시 하나님께 불순종을 거듭하다가 (신)바벨론에 의해 세 차례의 침략과 포로 끝에 기원전 586년 멸망을 당하였으며 백성들은 70년 간 바벨론에서 포로 생활을 하게 되었다. 그 첫 번째 포로가 기원전 605년에 있었는데 이 때 바벨론왕 느부갓네살은 유대 왕족(王族), 청년 다니엘과 다른 세 젊은이를 바벨론으로 잡아갔으며 그들은 거기서 일생을 보내게 되었다. 그 가운데 다니엘서의 주인공인 다니엘은 선지자(先知者)로 부름을 받아 다니엘서를 기록함과 동시에 바벨론 제국 이후 페르샤 시대까지 탁월한 정치가로서 그의 역할을 수행하게 되었다.

단·숨·에·읽·는·구·약·성·경

성경에서 배우는 한문

■ EASY GUIDE JOURNET ON NEWTESTAMENT

한문의 기원

한문중에는 여러 가지 글자를 조립한 것이 있다. 뜻을 나타내는 것과 발음을 나타내는 것이 모여서 된 형성문자(形聲文字)이다. 청할 청(請)은 말을 해서 청한다는 의미로 뜻은 말씀 언(言)이지만 발음은 푸를 청(靑)이다. 뜻을 나타내는 것이 따로 있고, 음(音)을 나타내는 것이 따로 있는 글자가 형성문자(形聲文字)란 것이다.

또 전주문자(轉注文字)가 있다. 이미 있는 글자의 본래 의미로부터 유추하여 다른 음(音)이나 뜻으로 전환시킨 것을 말한다. 예를 들어서 음악(音樂) 할 때 풍류 악(樂)을 산을 좋아한다, 물을 좋아한다 할 때는 요산요수(樂山樂水), 요(樂)로 읽는다. 악(樂), 요(樂)가 같은 글자이다. 오락(娛樂)을 한다 할 때 즐길 락(樂), 악(樂)자나 락(樂)자나 요(樂)자나 하나의 글자인데 여러 가지로 응용시켜서 바꾼 글자를 전주문자(轉注文字)라고 한다.

또 가차문자(假借文字)가 있는데, 본래 글자의 뜻과는 전혀 관계없이 그 음(音)만 같으면 글자를 빌려 쓰는 것을 말한다. 주로 외래어(外來語)를 표기할 때 사용하는데, 예를 들어서 '프랑스'라는 말이 중국에는 없었는데 프랑스와 교역을 하면서 '프랑스'(佛蘭西)란 말을 만들어야만 했다. 그래서 이것저것 복합을 시켜서 발음기호(發音記號)처럼 합친 것이다. 한국말로 읽으면 '불란서'(佛蘭西)이지만 중국 사람이 읽으면, '프랑스'가 됨다. '피득'(彼得)이라고 우리는 읽지만 중국사람들은 '피터'(베드로)로 읽는다. '이불소'(以弗所)도 중국사람들이 읽으면 '에베소'가 된다. '희백래'(希伯來)도 중국사람들이 읽으면 '히브라이'가 된다.

38

■ ■ ■ 에스라, 느헤미야

예루살렘으로의 귀환

하나님께서는 에스겔과 다니엘과 여러 선지자들에게 이스라엘을 포로에서 풀려나 이스라엘로 돌아오게 하겠다는 약속을 지키시려고 일을 진행하고 계셨다. 에스겔에게는 하늘에서 역사를 움직이시는 수레바퀴 가운데 나타나 말씀하셨고, 다니엘에게는 느부갓네살 왕이 꾼 꿈을 통하여 바빌론이 망하고 페르샤가 세상을 다스릴 것이라고 예언하였다.

이스라엘이 귀환하는 데 큰 임무를 맡은 두 사람이 등장하는데 느헤미야와 에스라이다. 먼저 느헤미야는 수산 궁에서 술 맡은 관원장 이었다. 그가 섬겼던 아닥사스다 I 세는 에스더를 왕비로 삼은 아하수에로 왕의 아들이었다.

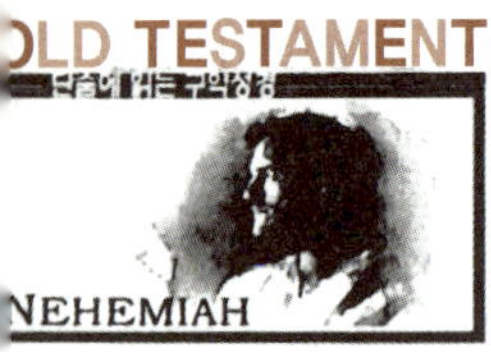

부림절(에 9:20-32)은 아닥사스다 I 세의 즉위 8년 전, B.C.

473년 3월 8일 에 제정되었다. 그리하여 B.C. 458년 봄, 에스라는 아닥사스다 왕의 도움으로 유대 인을 이끌고 예루살렘으로 돌아오게 된다. 이 일이 2차 포로 귀환이다. 이듬해 봄엔 하나님의 선민들과 이방 여인과의 결혼 문제로부터 시작하여 예루살렘 성전 재건에 이르기까지 여러 문제 해결에 착수했다. 그러나 르훔과 심새의 온갖 방해로 인하여 유대 인들은 참극(스 4:7-16, 21, 23 느 1:3)을 겪게 된다.

이러한 비보를 전해들은 느헤미야는 바사 왕실의 안락한 자리를 버리고 예루살렘에 돌아온다. 그리하여 B.C. 445-420년에 이르기까지 유대 민족의 정통성 회복과 순수성 유지에 온 정성을 다 쏟는다(느 8:1-9;12:26).

다시 역사는 흘렀다. 느부갓네살 왕이 예루살렘을 침략하여 포로들을 바벨론으로 데려온 지 약 70년의 세월이 흘러서 이제 그 포로들 중에 예루살렘을 기억하는 사람은 몇 명 남지 않게 되었다. 세월이 지나 고레스왕이 바벨론의 왕의 되었다. 바벨론을 정복한 페르시아 왕국은 영토가 광범위하게 넓어졌다.

그는 자기 나라 사람들이 어려움 없이 행복하게 살기를 원했다. 그래서 더 이상 포로들을 잡아둘 이유가 없었다. 그러한 마음을 하나님이 부어주셨다. 감동이 생긴 왕은 포로들을 고향으로 돌려보내는 것이 좋겠다고 생각했다. 그는 조서를 준비하여 발표하였다.

> "이스라엘의 하나님은 참신이시다. 하늘의 신 여호와께서 나에게 만국을 주셨다. 그러니 너희 이스라엘 백성들은 예루살렘으

로 돌아가서 여호와 하나님을 위해 성전을 다시 짓거라."

뿐만 아니라 왕은 많은 은혜도 베풀었다.

"올라가서 전을 새로이 건축할 때에, 가나한 사람들에게는 금은을 주고 건축에 필요한 것을 도와주도록 하라."

귀환의 시작은 에스라의 요청에 의해 페르시아 제국 최고의 권위에 의해 이루어진 것이었지만 이같이 허락된 이면에는 여호와의 손길이 함께하셨던 것이다. 아닥사스다 왕은 조서를 내려 신속한 일처리를 위해 에스라에게 여러가지 권위를 부여해 주었다.

유다와 예루살렘에 정착한 사람들의 상황 관찰권, 예배를 위해서는 재물을 받아 분배할 권리, 창고지기에게서는 필요한 것을 공급받을 수 있는 권리, 사법권을 갖고 유사와 재판관을 임명할 수 있는 권리 등이었다. 여기서 잠시 에스라를 소개하면 모세의 율법에 익숙한 학사였고 하나님 여호와의 도우심을 입는 자로 왕에게 큰 신임을 받은 자였다.

에스라는 여호와의 율법을 연구하여 준행하며 율례와 규례를 이스라엘에게 가르치기로 결심하였다. 하나님께서는 포로로부터 귀환하여 성전을 재건하고 이스라엘 나라를 재건하는 것을 위하여 필요한 지도자들을 준비시키셨다. 그 대표적인 사람이 에스라이다.

에스라가 떠나기 전에 금식을 선포하고 스스로 겸비하여 기도하였다. 그는 평탄한 길을 위하여 간구하였다. 그것은 하나님께서 돌보신다고 왕 앞에서 이야기했기 때문이다. 만약 길에서 적군을 만나다면 보병과 마병을 왕에게 구하기가 부끄럽기 때문이다.

에스라가 예루살렘으로 돌아왔을 때 그 곳에 남아있던 제사장과 레위인들을 포함한 이스라엘 백성들이 다함께 율법을 떠나고 이방의 믿지 않는 여인들을 아내로 취하여 하나님을 떠나 있었다. 이에 에스라는 회개를 촉하며 모두 하나님께로 되돌아오라고 촉구했다. 그러자 그들은 회개하고 하나님께 돌아와 일을 시작했다.

포로에서 돌아와 퇴락한 성전을 다시 건축하고 예루살렘 성벽을 재건하는 것은 매우 중요한 것이었다. 그러나 그러한 외적인 것에 못지 않게 중요한 것은, 하나님께서 그의 백성들에게 주신 율법을 다시 세우고 지켜 행하는 일이었다.

에스라는 바로 이것을 위하여 헌신하고 노력한 지도자였다. 그는 하나님의 율법을 연구하여 익숙한 학사였다.

"하나님을 찬양하라! 위대하신 하나님을 찬양하라!" 고 에스라가 소리치자 모든 백성들은 일제히 일어서서 손을 높이 들고 '아멘' 이라고 응답하였다.

그들은 겸손하게 엎드려 하나님을 찬양하였고, 에스라의 말에 귀를 기울였다. 먼저 에스라는 율법책에서 한 부분을 읽었고, 레위인들 중에 몇 몇은 백성들 가운데 서서 에스라가 읽고 있는 것을 해석하여 그들이 그것을 이해할 수 있도록 도와주었다.

에스라와 그의 동료들은 새벽부터 한 낮까지 율법책을 읽고 설명해 주었다. 그들은 하나님의 말씀을 들으면 들을수록 자기들이 하나님의 율법을 얼마나 어겼는지 깨달았다. 그들은 드디어 감동하기 시작했고 많은 사람들이 울었다.

느헤미야와 에스라는 그들을 진정시켰다.

"오늘은 기쁜 날입니다. 하나님의 거룩한 날입니다. 그러니 우리가 어찌 울며 슬퍼하겠습니까? 다들 집으로 돌아가세요. 가서 잔치를 베풀고 가난한 사람들에게 여러분의 음식을 나누어 주십시오. 하나님께서 주시는 기쁨은 여러분의 힘이 될 것입니다."라고 느헤미야와 에스라가 말했다.

날마다 에스라는 그들에게 하나님의 율법을 가르쳤다. 두 주 동안이나 열심히 그들을 가르쳤더니 진정으로 변화가 일어나기 시작했다. 이제부터는 오직 하나님만 경배하고 의지하며 하나님의 말씀을 따르는 백성이 되겠다고 약속하였다.

생각하는 페이지

■ E A S Y G U I D E J O U R N E T O N N E W T E S T A M E N T

귀 환

■ 고레스왕의 정복기사(주전 6세기 바벨론에서 출토)

하나님의 역사는 준비된 자들을 통하여 이루어진다. 주전 537년 스룹바벨과 예수아의 인도하에 바벨론 포로 1차 귀환(성전 재건)이 있었다. 그 후 80년 만인, 주전 516년 성전이 재건된 지는 58년만인 주전 458년에 에스라의 인도 하에 바벨론 포로 2차 귀환이 이루어졌다. 특별히 에스라는 2차 포로 귀환 후 신앙 부흥운동을 일으켰다. 성경은 에스라에 대하여 '준비된 그릇'이라고 말한다. 에스라가 어떤 사람인지 어떻게 쓰임받게 되었는가. 그는 모세의 율법에 익숙한(정통한) 학사였으며 백성을 뜨겁게 사랑한 사람이었다. 그래서 2차 포로 귀환을 주도한 것이다. 역대기서는 바벨론 포로들이 팔레스타인으로 다시 귀향하게 된 배경을 소개하는 것으로 끝난다. 페르시아의 고레스 왕이 칙령을 내려 유다 백성들이 예루살렘으로 귀환하여 성전을 지으라고 명한 것이다(대하 36:22-23). 당시 페르시아는 바벨론을 무혈 점령하고 정복지 백성들의 자유를 최대한 허용하는 관용정책을 폈다. 고레스가 바벨론에 끌려 온 사람들은 이제 자기 나라로 돌아가도 좋다는 내용의 칙령을 발표한 것이다(사 45:1). 이스라엘 사람들은 바빌론 포로 이후 유대인(Ioudaioi)으로 통칭되기 시작하였다. 점차 이 명칭은 귀환민 뿐 아니라 디아스포라의 이스라엘인에게도 적용되었는데, 관습적으로 에스라시대까지는 이스라엘인과 유다인으로 구별하여 부르고 그 이후부터는 유대인이라고 부른다

성경에서 배우는 한문

약 4200년 전에 한자가 처음 만들어졌다고 보는데, 놀라운 사실은 순(舜) 임금시대는 세계사(世界史)적으로 보면, 불과 수십 년 전에 메소포타미아에서 바벨탑 사건이 터진 때이다. 중국 최초의 전설적인 요(堯), 순(舜) 임금시대는 바벨탑 사건으로부터 수십 년 밖에 지나지 않았던 시대이다. 그렇다면 이들은 바벨탑 사건이나 그 이전 노아 홍수 사건, 창세기 사건에 대해 생생하게 들었거나, 직접 체험하여 잘 알고 있었을 것이다. 또 한가지 중요한 사실은 순(舜) 임금은, 하늘의 임금, 즉 상제(上帝)에게 제사를 드렸다고 공자(孔子)의 '서경(書經)'에 기록되어 있다. 중국 최초의 제사(祭祀)에 대한 기록인데, 순(舜) 임금시대에 이미 제사를 드렸고, 그 때부터 상제(上帝)에게 드리는 제사가 4000여 년 동안이나 지속되어 왔다.

39

■ ■ ■ 에스더

에스더 왕비

B.C. 486-464년까지 통치한 아하수에로 왕은 정치, 경제, 군사, 교육에 능했다. 왕위 3년에 왕은 신하와 방백들을 모아놓고 180일 간 호화로운 잔치를 열고, 제 칠일 되던 날 주흥이 나서 왕비의 아리따움을 자랑하고자 왕비인 와스디를 불렀다. 그러나 와스디는 자신이 베푼 잔치로 바빠서 왕의 명령을 거절하여 나오지 않았다.

그러자 왕은 진노했고, 신하와 방백들은 왕을 진정시키고자 건의하여 왕비를 폐위시켰다. 그 후 다시 왕비를 뽑았는데, 유대인 포로출신의 고아였던 여자아이가 왕비로 간택되었다.

에스더라고 하는 모르드개의 사촌 여동생이 왕후로 뽑히게 되었다. 믿음이 진실했던 에스더는 하나님의 은혜로 바사 왕국의

■ 에스더 왕비, 성당 모자이크 중세시대

아하수에르의 왕비가 되었는데, 왕비가 된 후에도 에스더는 오빠 모르드개의 말을 부모에게 순종하듯이 그 말에 순종하며 겸손하였다. 또 모르드개도 동생이 왕비가 되었다고 교만하거나 동생을 이용하여 어떤 권력을 가지려고도 하지 않았다.

늘 하던 대로 대궐 문 앞에 앉아서 자신의 맡은 일을 잘 감당하며 충성스럽게 일했다. 그러던 어느 날이었다. 모르드개는 대궐 문 앞에 앉았는데 우연히 왕을 가장 가까이에서 모시는 신하 두 사람이 왕을 죽이려는 모의를 하는 것을 듣게 되었다.

"자네는 이 나라가 어찌된다고 생각하나? 왕은 정치를 너무 몰라 아무래도 왕을 폐위시키고 새로운 왕을 세워야 하지 않겠나?"

그렇게 말하자 다른 한 사람이 또 말했다.

"자네도 그렇게 생각하나? 이 일은 벌써부터 일어나야 할 일이 있어."

역적모의를 한 두 사람의 이름은 빅단과 데레스였다. 그들은 아하수에로 왕 때문에 마음에 억울함이 있는 사람들이었다. 그러니 왕을 없애야겠다는 위험한 생각을 갖게 된거다. 마침 문을 지키던 모르드개가 그것을 듣게 된 것이다. 모르드게는 그냥 있을 수 없었다. 그래서 동생인 왕비 에스더에게 가서 의논을 했다.

"오빠 이 일은 보통일이 아니에요, 왕에게 가서 이 사실을 알려야 겠어요."

왕에게 나아간 에스더는 조심스럽게 입을 열었다.

"전하. 이 나라에 위급한 일이 있습니다."

"위급한 일이라니 무슨 말씀이시오."

"지금 밖에서는 폐하를 암살하려고 작당하는 무리가 있다고 합니다."

"뭐라고? 그게 무슨 이야기요."

"네 저의 오라버니가 우연히 역적 모의를 하는 사람들의 이야기를 들었다고 합니다."

"아니 그게 누구란 말이요?"

"네, 제 오라비의 말이 빅단과 데레스 두 사람이라고 합니다."

■ 〈에스더 왕비〉, 유화작품 중세시대

아하수에르 왕은 깜짝 놀랐다. 결국 군사들이 가서 잡아왔다. 그래서 조사관을 시켜 심문한다.

"정녕 너희들이 나를 죽이려고 작당을 하였느냐?"

왕의 추상같은 국문에 둘은 역적모의 사실을 자백하였다. 결국 두 사람은 죄가 밝혀지고 당시의 관습대로 나무에 매달려 죽고 말았다. 이 일로 인해 왕은 목숨을 건졌고, 다시 나라는 평안해졌다. 얼마 지나지 않아 이번에는 유대인들에게 문제가 발생하였다.

왕실의 제 2인자인 하만이 대궐의 문을 지키는 유대인 관원 모르드개를 미워하게 되었다. 그 이유는 하만에게 무릎을 꿇고 절하지 않았다는 것이다.

하나님만 섬기고 그분께만 경배하는 모르드개는 하만에게 머리를 숙일 수 없었던 것이다. 그는 이 나라에서 왕 다음으로 높은 사람이었다. 하만은 모든 사람에게 자신을 신처럼 절하라고 했다. 하지만 하나님을 잘 믿는 모르드개는 하만에게 상관으로서의 예는 드렸지만 신에게 하듯 절하지 않았던 것은 너무나 당연한 일이었다. 모르드개를 죽이려고 마음 먹은 하만은 아하수에르왕에게 가서 간청했다.

"폐하, 이 나라의 법을 따르지 않는 아주 작은 민족이 있습니다. 이 민족을 그대로 두었다가는 나중에 폐하의 나라가 위험하오니 날을 정하여 이 민족들을 전부 없애 버릴 수 있도록 허락하여 주십시요. 이것은 왕의 나라를 더욱 든든히 하는 일입니다."

영문을 모르는 왕은 자신의 나라에 해가 될 수 있다는 말만 믿고 생각에 잠겼다.

이윽고 아하수에르 왕은 그렇게 하라고 허락을 했다. 그래서 하만은 이런 모르드개 때문에 모르드개의 민족인 유대민족까지 다 죽이려는 음모를 꾸미는 일이 허락을 받았다.

하만이 내린 조서는 유대인들에게 참으로 잔인했다. 그 조서에 따르면 12월 13일 하루에 모든 남녀노소와 부녀를 다 죽이고 유대인의 재산을 탈취하라는 명령이었다. 이 날이 이르면 바사에 흩어져 있는 유대인들은 몽땅 죽임을 당하게 될 판이었다. 이 조서를 본 모르드개는 자신의 옷을 찢고, 굵은 베를 입고, 재를 둘러쓰고 큰 소리로 통곡을 했다.

뿐만 아니라. 유대인들도 이 조서의 내용을 알고 모르드개처럼 크게 애통하며 금식하며 울부짖었다. 모르드개가 슬픔을 가누지 못하고 있다는 소식은 곧 왕비 에스더에게도 전해졌다. 이

에 왕비는 좋은 의복을 보내서 모르드개에게 입히고자 했지만, 모르드개는 이를 거절한다. 이에 왕비는 도대체 왜 모르드개가 이렇게 탄식하고 있는지를 알아 보게 하였다.

모르드개는 왕비의 시녀에게 하만이 한 일을 자세히 이야기해 주면서, 왕 앞에 나아가 하만의 음모를 말하고 민족을 위해 왕에게 호소하라고 말한다. 이것을 안 에스더는 아하수에로왕에게 이야기를 하기로 마음먹었다.

하지만 당시의 페르시아는 왕의 허락 없이 그 누구도 왕에게 스스로 나아갈 수 없는 것이 국법이었고, 그것을 어겼을 때에는 왕의 특별한 은총이 없이는 모두가 사형을 당했다. 설사 그 사람이 왕비라 할지라도 예외는 아니었던 것이다. 그러자 모르드개는 에스더에게 중요한 이야기를 꺼낸다.

> "너는 왕궁에 있으니 모든 유다인 중에 홀로 면하리라 생각지 말거라. 이 때에 네가 만일 잠잠하여 말이 없으면 유다인은 다른 데로 말미암아 놓임과 구원을 얻으려니와 너와 네 아비 집은 멸망하리라. 네가 왕후의 위를 얻은 것이 이 때를 위함이 아닌지 누가 아느냐?"

강력하게 말하는 오빠 앞에서 고민하던 왕비는 하나님께 기도하는 수 밖에 없다고 생각하고 모르드개에게 함께 금식하고 하였다. 동족의 학살의 날은 다가오고 왕은 자신을 부르지 않고 그렇다고 무조건 왕 앞에 나섰다간 그날로 폐위 당하게 될 것이 분명하였다.

왕후 에스더는 진퇴양난의 위기 앞에서 자신의 측근들과 동족들에게 3일 동안 금식하여 힘써 기도해 달라고 부탁했다. 그리고 금식이 끝나는 데로 '내가 죽으면 죽으리라' 는 각오로 왕에게 나아가리라고 생각했다.

그리고 금식을 했다. 금식은 하나님 앞에서 인간적인 방법을 모두 접어두고 오직 하나님께만 매달리는 비상적인 기도이다. 금식이 끝났다. 그리고 왕 앞에 나아갈 때가 되었다.

왕이 불러줄 때까지 기다려야 했다. 3일 동안의 금식 기도 후에 에스더가 왕 앞에 나아갔다. 그런데 정말 하나님의 은혜로 왕이 그녀를 보자 "왕비! 그동안 평안하셨소? 오래 만에 보니 당신이 참 아름답구려. 이리 가까이 나아오시오." 왕의 긍휼과 은총이 나타난 것이다. 그 일 후 왕이 하루는 잠이 오지 않아 나라의 이야기를 적어 놓은 실록을 보자고 하였다.

밤새워 읽는 중에 왕을 모살 하려고 했던 자들을 모르드개가 알려 주어서 화를 면할 수 있었다는 사실을 알게 된다. 그래서 왕은 지난날 좋은 일을 하고도 상을 주지 않은 일이 생각나서 그에게 상을 줄 계획을 갖는다. 그리고 왕비에게 말하기를,

> "왕비의 소원을 말해보시오. 내가 기분이 좋으니 다 들어주겠소."

그러자 왕비는 간청을 한다.

> "전하! 잔치를 열어 하만을 초대해 주십시오."

왕비가 하만을 초대한 이유는 하만이 왕비의 계획을 눈치채지 못하게 위함이었다. 왕이 소원을 물어본 즉시 하만의 음모를 말

하고, 아울러 하만을 처벌해 달라고 요청을 했다면 왕이 쉽게 들어주지 않았을 것이었을 것이다. 적어도 왕은 자신에게 충성을 다할 자를 총리에 임명했으니 말이다.

따라서 하만이 음모를 꾸몄다고 해도 직접 왕과 관련된 일이 아니기에 그리 쉽게 왕비의 소청을 들어주지 않았을 것이다. 그래서 왕비는 하만이 무엇 때문에 자신을 초대하는지 전혀 알지 못하게 만든 것이다. 물론 왕도 왕비의 계획을 전혀 알지 못했다. 다음날 왕이 하만 총리를 데리고 에스더 왕후의 잔치에 참석해서 너무 너무 좋아했다.

"왕후 에스더여 나에게 무슨 청이 있나본데 있으면 말해 보아라. 내가 나라의 절반이라도 달라고 하면 줄 터이니 어서 말해라."

"예, 왕이여. 제가 내일 다시 잔치를 베풀 터이니 내일도 하만 총리하고 같이 참석을 하면 좋겠습니다."

이 때 하만은 술이 취하여 너무 너무 기분이 좋았다. 그 많은 신하 중에서 자기만 청해 주었으니 얼마나 기분이 좋아겠니? 그런데 나오는 중에 보니 모르드개가 대궐 문에 있는 거야. 여전히 일어나지도 아니하고 몸을 움직이지도 아니 하는 것을 보고 심히 화가 났다.

또 오전 내내 하만이 모르드개를 말에 태우고 온 수산 시내를 도니 수산 시내 길거리에 나와 잿더미에 앉아 베옷을 입고 울던 유대인들은 모두 놀랐다. 모르드개를 왕궁 앞으로까지 데려다 준 하만은 너무나 분하였으나 참고서 집으로 돌아가 그 사실을 친구들을 초청하여 말했다.

"내가 이제 이 나라에서 재산이 왕 다음으로 많고 영광과 자녀가 많지 않느냐, 그리고 전하께서 나를 들어 총리로 앉히지 않았느냐? 또 왕후 에스더가 그 베푼 잔치에 왕과 함께 나를 초청하지 않았느냐. 내가 내일도 왕과 함께 청함을 받았느니라."

라고 자랑했던 것이다. "그런데 말이야. 유다 사람 모르드개가 대궐문에 앉아서 오늘도 내게 머리를 숙이지 않는 것을 보니 화가 나도다." 그 때 왕궁에서 하인들이 나와 하만에게 빨리 궁으로 들어 오라는 왕의 명령을 전했다. 하만은 얼굴을 씻고 관복을 입고 왕궁으로 갔다. 궁에서 그를 기다리고 있던 왕과 함께 에스더가 준비한 잔치에 참석하여 대접을 잘 받았지만 그가 당한 모욕에 견딜 수 없어 음식을 씹는 것조차 고통스러웠다. 그런데 왕은 에스더의 융숭한 대접에 기분이 좋아져 또 다시 에스더를 칭찬하며 소원을 말하도록 물었다.

이제 때가 왔다고 생각한 에스더는 "대왕이여, 내 생명을 내게 돌려주시고 내 일가친척, 나의 민족의 생명을 돌려주소서."라며 간절히 청했다. 왕이 그 말을 듣고 놀라 그 이유를 묻자 에스더는 "왕이시여 저의 민족이 하만에 의해 모두 죽게 되었습니다. 통촉하여 주십시오." 하고는 모든 일에 대해 자세히 설명했다.

왕은 그러한 계획을 세운 사람이 그가 그토록 신임하던 하만이라는 것을 알고 큰 충격을 받았다. 왕은 너무 분노하여 그 분을 식히려고 뒤뜰로 나갔는데, 그 사이에 하만은 자신의 처지가 너무 다급해지자 그만 의자에 앉아 있던 왕후 에스더의 무릎에 덥

석 엎드렸다.

그리고 자신의 생명을 살려 달라고 간구하며 왕후의 무릎에서 몸부림 치고 울고 있는데, 왕이 후원에서 돌아와 이러한 장면을 보고 왕후를 희롱하는 줄로 알고 더욱 분노하였다.

왕은 하만을 잡으라고 지시하였고 즉시 신하들은 하만의 목을 베로 쌌다. 그 중 또 다른 신하는 왕께 하만이 모르드개를 죽이려고 그의 집에 오십 규빗 되는 나무를 세워 놓았다는 것을 고했다.

왕은 그 말을 듣고 "당장 하만을 잡아다가 그 처자가 보는 앞에서 그의 집에 세워 놓았다는 오십 규빗 되는 나무에 매달으라."고 명령했다.

왕의 법도를 어긴 것은 전 왕비 와스디나 현 왕비 에스더도 마찬가지였다. 왕이 부르는데 나오지 않는 것은 왕의 법도를 어긴 중죄이다. 반대로 왕이 부르지 않았는데도 나오는 것 역시 중죄였다. 그러나 한 여자는 폐위되었고, 한 여자는 왕의 사랑을 입게 되었다.

하나는 쓸데없는 고집으로 비추어졌지만 하나는 하나님께서 기뻐하시는 뜻, 깊은 일로 기억된 것이다. 거기에는 무슨 차이가 있었겠는가? 자기 백성을 살리려는 간절함이 있었던 것이다. 목숨을 잃게 되더라도 그 일을 해야 한다는 강한 열망이 있었다. 결국 하만은 모르드개를 죽이려 했던 장대에 자기가 달려 죽고 에스더와 유대민족은 하나님께 영광을 돌렸다. 왕은 에스더에게 말했다.

"에스더여, 하만의 집을 너에게 맡기노라."

에스더는 하만의 열 아들을 모두 나무에 매달고 나가서 모르드개가 자기의 사촌 오라버니인 것을 말했다. 왕은 놀라서 물었다.

"어떻게 왕후가 되었으면서도 모르드개가 사촌 오라버니라는 말을 하지 않고 지금까지 말단 직원으로 왕궁 문지기 옆에서 일하게 하였는가?"

감탄하면서 말하였다. 그리고 모르드개를 불러 하만이 끼었던 반지를 뽑아 주어 모르드개는 국무총리가 되었다. 모르드개는 국무총리가 되었고 에스더는 왕후이니 바사는 유대인 왕후에 유대인 국무총리로 유대인들에게 하늘의 영광이 임한 것이다. 모르드개와 에스더는 당장 왕의 허락을 받아서 하만이 내린 조서를 모두 취소하고 대신 하만이 온 유대인을 진멸하려 했던 12월 13일에 유대인의 원수들을 모두 잡아 들였다.

수산성에서는 12월 13일과 14일 이틀 동안에 유대인의 원수들 7만7000명이 모두 처형되었다.

유대인을 죽이려고 했던 사람들이 도리어 유대인의 손에 의해 죽임을 당하고, 그들을 멸망시키려던 사람들이 도리어 멸망을 당했다. 바사는 아하수에로 왕이 다스렸지만 그 밑에서 모르드개와 왕후 에스더의 손에 의해 유대인들이 가는 곳마다 영광과 추앙을 받고 축복을 얻었다. 위대한 승리가 그들에게 다가오게 된 것이다.

이 일 후 에스더의 사촌 오빠인 모르드개는 그의 충성심이 인정되어 그 사건 이후 왕의 신임을 받아 국무총리로 출세하게 되었다. 기도의 능력으로 환난도 물러가고 축복도 임하게 된 것이다. 에스더와 유대민족은 기도를 통해서 응답을 받고 하나님의 능력과 또 큰 사랑을 체험하게 되었다.

부림절의 유래

■허만

아람어로 '푸하만림'이라 불리는 부림은 '주사위'를 의미하는 '푸르'에서 유래되었으며, 아람어 '푸르'는 아카드어 '푸루'에서 비롯되었다. 부림절의 근거는 에스겔서 9장 17~32절이다. "아달월 14일과 15일을 축일로 지키라고 지시했다. 이 달은 쓰라림이 기쁨으로 바뀌고 초상날이 축제일로 바뀐 달이요, 이 날은 유대인들이 원수에게서 풀려 난 날이라, 이날을 기쁜 잔칫날로 지내며 선물을 주고받고 가난한 사람들에게 따뜻한 손길을 뻗는 날로 삼으라고 하였다."라고 쓰여 있다

페르시아 왕국에는 옛날 사울왕에게 진멸되었던 아말렉왕 아각의 후손으로 하만이란 자가 페르시아 내에서 중용되어 총리의 자리에까지 올랐다. 천하 제일의 제국 페르시아의 총리가 된 하만의 위상은 하늘을 찔렀다. 그는 유독 모르드개라는 유대인이 그에게 공손치 않은 것을 발견하였다. 견딜 수 없었다. 그는 유대인을 학살할 계획을 세우고 황제의 재가를 받았다. 부림절이란 말은 이 때 던졌던 주사위의 일종을 가르키는 '푸르'라는 말에서 왔다. 하스모니안 왕조(the kingdom of Hasmonian) 시대에는 "모르드카이의 날(Day of Mordecai)"로 알려졌다. 부림절은 유대력으로 아다르월 14일이며 태양력으로 2월 말이나 3월 초에 해당한다. 그러나 예루살렘의 경우 아다르월 15일을 부림절로 지킨다.

중국의 경천사상

순(舜) 임금 때부터 드려오던 중국인 최고의 제사(祭祀), 즉 상제(上帝)에게 드리던 제사는 여름에는 북쪽 끝에서 드리고, 겨울에는 따뜻한 남쪽 끝에서 드려서 국경제사(國境祭祀)라고 하는데, 요(堯), 순(舜) 시대부터 시작한 그 국경제사(國境祭祀)때 상제(上帝)에게 드리던 제사문(祭祀文)이 아직도 그대로 남아 있다. 대명회전(大明會典)에 기록된 '국경제사문(國境祭祀文)'을 한번 보면. "지극히 오래 전 태초에 공허하고 흑암의 큰 혼돈이 있었사옵니다. 다섯 행성은 아직 운행되지 않았었고 태양도 달도 빛을 발하지 않았었습니다. 거룩하신 신 상제(上帝)께서 이곳에 모든 만물을 지으셨습니다. 주께서 모든 만물을 만드셨사옵니다. 그리고 사람을 지으셨사옵니다. 당신의 능력으로 모든 만물이 지음을 받았사옵니다."

위의 국경제사문(國境祭祀文)과 기독교인이 믿는 경전인 성경(聖經) 창세기(創世記) 1장의 내용과 비교해 보면. "태초에 하나님이 천지를 창조하시니라. 땅이 혼돈하고 공허하며 흑암이 깊음 위에 있고 하나님의 신은 수면에 운행하시니리라... 하나님이 두 큰 광명을 만드사 큰 광명으로 낮을 주관하게 하시고 작은 광명으로 밤을 주관하게 하시며 또 별들을 만드시고... 하나님이 자기형상 곧 하나님의 형상대로 사람을 창조하시되 남자와 여자를 창조하시고 …."(창 1:1-27) 상제(上帝)를 창조(創造)의 신(神)으로 묘사함으로서, 국경제사문(國境祭祀文)의 내용과 창세기(創世記) 내용이 매우 유사하다는 것을 알 수 있다.

또 다른 국경제사문(國境祭祀文)이 있다. "모든 생물들이 당신의 뜻으로 말미암았나이다. 上帝시여, 인간도 만물도 모두가 당신의 사랑으로

이 낙원에 살게 되었나이다. 모든 생명체가 당신의 선하심으로 지음 받았사오니, 그 축복은 당신으로 말미암음이옵니다. 오 주시여, 당신만이 이 모든 만물의 참 어버이가 되시옵니다."

세상의 어떤 종교에도 기독교 이외에는 이런 기도문이 없다. 제사문이라는 것이 결국 신(神)에게 드리는 기도문(祈禱文)인데, 바벨탑 사건 이후 하나님을 기억하던 백성들이 동방으로 이주해온 후 하나님을 기억하며 드렸던 기도문으로 생각된다. 진시황(秦始皇)이 진(秦)나라를 세우던 B.C. 200년경까지 중국인은 2000여 년 동안이나 유일신(唯一神)이요, 창조(創造)의 신(神)인 상제(上帝)하나님을 잘 믿어왔다. 상제(上帝)는 중국식 발음으로, '샹따이(혹은 상띠)'인데 유대인이 부르는 하나님의 칭호(稱號) 중에서 '산(山)에 있는 하나님'을 '엘 샤따이'라고 부른다. 샤따이, 샹따이, 발음이 거의 같다. 바벨탑 사건이후 혀가 꼬부라져 '샤따이'가 샹따이로 변한 것 같다. 메소포타미아지역에서 믿던 샤따이 하나님을 최초의 중국 사람들이 그대로 믿었던 것 같다.

40

■ ■ ■ 요나서

요나의 체험

여호와 하나님께서 니느웨 사람들을 사랑하셔서 그들을 회개 시키기로 하셨다. 그래서 아밋대의 아들 요나에게 하나님이 큰 일을 시키시기로 마음먹고 그에게 나타나셔서 말씀하셨다.

> "요나야. 너는 일어나 저 큰 성읍 니느웨로 가거라. 가서 네 힘껏 외치거라, 그들의 죄가 너무 커서 내가 견딜 수 없구나."

하지만 요나는 니느웨를 싫어했다. 그들은 이스라엘을 침략해 멸망시킨 원수의 나라였기 때문이다. 그래서 속으로 생각하기를 "참! 하나님도 그 놈들 심판하셔서 벌을 주실 일이지. 왜 가서 회개 시킨답니까?" 하고 생각했다. 그래서 여호와 하나님의 얼굴을 피하고 싶어서 엉뚱하게 도망갔다. 그는 다시스로 도망하려

고 항구인 욥바로 향하였다. 아! 그런데 이게 웬일인가? 마침 다시스로 가는 배가 있어 얼씨구나 하고 배를 타고 도망치게 되었다.

이 사실을 알게 된 하나님께서 태풍을 불게 하셨다. 그랬더니 바다가 온 통 폭풍으로 어지럽게 되었다. 하지만 그것도 모르는 요나는 배 밑에서 쿨쿨 깊은 잠이 들었다. 배 위에서는 하다하다 안되어서 선장은 선장대로 선원 선원들대로 난리가 났다. 급기야 자신들이 믿는 신의 이름을 부르며 기도하기에 이르렀다. 이윽고 배를 가볍게 하려고 물건을 바다에 던지기까지 했다. 그 중 누군가가 말했다.

> "이러한 폭풍은 신의 노여움이 분명해요. 우리 중에 누군가가 신의 노여움을 받고 있는 것이 분명해요. 자 제비를 뽑아 누구 때문인지 밝혀 봅시다."

이게 왠일인가? 제비를 뽑으니 요나가 뽑히게 되었다. 제비에 뽑히자 요나가 말하였다.

"사람이 제비는 뽑으나 하나님께서 일을 시작하시고 마치십니다."(잠 16:33) 하고는 그들에게 말한다.

> "나는 히브리 사람이요, 바다와 육지를 지으신 하늘의 하나님 여호와를 경외하는 자이지요. 아무래도 이 폭풍은 나 때문인 것이 분명하오. 그러니 나를 바다에 던지시오. 그러면 폭풍이 멈출 것이오."

하지만 배사람들은 인정이 많은 사람들이었다.

"아 당치도 않는 말씀 마시오. 여기서 육지가 그리 멀지 않으니 배를 돌려봅시다."

하고 요나를 바다에 빠뜨리는 것을 주저하였다. 그럴수록 바다는 폭풍으로 더욱 사나워졌다. 사람들은 하는 수 없이 요나를 바다에 던졌다. 그러자 즉시 바람이 그치고 파도가 잔잔해졌다. 그때 하나님께서는 이미 큰 물고기를 예비하셨다. 요나가 바다에 던져지자, 요나를 삼켰다. 결국 요나는 고기 뱃속에서 삼일간 주야로 있게 되었다. 고기 뱃속에서 정신을 차린 요나는 하나님께 목숨을 건 기도를 드렸다.

"하나님 여기는 스올의 뱃속, 곧 지옥과 같은 곳입니다. 제가 하나님의 명령을 거부하여 도망하였더니 이런 위험 속에서 기도합니다. 제가 잠시 정신이 나가서 베푸신 은혜를 잊어버렸습니다. 한번만 살려주시면 서원을 주께 갚겠습니다. 구원은 여호와께서 하실 수 있습니다."(욘 2:1-9)

OLD TESTAMENT

■ 미켈란젤로의 그림, 〈요나〉

그렇게 사흘 밤낮을 물고기 뱃속에서 기도하였더니 하나님께서 살려주셨다.. 물고기는 사흘만에 요나를 육지에 토해냈다.

명령을 받은 요나는 니느웨에 가서 하나님의 뜻을 전했다.

온 백성들에게 그동안 일어났던 모든 사실을 얘기하면서 외쳤다.

"회개 하라. 너희들의 잘못을 회개하여 돌아서지 않으면 하나님이 이 성을 멸망시킬 것이다."

또 외쳤다.

"40일만 지나면 니느웨는 멸망한다!"

그런데 이게 웬일인가? 얼마가지 않아 니느웨 성의 왕과 백성들은 그의 외침을 듣고 회개하며 악에서 돌아서겠다고 다짐하였다. 그랬더니 회개하고 돌아선 그들을 약속대로 용서하고 성을 멸망시키지 않으셨다. 그랬더니 이번에는 요나의 마음이 불편해졌다.

왜냐하면 니느웨가 회개하고 하나님께로 돌아선다면 이스라엘은 위험한 관계에 놓이게 될 것이라는 사실을 알았기 때문이었다. 그는 니느웨 성에서 빠져 나와 하나님께서 그 성을 멸망시키기를 원하면서 작은 길가에 앉아 그 성을 지켜보기로 마음먹고 자리를 잡아 앉아 기다렸다. 그런데 태양 빛이 너무 뜨겁게 내리쬐어 견딜 수가 없게 되었다.

근처에 있는 박넝쿨의 잎사귀로 그늘을 만들어 앉았다. 그런데 어디서 왔는지 작은 벌레들이 뿌리를 갉아 먹어 다음날에는 말라 죽고 말았다. 이에 뜨거운 태양 때문에 요나는 불평의 연속이었다.

"요나야! 네가 그 식물이 죽었다고 해서 화를 낼 수 있느냐?" 그러자 요나가 대답한다. "이렇게 비참하게 사느니 차라리 죽는 것이 낫겠습니다."

"요나야, 어찌하여 너는 너의 머리를 시원케 해주는 이 보잘것 없는 식물 때문에 불평하고 그러느냐. 그렇다면 내가 창조한 백성들

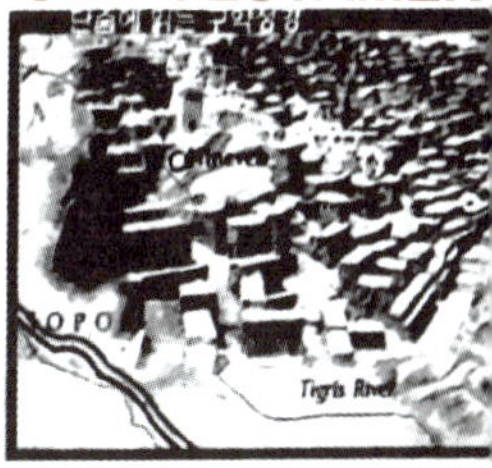

모두를 사랑하는 내 마음은 어떻겠느냐. 니느웨 백성들이 멸망하기 보다는 그들이 회개하여 돌아오는 것을 나는 더 원한다."

요나는 하나님의 말씀을 듣는 순간 하나님은 심판의 하나님이 아니라 사랑의 하나님이시며, 멸망의 하나님이 아니라 구원의 하나님이심을 깊이 깨닫게 되었다. 그리고 하나님께선, 이스라엘 백성만 사랑하는 것이 아니라 온 백성을 다 사랑하신다는 것을 깊이 깨닫게 되었다. 그래서 진정으로 회개하고 그는 니느웨를 위하여 하나님이 세우신 선교사로 일을 하게 된 것을 감사하였다.

생각하는 페이지

다 시 스(Tarshish)

구약성경에 여러번 등장하는 해안항구 도시다. 그러나 그 위치는 분명치 않다. 팔레스틴에서 먼 곳 지중해 서편 끝 어디쯤이다. B.C. 7-6세기경 그리스인들은 스페인의 '탈테서스' 라는 해상무역 도시와 교역을 했는데 그렇다면 현재 남지브랄탈 근처의 탈테서스 항구로 볼 수도 있다. 풍부한 금속류가 생산되는 곳으로 그 옛날 페니키아 상인들이 개발한 곳이다(겔27:12). 다시스의 배는 먼 곳으로 향해하는 큰 상선대를 가리킨다(시48:7 : 사2:16). 주로 페니키아 상인들이 소유한 것으로 솔로몬 시대 때 주로 희랍을 구리 제련소에서 물품을 나르는데 쓰였던 배이다(왕상9:26).

욥 바(joppa)

오늘날 자파(Jaffa)라고 불리는 예루살렘 서북 50km 쯤 떨어진 지중 해안의 항구 도시다. 이스라엘의 텔 아비브 항구와 접해 있다. 작은 배가 드나드는 간이 항구 도시로서 신약에 '피장이 시몬' 의 집이 있는 곳이요, 베드로가 환상을 보고 도르가를 살린 곳이기도 하다(행9, 10장). 현재는 이스라엘의 유명한 '샤론의 귤' 을 외국으로 수출하는 기지로 쓰이고 있다.

니 느 웨(Nineveh)

앗수르 제국의 최후의 수도였다. 창10:9에 이하면 니므롯이 세운 섬이며, 함무라비 법전에 기록된 고대 도시이다. 그 성의 둘레는 4km나 되고 12km의 내성을 쌓은 형태로 되어 있다. 또 50km의 수도관까지 있다고 한다. 바벨론 왕 나보폴라살과의 전쟁의 참패로 앗수르 제국이 멸망할 때 니느웨 성도 훼파되었다. 사진은 아름다운 니느웨성의 전경이다.

단 · 숨 · 에 · 읽 · 는 · 구 · 약 · 성 · 경

성경에서 배우는 한문

■ EASY GUIDE JOURNET ON NEWTESTAMENT

중국의 경천사상(敬天思想)과 한문

바벨론과의 무역으로 막강한 부(富)를 축적하고 사병(私兵)을 길렀던 장사꾼 '여불위'의 아들 '여정'이 진시황(秦始皇)으로 즉위하면서 과거와의 단절을 선언했다. 그래서 유일신(唯一神), 즉 상제(上帝)하나님을 없애야 진시황이 중앙집권 통치하기가 쉽다고 해서 엄청난 문화 종교혁명을 일으켰다. 그런데 과거부터 상제(上帝)하나님을 잘 믿어오던 중국인들, 특히 학자(學者)들이 가만히 있지 않아서 굉장한 반대를 하자, 진시황은 가차 없는 숙청을 단행했는데, 이것이 바로 '분서갱유'(焚書坑儒) 사건이다. 과거에서부터 내려왔던, 모든 책을 불태워 버렸는데 그 책들 중에는 상제(上帝)하나님에 관한 기록, 바벨탑의 기록, 창세기의 기록이 많이 있었을 것인데, 그 책들을 태워 버리고, 그래도 살아있던 학자들이 계속 저항을 하자 생매장해서 죽여 버렸다. '분서갱유' 사건은 단순한 사건이 아니다. 신앙적 차원으로 볼 때는 유일신(唯一神)을 잘 믿던 중국이 바벨론이고 바알적인 신앙으로 완전히 떠나버린 사건이다. 그러고도 여

기저기서 유일신 사상이 들어올까 봐 만리장성(萬里長城)을 쌓아서 외부로부터 들어오는 여러 정보, 즉, "민주화하라, 종교의 자유를 보장하라.." 하는 소리들을 차단시키려고 했던 것이다. 국민들을 강제노동 시킴으로써 반역을 일으킬 소지를 없애고, 외적의 침입을 막고자 했던 목적도 있지만, 실제로는 종교적-정치적 목적으로 만리장성을 쌓은 것이다.

진시황(秦始皇)은 자기가 신(神)인 것처럼 살았고, 살려고 노력했지만, 중국인의 마음에 유일신(唯一神) 상제(上帝) 사상을 지울 수가 없었다. 회유책으로 상제(上帝) 신(神)도 인정하면서, '동서남북(東西南北) 각각에 더 중요한 신(神)이 있고 또 그 위에 태을신(太乙神)이 있고 ….' 라고 하면서 희석(稀釋) 작전으로 들어갔다. 처음에는 말살(抹殺)정책을 폈지만, 2000여 년 동안이나 믿어오던 신앙이 없어지지 않자, 상제(上帝) 신(神)을 격하시키기 시작한 것이다. 동서남북의 신과 태을신(太乙神) 등 여러 신을 만들어서 거기에 더 매력을 느끼도록 국가에서 주도를 해 버리자, 세월이 점점 흘러감에 따라 중국 사람들은 여러 잡신(雜神)들 중에 하나가 상제(上帝) 신(神)인 것처럼 변해버렸다. 진시황의 작전이 성공하였던 것이다. 진시황 자신은 어마어마한 진시황릉을 만들고 수많은 장수들의 토용(土俑)을 만들고 죽었지만, 진시황 당대로 끝나버리고 다른 나라로 바뀌어 버리고 말았다.

그러면 우리나라는 어땠을까? 우리나라는 더욱 더 상제(上帝)하나님을 잘 섬기던 나라였다. 고조선(古朝鮮)의 풍습이 상제(上帝)하나님을 섬기는 풍습이었고, 고구려(高句麗)의 국가 축제인 동맹(東盟) 역시 하나님을 섬기는 것이며, 부여(夫餘)의 영고(迎鼓)라든가 동예(東濊)의 무천(舞天) 등... 우리 민족의 고유한 행사와 사상에는 전부 상제(上帝)하나님을 섬기던 사상이 그대로 남아 있었다.

이러한 중국인의 종교적 배경으로 보나 역사적 배경으로 보나, 미궁에 빠졌던 갑골문자의 기원이 기독교 성경 창세기에 기록되어있는 인류 공통의 사건과 관련되어서 만들어졌지 않았겠느냐 하는 생각들이 나타나게 되었고, 연구분석 결과 수많은 갑골문자의 기원이 창세기의 사건에서 비롯되었음이 밝혀진 것이다.(도움말: 계명대학교 의과대학 미생물학교실. 성경과 한문에 대한 자료는 서민호 교수님의 연구자료 이다.

– http://youny.yu.ac.kr

41

■ ■ ■ 학개, 스가랴, 말라기

마지막 선지자들

B.C. 539년에 바벨론을 정복하고 그 뒤를 이은 바사(페르시아) 제국은 알렉산더 대왕의 동방원정 때까지 존속하였다. 그 당시 바사 왕국은 총독들에 의해 분할 통치되고 있었는데, 지방 장관들은 이러한 총독들의 관할 아래 있었다.

총독이 없던 유다는 사마리아 총독에 의해 감독을 받고 있었던 것이다. 성전이 재건되어 완공된 것은 이 기간 초기였다. 유다의 대표자는 대제사장들이었다. 그런데 유다와 사마리아 관리들 사이에는 상당한 분쟁과 갈등이 있었다.

그러는 동안, 예루살렘 거주민들은 아닥사스다 I세 통치 기간(B.C. 464-423)에 무너진 성벽을 재건하기 시작하였다.

유다인들은 부푼 꿈을 안고 포로에서 귀환하였다. 학개와 스가랴의 설교에 감동을 받아 그들은 성전을 재건하였다. 이 건물은 바벨론이 무너뜨린 그 성전의 영광에 비길 수는 없었지만, 장차 더 큰 영광이 임하리라는 예언으로 감동받아 지어진 성전이었다.

그러나 수십 년이 지나도 임하리라던 그 큰 영광이 나타나지 않자, 유대 인들의 소망과 기대는 희미해지기 시작하였다.

선지자들이 약속했던 그 번영이 돌아오기는커녕, 하루하루의 생활은 고통의 연속이었으며 기근과 흉작이 계속되었다. 그러자 그들은 하나님의 사랑의 공의로운 통치에 회의와 의문을 품기 시작하였다(2:17).

그들은 여호와 보시기에 악을 행하는 자를 선하다고까지 말하게 되었으며, 하나님의 명령을 준행하며 하나님 앞에 슬프게 행하는 것도 무익하다고 주장하였다(3:14).

"그 날에 죄와 더러움을 씻는 샘이 다윗의 족속과 예루살렘의 거민을 위해서 열리리라."(슥 13:1)고 스가랴 선지자가 말했는데 이 본문은 예수 그리스도의 오심을 미리 예견하고 있다. 우리의 힘에 의해서가 아니라, 주의 은총에 의해 우리의 성전과 제사와 행동들은 거룩함을 입게 된다는 것이다.

예수님이 오시기 500여 년 전 이 세 선지자들은 B.C. 4-6세기에 예루살렘에서 활동한 예언자들이다. 이스라엘이 70년 바벨론 포로 생활을 마치고 귀환하였을 당시의 예언자들이 된다. 이즈음 이스라엘인들은 성전과 성벽을 재건하며 민족 중흥에 기치를 들었다.

학개는 하나님의 성전을 다시 건축할 것을 호소하였다.(학 1:14)

그러나 건축을 하더라도 외형적 성전보다 더 중요한 것이 깨끗한 손으로 성전에서 드리는 제사임을 가르쳤다.(학2:14)

또 스가랴 선지자는 행위가 따르지 않는 제사에 대해서는 하나님이 심판하신다는 것을 가르쳤다. 그러나 하나님의 말씀을 청종하면 성전이 아름답게 건축될 것을 가르치기도 했다.(슥6:15)

그리고 손으로 짓지 않은 영원한 성전이 지어질 것을 예언하였다. 그것은 하나님의 은총에 의해 거룩하게 지어질 종말의 성전으로서 예수님 자신을 가리키는 말이었던 것이다.(13:1)

말라기 선지자는 1장 6절–2장 16절에서 이스라엘의 거룩하지 못한 죄와 오염된 제사에 대한 심판(말1:13–14)이 곧 임할 것이라고 말하였다. 그러나 형식적인 그 제사가 사라지고 나더라도 하나님의 은총에 의해 거룩하게 될 종말의 참된 제사에 대한 설명을 하면서 메시아 되시는 예수님의 오심을 통해 완전하고도 영원한 제사가 이루어지게 될 날이 올 것이라고 예언하였던 것이다.(3:1–5)

학개 2장 12절 14절은 다음과 같이 말한다. "사람이 옷자락에 거룩한 고기를 쌌는데 그 옷자락이 떡이나 국에나 포도주에나 기름에나 닿았으면 그것이 성물이 되겠느냐 하라 … 이에 학개가 대답하여 가로되 여호와의 말씀에 내 앞에서 이 백성이 그러하고 이 나라가 그러하고 그 손의 모든 일도 그러하고 그것이 거기서 드리는 것도 부정하니라. 이제 청컨대 너희는 오늘부터 이전 곧 여호와의 전에 돌이 돌 위에 첩 놓이지 않았던 때를 기억하라." 이스라엘인들은 성전을 지으며, 그 성전이 그들의 부정을 제하여 줄 것이라 생각하였을 것이다. 그러나 오히려 학개는 그 성전이 이스라엘의 불의로 인하여 더럽혀질 수 있음을 언급한다. 외형적인 성전의 건축이 중요한 것이 아니라, 마음의 정결 및 의로운 삶이 중요함을 강조하는 것이었다. 성전의 외형적인 면이 중요한 것이 아니다. "이 전의 이전 영광을 본 자가 누구냐 이제 이것이 너희에게 어떻게 보이느냐 이것이 너희에게 보잘 것이 없지 아니하냐, 그러나 나 여호와가 이르노라 스룹바벨아 스스로 굳게 할지어다 … 스스로 굳세게 하여 일할지어다 … 너희와 언약한 말과 나의 신이 오히려 너희 중에 머물러 있나니." (학 2:3-5)

또 스가랴는 이스라엘에게 내려진 모든 재앙이 하나님의 말씀을 준행하지 않은 데에 있음을 말하며, 하나님으로부터 은혜를 받고자 한다면 행동을 바르게 할 것을 언급한다.(슥 1:1-6) 스가랴는 말하기를,

"하나님의 말씀에 대한 순종이 진정한 성전을 건축하는 일에 전제되는 것입니다. 그러므로 먼데 있는 사람이 와서 여호와의 전을 건축하게 될 것입니다. 만군의 여호와께서는 나를 여러분들에게 보내신 줄을 알게 해줄 것입니다. 여러분들이 만일 하나님 여호와의 말씀을 청종한다면 반드시 예언과 같이 이루어지게 될 것입니다."(슥 6:15)

그러나 스가랴의 예언은 이 같은 진정된 성전의 건축이 그가 현존하고 있던 그 시대에는 불가능하며, 종말에 가서 주의 날이 올 때에 실현될 것임을 말한 것이다.(학 2:21-23)

"(메시아가 오시는) 그 날에는 말방울까지 여호와께 성결이라 기록될 것입니다. 여호와의 전에 모든 솥이 제단 앞 주발과 다름이 없을 것입니다. 예루살렘과 유다의 모든 솥이 만군의 여호와

의 성물이 될 것입니다."

이제 점점 시간은 흘러 말라기 선지자가 일어나서는 주의 사자(메신저)로서 예수 그리스도가 곧 이 땅에 강림할 것을 예언한다.(말 3:1-5) 오늘의 우리의 성전과 제사가 다 거룩하지 못하지만, 그때가 되면 하나님의 메신저가 임하여 우리의 성전과 제사를 거룩하게 할 것이라고 말하는 것이다. 우리의 성결은 우리의 힘으로 되는 것이 아니라, 하나님의 은총에 의해 하나님에게 보내심을 받은 사람에 의해서 이루어질 것임을 선포하고 있는 것이다.

이러한 상황 속에서, 말라기 선지자는 그들의 회의와 의문들이 하나님의 사랑과 언약을 잘 모르는 까닭에 비롯되는 것이라고 답변하였다.

그는 그들이 신실함에도 불구하고 그런 재난이 임한 것이 아니라, 그들의 죄악이 가득하기 때문에 그런 고통을 겪는다고 말하였다.

제사장들은 부패한 제사를 드리고 있었고, 성전 의무를 불경스럽고 형식적으로 수행하였다(1:13). 그들은 하나님께 드리는 제물은 좋은 것으로 드려야 함에도 불구하고, 그들은 흠 있는 것들만 골라서 드림으로써, 백성들까지도 그릇된 길로 인도하였다.

한편, 백성들은 젊어서 맞은 아내를 버리고 이방 여인과 결혼하였다(2:14). 이처럼, 당시에는 마술 · 간음 · 부정 · 약자를 압제하는 일 · 불경건(3:5) 등 모든 종류의 죄가 편만해 있었다.

말라기 선지자는 그들의 죄를 모두 지적하고, 그들이 돌이켜 회개할 것을 촉구하였다(3:7). 그러므로 말라기 선지자가 핵심으로 말한 선포는 '십일조' 와 '준비' 이다.

백성들이 십일조를 하지 않을 때, 사실 당연히 하나님께 드려야 할 것을 그들이 도둑질하는 격이 되었다. 백성들은 하나님께 그들이 소유한 재물보다 더 많은 것들을 빚지고 있다.

그들의 돈 뿐만 아니라 그들의 시간, 재능도 빚지고 있다. 또한 말라기의 중요한 사역의 한 부분은 백성들의 마음 뿐만 아니라 우리의 주님이신 예수 그리스도 곧 메시야의 길을 준비하기 위해서 보내진 세례 요한을 예비하는 일이다.

하나님의 말씀은 이후 약 400여 년 동안이나 이 땅에 나타나지 않았다. 마치 이집트에서 노예로 일하였던 이스라엘에게 400여 년 간이나 계시가 없다가 모세가 탄생할 즈음 하나님의 음성이 다시 들린 것처럼 예수님이 이 땅에 오실 즈음 까지 이 땅은 하나님의 계시를 들을 수 없었던 암흑의 시간이 시작 된 것이다.

단·숨·에·읽·는·구·약·성·경

생각하는 페이지

■ E A S Y G U I D E J O U R N E T O N N E W T E S T A M E N T

십 일 조

말라기 3장 17절에서 "만군의 여호와가 이르노라 내가 나의 정한 날에 그들로 나의 특별한 소유를 삼을 것이요 또 사람이 자기를 섬기는 아들을 아낌 같이 내가 그들을 아끼리니" 하였는데 이는 하나님의 특별한 소유로 구별하기 위함 인 것이다. 그러므로 십일조(물질)를 드림은 하나님의 물질의 축복의 약속임과 동시에 첫 열매(인격)인 예수님과 성도의 관계를 말하는 것이 된다. 즉 십일조란 성도가 된 나 자신을 하나님께 구별하여 드리는 것을 상징하는 헌금인 것이다. 십일조를 하지 않으면 받았음을 믿지 않는 행위가 되는 것이다.

창세기 14장 17~20절에서 첫 십일조에 대한 언급이 나온다.

"아브람이 그돌라오멜과 그와 함께 한 왕들을 파하고 돌아 올 때에 소돔 왕이 사웨 골짜기 곧 왕곡에 나와 그를 영접하였고 살렘 왕 멜기세덱이 떡과 포도주를 가지고 나왔으니 그는 지극히 높으신 하나님의 제사장이었더라. 그가 아브람에게 축복하여 가로되 천지의 주재시요 지극히 높으신 하나님이여 아브람에게 복을 주옵소서 너희 대적을 네 손에 붙이신 지극히 높으신 하나님을 찬송할지로다 하매 아브람이 그 얻은 것에서 십분 일을 멜기세덱에게 주었더라."

또 창세기 28장 22절에 보면 야곱이 에서에게로 가기 전에 한 말이 나온다.

"나로 평안히 아비 집으로 돌아가게 하시오면 여호와께서 나의 하나님이 되실 것이요 내가 기둥으로 세운 이 돌이 하나님의 전이 될 것이요. 하나님께서 내게 주신 모든 것에서 십분 일을 내가 반드시 하나님께 드리겠나이다 하였더라."

이렇게 볼 때 야곱은 벧엘에서 하나님을 만나고 십일조의 서원을 하였는데 물질의 십일조를 드림으로 사람(에서)을 얻은 것이다. 이는 십일조가 십분의 일의 개념이 아니라 전체를 대표하는 첫 열매의 성격을 나타내는 것임을 알 수 있는 것이다.

그리고 사사기 6장 11-12절에서 "여호와의 사자가 아비에셀 사람 요아스에게 속한 오브라에 이르러 상수리나무 아래 앉으니라 마침 요아스의 아들 기드온이 미디안 사람에게 알리지 아니하려 하여 밀을 포도주 틀에서 타작하더니 여호와의 사자가 기드온에게 나타나 이르되 큰 용사여 여호와께서 너와 함께 계시도다"

당시 이스라엘은 이방신을 섬기는 영적 권세에 가나안 신과 결합하여 탐욕을 부리고 온전한 십일조를 드리지 않고 있었다. 기드온은 미디안에 빼앗기기 전에 하나님께 드리려고 하였다. 기드온은 작은자(겸손)란 뜻이고 므낫세 지파는 용서하다란 뜻이다. 그러므로 "박하와 휘향의 십일조를 하되 의와 신과 인의 십일조를 하라."는 명령은 땅의 소산(열매)의 십일조를 드리되 영의 열매(향기-사람)를 드려야 한다는 것이다. 영의 십일조를 드릴 때에야 비로소 땅의 십일조도 가치가 있다.

단·숨·에·읽·는·구·약·성·경

성경속의 한문

■ EASY GUIDE JOURNET ON NEWTESTAMENT

유교와 기독교

진시황의 정책 이외에도 중국인의 종교심을 많이 변질되게 만든 사상 중 하나가 B.C. 500년경에 시작된 노자(老子)와 장자(長子)를 중심으로

한 도교사상(道敎思想), 즉 Taoism이다. 그리고 B.C. 500년경에 공자(孔子)가 태어나고 공자(孔子)의 유학(儒學)사상도 시작되고, 멀리 인도에서는 부처, 석가모니도 이 때쯤에 태어났다. 유교(儒敎)와 도교(道敎)는 진시황 때 이미 300여년 유행하였고, 불교(佛敎)는 오랫동안 들어오지 못하다가 한(漢)나라 초, B.C. 100년경에 중국에 들어 왔다. 가장 늦게 들어온 사상이 불교(佛敎)이다. 진시황이 분서갱유(焚書坑儒)로 모든 종교적 기록을 다 불태운 줄 알았으나, 그 후 세월이 흘러 공자(孔子)의 허물어진 집을 수리하다가 벽 속에 숨겨둔 공자(孔子)의 기록들을 발견하게 되었다. 그림과 같이 대나무에 글씨를 써서 여러 개를 엮은 것이 나왔다. 책(冊)字가 이래서 생겨난 것이다.

공자는 산동성(山東城) 곡부(曲埠)의 동이족(東夷族) 출신 학자인데, 그의 저서(著書) '중용(中庸)'에서 제사(祭祀)의 의미가 무엇이냐고 묻는 제자들에게 자기의 많은 학문을 토대로 해서 다음과 같이 대답했다. "하늘과 땅에 드리는 모든 제사의식들을 통해 사람이 상제(上帝)를 섬기느니라." 결국 제사(祭祀)의 가장 중요한 의미는 '상따이(上帝)'를 섬기는 것이라고 결론 내렸던 것이다.

사진은 중국의 황제가 살던 자금성(紫禁城) 한 중간에 상제(上帝)에게 제사를 지내던 제단(祭壇)이다. 하늘 천(天), 제단 단(壇)을 써서 천단(天壇)이라고 부른다.

공자의 제자(弟子)중에 하나인 계로(중국말로는 치루)가 공자(孔子)에게 물었다. "선생님, 감히 죽음(死)에 대해서 여쭙고 싶습니다." 공자가 대답하였다. "우리가 아직 삶(生)에 대해서도 잘 모르고 있는데 어찌 죽음에 대해서 논할 수 있겠느뇨?"(孔子, 論語 11-11) 또 다른 제자가 물었다. "神

에 대해서 이야기 해 주십시오." 라고 하자, "사람에 대해서도 잘 알지 못하는데, 어찌 神에 대해서 논하겠느뇨?" 라고 솔직하게 말했다. 孔子는 이처럼 겸손하고도 上帝하나님을 잘 섬기던 사람이었는데, 후대의 사람들이 상제(上帝)하나님은 잊어버린 체, 공자를 신(神)처럼 받들고 이 유교사상 하나로 이조 500년 이후로 지금까지 많은 남녀노소를 괴롭히고 살아온 것이다. 한 동안 큰 혼란에 빠져 있던 중국이 평정되고 정리되면서 상제(上帝) 숭배사상은 다시 제자리를 잡게 되었다. 특히 명(明)나라 시대에는 본격적으로 회복하게 되었으나, 그때는 이미 황제(皇帝)나 왕족(王族)이라는 특권층이 그 특권을 유지하기 위해 이것을 악용하기 시작했다.